教育部人文社会科学重点研究基地
兰 州 大 学 敦 煌 学 研 究 所

兰州大学“敦煌丝路文明与西北民族社会”双一流学科群建设项目

教育部人文社会科学重点研究基地兰州大学敦煌学研究所项目

国际敦煌学研究文库

敦煌 日本卷 6

郑炳林 高田时雄……主编

甘肃教育出版社

图书在版编目（CIP）数据

国际敦煌学研究文库．日本卷．6 ：日文 / 郑炳林，（日）高田时雄主编．-- 兰州 ：甘肃教育出版社，2018.11
ISBN 978-7-5423-4534-9

Ⅰ．①国… Ⅱ．①郑… ②高… Ⅲ．①敦煌学—文集—日文 Ⅳ．①K870.6-53

中国版本图书馆CIP数据核字（2018）第265406号

国际敦煌学研究文库·日本卷6

郑炳林　高田时雄　主编

出 版 人　马建东
项目策划　王光辉　薛英昭
项目负责　孙宝岩　董宏强
责任编辑　李慧娟
特约编审　范亚秋
书籍设计　张小乐

出　版　甘肃教育出版社
社　址　兰州市读者大道568号　730030
网　址　www.gseph.cn　E-mail　gseph@duzhe.cn
电　话　0931-8773145（编辑部）　0931-8435009（发行部）
传　真　0931-8773056
淘宝官方旗舰店　http://shop111038270.taobao.com

发　行　甘肃教育出版社　印　刷　兰州新华印刷厂
开　本　787毫米×1092毫米　1/16　印　张　25　插　页　2　字　数　375千
版　次　2019年5月第1版
印　次　2019年5月第1次印刷
印　数　1~2 000
书　号　ISBN 978-7-5423-4534-9　定　价　96.00元

《国际敦煌学研究文库》的缘起

郑炳林

敦煌藏经洞文物有近50000件，自发现以来，就开始向外流散，大半流散于世界各地的各大博物馆、图书馆以及私人手中，保存在国内博物馆与图书馆中的只有一小部分，还有一部分则下落不明。收藏于国外博物馆、图书馆的，如英国国家图书馆计有汉文写本和少量印本13677件，英国国家博物馆计有80余件绢画等；法国国家图书馆计有4000余件汉文文献，法国集美博物馆计有220余幅各类绘画品等；俄罗斯圣彼得堡东方学研究所有近20000件汉文残件、130余件绢纸绘画品等，国立艾尔米塔什博物馆计有壁画残片、绢画、麻布画、纸本画、雕塑品等350余件；印度国立博物馆计有500余件美术品和2件写本，印度事务部图书馆约有1500号藏文、梵文和于阗文写本。除此之外，日本、美国、德国、丹麦、瑞典、芬兰、韩国、土耳其等均有收藏。保留在中国的敦煌写经主要收藏在中国国家图书馆。中国台湾『中央研究院』傅斯年图书馆、台湾『故宫博物院』、台北图书馆以及敦煌研究院、甘肃省图书馆、甘肃省博物馆、湖北省图书馆、南京博物院、上海图书馆、天津艺术博物馆、北京大学图书馆等机构也收藏有部分零散敦煌文献。由于敦煌文献流散、收藏于世界各地，敦煌学的研究也因此而具有了国际性。

国内敦煌学的研究在王国维、罗振玉、蒋斧、曹元忠等人的推动下发展起来。国外敦煌学的研究同样成果卓著。20世纪，进行相关研究的日本研究机构主要有东洋文库和东京大学东洋文化研究所等，著名学者则有内腾虎次郎、高楠顺次郎、中村不折、铃木大拙、大谷光瑞、羽田亨、石滨纯太郎、那波利贞、神田喜一郎、仁井田陞、矢吹庆辉、有夏一雄、藤枝晃、秋山光和、田中良召、上山大峻、土肥义和、池田温、高田时雄、森安孝夫等。法国开展相关研究的著名学者有戴密微、戴仁、侯锦郎、马克、拉露等，他们的研究重心在胡语文献、藏文文献及汉文文献，主要是伯希和的收集品。英国国家图书馆藏有大量的、珍贵的敦煌文献，为开展相关研究提供了良好的条件。托马斯、翟理斯、小翟理斯、贝利、吴方斯、韦陀等在这方面都有着突出的贡献。俄国的相关研究者主要有俄国科学院圣彼得堡分院东方学研究所的弗鲁格、丘古耶夫斯基和孟列夫、波波娃等。随着敦煌学的发展，几乎世界各国都有从事敦煌学研究的专家学者，敦煌学研究在国内外如火如荼地开展起来。

当然敦煌学的研究也面临诸多问题，首先是学术研究成果和学术研究动态的掌握。中国包括内地和港台地区敦煌学的研究成果，郑阿财、李国、杨富学等都做过相关成果目录，我们可以通过这些目录了解相关研究动向、研究水平及热点问题。鉴于港台学者的论著查找困难，我们同台湾南华大学敦煌学研究中心合作，编辑出版了《港台百年敦煌学文库》，用100册的规模将

20世纪初以来港台敦煌学近百年研究的成果结集，在甘肃人民出版社出版，目前这一工作基本接近尾声。在编辑《港台百年敦煌学文库》的同时，我们有了将相关工作扩展到了整个学术界的想法——编辑出版百年国际敦煌学研究文库。之所以选择从『日本卷』开始主要基于以下原因：第一，日本的敦煌学研究开始时间最早，早在敦煌文献发现初期，日本就开始了敦煌学研究，就是『敦煌学』一词也是日本人最早提出来的；第二，日本学者对前期敦煌学的研究贡献很大，在20世纪初，日本涌现出了一批非常著名的敦煌学研究专家和研究机构，影响最大的像东洋文库和东京大学东洋文化研究所，其很多著作特别是前期的研究成果是我们研究敦煌学必须参考的资料；第三，敦煌学研究从一开始就是一门国际性的学科，随着时间的推移，很多前期的研究成果越来越难查寻，所以将这批成果结集出版，供学术界研究参考，非常必要。最初我们想将上述成果翻译出版，后来我们改变了想法，第一是人力方面的原因；第二是翻译准确性的问题，如果翻译不能达到相当的水准，还不如原文影印出版。日本百年敦煌学文库的入选目录主要由高田时雄负责筛选，山本孝子负责文章顺序的具体编排及排版清样的校对，兰州大学敦煌学研究所负责文章的最终审订及图书出版事宜。

兰州大学敦煌学研究从1979年开始整整走过40年的路程。40年中兰州大学的敦煌学研究从无到有，从弱到强，逐渐发展起来。1979年是兰州大学敦煌学研究的起步之年，当初成立了敦煌学研究小组，成员也就两个人。1983年中国敦煌吐鲁番学会在兰州成立，兰州大学敦煌学研究的队伍增加到10余人，成立敦煌学研究室，《敦煌学辑刊》也正式创刊并对外发行。1984年又获得历史文献学硕士学位授予权点。而后经过将近10余年的萧条期，人员走的走、散的散，到1994年初，只剩下四五个人。1995年在学校的大力支持下，兰州大学成立了敦煌学研究所，敦煌学研究逐渐恢复生气。1998年兰州大学敦煌学获得博士学位授予权点并成为甘肃省重点学科，次年开始招收博士研究生。1999年敦煌学研究所成为教育部首批人文社会科学重点研究基地，并被纳入兰州大学『211工程』建设项目。2003年兰州大学获批设立历史学博士后科研流动站并开始招生；同年敦煌学哲学社会科学创新基地入选兰州大学『985工程』项目。2007年敦煌学成为国家重点建设学科。2017年与北京坦博艺苑达成成立贝叶经研究院合作意向。目前兰州大学敦煌学研究所有专职研究人员20余人，其中教授10人、副教授10人，研究方向分为敦煌文献与西域史地、敦煌石窟艺术与考古、胡语文献等；有兼职科研人员20余人，分布在国内外大学和科研院所。教师队伍中有长江学者特聘教授、长江学者讲座教授、全国百篇优秀博士学位论文指导教师、甘肃省优秀博士学位论文指导教师、甘肃省教学名师、甘肃省优秀专家、全国教育系统职业道德建设标兵、甘肃省领军人才等，是一支研究方向明晰、年龄结构合理、学术素养较高的学术队伍，不仅能够开设敦煌文献、西域历史地理和石窟艺术与考古方面的课程，还能开设回鹘文、突厥文、梵文和藏文等胡语文献研究系列课程。

兰州大学敦煌学研究所经过20多年的基础建设，研究资料得到很大的充实，现有资料11万册，学校还在『双一流』建设经费中拨付200余万元进行西域史地和胡语文献研究资料建设，进一步促进了兰州大学敦煌学和胡语文献研究的发展。在人才培养上，经过20多年的努力，先后有100多名博士顺利毕业，并成为国内外各个大学的敦煌学研究的学术骨干，如西北大学历史学院副院长李军教授、陕西师范大学丝绸之路历史文化中心主任沙武田教授、浙江大学文学院许建平教授、南京师范大学陆离教授、天水师范学院历史文学院院长陈于柱教授等等，都在该领域做出了突出贡献；留在兰州大学工作的王晶波、魏文斌、魏迎春、敏春芳、张善庆等，以及博士后出站的四川成都考古研究院的雷玉华研究员、内蒙古大学的包文胜教授等也都在自己的领域撑起了一方天地……兰州大学敦煌学研究所自2000年以来非常注重开展对外学术交流，其中，对港、对台方面每年一度的师生学术考察活动已经进行40余批次，对日交流项目进行了10余批次，有30余名博士、硕士来兰州大学研修敦煌学；其次还有美国、韩国及我国港台地区的学生来研究所攻读学位。

兰州大学敦煌学研究所自成立以来，承担了一批国家社科项目以及教育部、科技部、国家文物局等文化支撑项目，其中重大、重点项目有140余项，陆续出版了《敦煌学博士文库》《敦煌学研究文库》《敦煌吐蕃文献丛书》《敦煌丝绸之路石窟艺术丛书》《敦煌与丝绸之路研究丛书》《丝绸之路石窟艺术研究文库》《西北史地文化研究丛书》《法国汉学精粹》《当代敦煌学者自选集》

《敦煌讲座书系》《港台敦煌学文库》等一大批具有原创性的科研成果，近期即将完成出版的还有《敦煌通史》等项目。兰州大学敦煌学研究的发展得到了中国敦煌吐鲁番学术界的支持，这些成果也是他们支持的结果，希望百年国际敦煌学研究文库的出版继续得到敦煌学界的支持。

《國際敦煌學研究文庫・日本巻》前言

高田時雄

敦煌學は日本の中國學、更にはより廣く東方學の分野において、一種特別な研究領域を形成してきた歴史がある。それは敦煌學がしばしば國際顯學と稱されるような側面と不可分であるといえよう。

日本において敦煌遺書に對する興味關心は非常に早い時期からあった。新疆の踏査を終え一旦ハノイに歸ったペリオが、一九〇九年再び中國に來たり、北京で中國の學者たちに所獲寫本の一部を披露した時、その情報は、羅振玉や田中慶太郎からすぐさま日本の學者たちに傳わった。内藤湖南はいち早くその概報を朝日新聞紙上に載せ、敦煌寫本への注意を喚起した。翌一九一〇年、敦煌藏經洞に殘った寫本がすべて北京の學部に運ばれたという知らせに接するや、新興の京都文科大學ではいち早く、内藤をはじめ狩野直喜、小川琢治など五名の教官を北京に派遣し、その調査に當たらせた。同じ頃、西本願寺の派遣した第二次大谷探検隊の新疆發見物が京都に到着したことも、この新しい領域に對する更なる熱狂を後押しした。さらに中國で辛亥革命が起こると、羅振玉、王國維が難を避けて京都に移住して來たことにより、日中學者の協同による敦煌學が初期の發展を遂げることになる。

このように日本における敦煌學の興起はすこぶる早いと言ってよいが、日本國内には肝腎の敦煌寫本の實物がほとんどなかった。いかにも大谷探検隊は、敦煌をはじめ吐魯番など中央アジア各地の遺跡から、文物寫本を將來し、これらの所獲品は初期の段階では京都大學の學者たちの研究に供されたこともあったが、その後の複雜な歷史的經緯に災いされ、保存と研究が必ずしも圓滑に行われなかった。そのためほとんどが利用されないままに終わった。またこれまで日本國内に傳承されてきた敦煌寫本なるものは、そのほとんどが中國から書籍商などの手を經て購入されたもので、英佛の所藏のように直接莫高窟から持ち歸ったものとは撰を異にしていた。さらに多くが佛教典籍であり、收集家の賞翫の對象でしかなかった。學術的研究資料となり得るものは、極めて僅かしかなかったのである。しかしこの國内における敦煌寫本の貧弱さが、却って日本敦煌學の初期の研究動向を決定づけることになった。すなわちヨーロッパへの訪書行である。

日本學者が英佛に渡航して敦煌遺書の研究を行ったのは、一九一二年の狩野直喜を始めとして、矢吹慶輝、羽田亨などその後に續いた。日本敦煌學にとってヨーロッパ渡航は一つの傳統となった感がある。日本學者が本格的に敦煌遺書を研究しようとすればどうしてもヨーロッパに赴く必要があったのである。

日本學者がヨーロッパで敦煌遺書の調査を行うに際しては、當然ながら現地の學者との協力のもとに進める必要があった。實際の作業においては、考え方も習慣も異なり、時として困難に直面することがなかったわけではない。しかしこれらの人々は惡條件にめげることなく、少なからざる數量の敦煌遺書を、筆録により、或いは寫眞に撮影して日本に持ち歸った。初期の日本敦煌學の業績はこれらの學者の手になるか、またはこれらの學者の將來した鈔本、寫眞を資料として行われたのである。とりわけ未傳佛教文獻の將來に關しては、矢吹慶輝の貢獻がすこぶる大きい。上記三名に續いては、一九二四年の夏から半年の間、内藤湖南が石濱純太郎等を引き連れてヨーロッパ各地で調査を行い、その後も小島祐馬、大谷勝眞、那波利貞、重松俊章、神田喜一郎、玉井是博、久野芳隆などによる訪書行が、戰爭により中斷を餘儀なくされるまで續いた。こういった訪書を基礎とする研究が日本敦煌學の特質の一つであることは注意されてよい。

また典籍や文書のみが研究の對照であったわけではない。狩野がロンドンを訪れた頃、偶々考古學の研究のためロンドンに滯在していた京都大學の濱田耕作は、狩野の歸國後も大英博物館でスタインの齎した遺物につき調査し、その報告を公表しているが、そこには寫本についての言及もある。繪畫などの美術品については、東京大學の瀧精一が早くからヨーロッパに渡って精力的に調査を行い、スタイン・ペリオの齎した美術品の解説研究を行ったほか、一九二〇年には啓明會の助成によって二名の畫家がロンドンに派遣され、スタイン將來繪畫の模寫を行った。ついで京都大學の澤村專太郎が一九二三年十月からヨーロッパに渡航し、敦煌繪畫を含む中央アジア發見繪畫の模寫の選定監督に當たっている。

第二次大戰以前の日本敦煌學の研究は、主としてこうしたヨーロッパ訪書行による成果の上に築かれていたが、戰争中には新しい材料の供給が停止したために、研究はこれまでに將來された資料のみを用いて進めるしかなかった。しかし日本國内にはすでに相當な規模の敦煌寫本の録文や寫眞が存在していたために、社會經濟史における那波利貞、法制史における仁井田陞の研究など、それらを用いた研究成果には見るべきものが少なくない。

日本敦煌學にとって畫期的と云える出來事が、戰後の一九五〇年代に相次いで起こった。それは英藏敦煌遺書のマイクロフィルムの將來である。先ず一九五二年には、東京大學の山本達郎によって印度省圖書館のスタイン藏文文獻がもたらされ、次いで同じく東京大學の榎一雄が大英圖書館當局と交渉の末、同館所藏のスタイン漢文寫本全部の寫眞撮影に成功し、一九五四年に東洋文庫に收藏された。英藏敦煌寫本のマイクロフィルム到來をきっかけとして、敦煌文獻運營委員會という全國組織が誕生することになり、文部省に對して補助金の申請が行われた。マイクロフィルムの燒き付けは二部作成され、一部は東洋文庫に置かれ、もう一部は京都大學人文科學研究所に送られた。かくして一九五七、五八年度の文部省の研究費助成金による共同研究「スタイン將來敦煌文獻の調査研究」が、東京・京都の協同によって行われることになった。これまで個人的な研究に止まっていた日本の敦煌研究が、共同研究という新たな枠組みのもとで行われるようになったことは、日本敦煌學の新たな轉換點を示すものであった。その後、東京では東洋文庫を、京都では京大人文研を中心にした研究班がそれぞれ共同研究の成果を世に問うことになる。

英藏敦煌遺書についでセンセーションを巻き起こしたのは、俄藏敦煌寫本の存在が明らかになったことである。一九六〇年に國際東洋學者會議がモスクワで開催されたが、その日程中にレニングラードへのエクスカーションが組まれていた。その際、俄藏敦煌寫本の一部がはじめて西側の學者たちに公開されたのである。オルデンブルグの將來した敦煌寫本がロシアに存在することについては、早く矢吹慶輝により報道がなされ、石濱純太郎によっても確認されていたが、多くの日本學者にとっては全く新しい知見であり、驚きであった。六〇年代には、メンシコフ等の編になる二册本の目錄も相繼いで出版され、その全貌も知られるようになった。かくしてレニングラードが日本學者による新たな訪書の目的地となり、敦煌學への注目も一層喚起されることになった。

北京の敦煌寫經は六〇年代から七〇年代にかけて、インド及び中國から二種のマイクロフィルムが發賣され、日本の研究機關ではその利用が可能となっていた。ペリオ寫本については、個人研究者が持ち歸った部分的なフィルムを合わせればかなりな分量が備わっていたが、やはり全部の寫眞が待ち望まれていた。それも七〇年代の末頃からマイクロフィルム全部の購入が可能となり、八〇年代にはいると日本國内の幾つかの大學研究所等でこれを購置するようになった。また八〇年代には台灣から『敦煌寶藏』が陸續として出版され、多くの研究者が敦煌寫本を利用できるようになった。

研究成果の公刊という點では、『講座敦煌』全九巻の刊行が一九八〇年にはじまったことは特筆されてよい。この企劃は必ずしも當時の日本の敦煌學者すべてを動員して行われたものとは云えないが、戰後日本の敦煌學の到達した水準を示すものであった。八〇年代以降には、世界に散在する敦煌遺書のすべてを何らかのかたちで利用することが出來るようになり、これまでとは異なる網羅的な研究も試みられるようになってくる。またこういった好條件を背景にしつつ、國際的な視野を有する若い世代の研究者も成長してくるようになった。

英佛などヨーロッパでは、所藏される敦煌遺書の目録作成が一段落したことから、敦煌研究そのものからは次第に遠ざかる傾向が見られるようになるが、日本ではもともと組織的な所藏を持たなかったためか、また社會一般に敦煌や西域に對する關心がすこぶる高いことも追い風となって、ヨーロッパに於けるほどの落ち込みは觀察されない。むしろこの時期から目覺ましい發展を遂げるようになる中國學界との連攜に主軸が移っていくようになる。その傾向は今日に於ても變わらず、むしろ一層強化されつつあると云えよう。

では日本敦煌學のこれまでに爲し遂げた業績についてどうであろうか。また日本敦煌學の特質はどこにあるといえるであろうか。以下、幾つかの研究領域について概觀してみよう。

敦煌遺書の大部分が佛教文獻乃至佛教と關わる文獻群であることはいうまでもない。そして佛教學が日本のもっとも傳統を有する領域であることからすれば、日本の敦煌學がまず佛教研究において業績を示したことは不思議ではない。

松本文三郎による「敦煌石室古寫經の研究」（一九一一）を始めとする數篇の論文は非常に早い時期の產物として注目されるが、その後は上掲の矢吹慶輝による貢獻が最も重要である。矢吹の『三階教の研究』（一九二七）は中國佛教史研究に新しい領域を切り開いたものとして畫期的であり、『鳴沙餘韻』（一九三〇）及び『同解說』（一九三三）は、佛教研究に新しい豐富な材料を提供した點で、極めて貢獻度が高い。敦煌からは初期禪宗のテキストが豐富に發見されているが、この方面でも日本學者による研究は盛んであった。戰前すでに鈴木大拙によって先鞭を着けられたが、戰後には柳田聖山や田中良昭などによる精細な研究が現れるようになる。注意すべきはチベット語で書かれた禪宗文獻の研究が、七、八〇年代以降に日本の研究者によって進められた點であって、これは日本敦煌學の極めて特色ある研究と云うことが出來る。また牧田諦亮が『疑經研究』(一九七六)によって開拓した民間佛教の研究は、後年盛んになる疑僞經典研究の嚆矢をなすものであった。また佛教文學についても着實な研究があり、狩野直喜によって先鞭を着けられた俗文學方面の研究は、青木正兒、倉石武四郎により繼承され、戰後は入矢義高、川口久雄、西野貞治、金岡照光などがこの方面の研究に從事した。今日でもその衣鉢を繼ぐ研究者が少なからず存在する。

佛教研究は傳統的に日本の強みでもあるが、一方道教に關してはやや手薄な感を否めない。戰前すでに福井康順や吉岡義豊が道教文獻を扱っていたが、戰後には楠山春樹、秋月觀暎、尾崎正治、石井昌子等が敦煌道教文獻の研究に手を染めた。なかでも大淵忍爾が敦煌道教の整理と研究に果たした役割は大きいものがある。

法制史はやはり日本の研究者が強みを發揮してきた分野である。仁井田陞の一連の研究はすでに定評があるが、畫期的な業績とされる『唐令拾遺』(一九三三)の復元作業には敦煌資料も用いられ、また仁井田の『唐宋法律文書の研究』(一九三七)には敦煌吐魯番發見の法制文書が詳しく研究されている。前者については、後に池田温によって『唐令拾遺補』(一九九七)

が刊行された。

社會經濟史の分野では、先ず那波利貞の名を擧げねばならない。一九三〇年代初頭に足かけ三年をパリで過ごした那波は、フランス國立圖書館所藏文書を大量に筆寫して歸り、それらを利用して長大な論考を數多く執筆した。那波はまた同館の敦煌遺書の內、ペリオによって目録化されていなかった部分の目録を作成したが、それは新しい目録が作成されるまで閲覽室に備え付けられ、一般の利用に供されていた。

これらの方面については、敦煌吐魯番の法制及び社會經濟文書などが、東洋文庫から英文の資料集『敦煌吐魯番社會經濟文書』Tun-huang and Turfan documents（四巻及び補遺の全五巻）として刊行されていることを附記する必要があろう。その刊行は一九七八年から二〇〇一年までの長期にわたっているが、編者として山本達郎、池田温、土肥義和、岡野誠、石田勇作、氣賀澤保規の名が擧げられている。それぞれ敦煌學の各分野で貢獻をした人々である。特に池田の『中國古代籍帳研究』（一九七九）や、『中國古代寫本識語集録』（一九九〇）は極めて有用な工具書として評價が高い。土肥もまた近年『燉煌氏族人名集成』（本篇及び索引篇、二〇一五～一六）を公刊した。これらは東洋文庫を中心とする東京方面の成果と云うことが出來る。

一方京都方面では、人文科學研究所の藤枝晃が第二次大戰中から敦煌の地方史に關する研究を進め、歸義軍時期について一連の注目すべき論文を發表していた。五〇年代末に東京・京都の學界が協同してスタイン寫本の研究を行ったことは上述したが、實質的に京都側の事務全般を擔當したのが藤枝であった。六〇年代に入ると、藤枝は人文研で研究班を組織し積極的に敦煌寫本の研究に取り組み、一九七五年の退職に及んだ。この研究班の班員には、牧田諦亮、入矢義高、竺沙雅章、上山大峻などがあり、それぞれの分野ですぐれた論考を發表した。研究班の報告としては『敦煌研究』(『東方學報・京都』第三十五册、一九六四)がある。藤枝はしばしばヨーロッパに渡航して寫本原本の調査に從事した結果、寫本學的研究の必要性を提倡し、『墨美』雜誌に圖版を多用した一連の論文を發表した。また晩年には寫本の眞僞問題を提倡したことで耳目を集めたこともあった。

敦煌遺書中には漢文のみならず、チベット語、ウイグル語、ソグド語、コータン語、西夏語などいわゆる胡語文獻が多數存在することは周知の事實である。チベット語は佛教との關係で、もともと日本には研究者が少なくなかったが、チベット文獻を用いた本格的な歷史研究は六、七〇年代以降の山口瑞鳳に始まると言ってよい。近年チベット學の國際的發展に伴って、日本にも若い世代の擡頭が著しい。ウイグル語文獻の研究は、羽田亨によって早くに開拓されたが、日本國内ではその後も繼續して少なからぬ研究者を輩出している。ただウイグル語文獻は敦煌よりもむしろ吐魯番發見資料の比重が高いために、もっぱら敦煌文獻のみを研究する學者は決して多くない。

ソグド語、コータン語はともに中期イラン語に屬し、かつてそれらの研究はヨーロッパ學者の獨壇場であったが、八〇年代以降、日本にも第一線の研究者を輩出するようになった。西夏語は、戰前期に石濱純太郎が當時大阪に居住していたネフスキーと共同して研究を進めたことで、西夏語研究の基礎を築いた經緯がある。その後日本の西夏語研究は西田龍雄を經て、何人かの若い世代に受け繼がれている。

美術史の方面では、初期の瀧精一による研究を承けて、戰前すでに松本榮一が多彩な研究を行い、その成果は『敦煌畫の研究』（一九三七）の大著となって結實した。また戰後では秋山光和等の研究が注目されるほか、近年でも佛教美術を中心に研究者の數は少なくない。

書法史に關しては、中村不折の名を佚することができない。西洋畫家として出發した中村は、一九〇五年フランスから歸國後、次第に書法の研究に打ち込むようになった。實作の參考資料として西域出土の古物や古寫本を大量に蒐集するとともに、それらの研究を精力的に發表した。『禹域出土墨寶源流考』三卷（一九二七）は所藏寫卷の解題目録だが、筆者による中國書法史の試みとして見ることも可能で、收められた大量の圖版と詳細な解説は高い評價を得ている。彼は晚年所藏品を展示保存するために書道博物館を開設したが、現在それは東京都の臺東區立書道博物館として運營されている。神田喜一郎や中田勇次郎、西川寧などが書法史に關連する論考を發表しているが、若い世代の研究者にも敦煌寫本を書法史の資料として取り上げる人々は少なくない。

以上、これまで日本敦煌學が各分野で達成した成果につきごく簡單に觀察した。その特徵として擧げられるのは、積極的な資料採訪と細心な整理、それに基づく多彩かつ斬新な研究と云えるであろうか。また分野によって多寡と深淺にかなり差異があるとは云え、網羅的に研究者を輩出してきたという實績がある。同時に日本敦煌學がこれまで長期にわたり持續的に發展してきた點も評價されねばならない。日本敦煌學はいまや百年を超える長い期間にわたり多くの業績を積み重ねてきた。この『國際敦煌學研究文庫・日本卷』は、これら日本敦煌學の全貌を主として初出の雜誌論文によって網羅的に收録し、中國學界に提供しようとするものである。全巻完結まで繼續して刊行できるよう、大方のご支援を頂戴できれば幸いである。

二〇一八年九月於上海

出版说明

敦煌学经过百余年的发展，早已成为一门国际显学。特别是中国敦煌学，进入21世纪后，在多个研究领域都取得了长足进步，硕果累累。然而敦煌学越是发展，"题目越来越小，视野越来越窄"的问题也越发突出。一些学者往往只注重追求新材料，缺乏对相关问题更深、更广的思考。资深敦煌学家池田温先生2000年在编辑《亚洲学刊》第78号"敦煌吐鲁番研究"专辑时就曾说，"现在专门从事敦煌吐鲁番研究的日本学者，对于敦煌当地的事情甚至比中国的学者更富有广博的知识，同时他们对相关的西文论著也了如指掌"。虽然近20年已经过去了，但这句话对中国学者的警醒意义并不过时。因此，一定要将眼界从汉文文献圈子的局限中跳脱出来，学习、吸收国外同行的优秀研究成果，这样才有助于推动敦煌学向更深更广的方向发展。

随着时间的推移，很多早期的尤其是国外的研究成果难以查找，特别是20世纪前期的研究成果，查找起来就更加困难，所以将国际上这些早期的敦煌学研究成果进行整理，结集出版，对于学界来说已成为一件必要而迫切的事。正是出于这样的考虑，我们与兰州大学敦煌学研究所共同策划了《国际敦煌学研究文库》项目，拟以国家分卷，将敦煌学研究主要国家的主要作者的研究成果分批整理出版。文库辑录的原则是只收单篇论文而不收录专著，不少论文后来收录于论文集或学者的全集等，但一概保留第一次发表时的原文，亦不翻译成中文，而以原貌影印出版，以免带来技术上的困难。

日本敦煌学研究起步早、水平高、成果丰富，所以我们将『日本卷』作为『国际敦煌学研究文库』的第一辑整理、出版。《国际敦煌学研究文库·日本卷》主要收录二战以前日本学者关于敦煌学研究的成果。特别需要说明的是，由于时代的特殊性，其中个别篇章存在有『支那』等不恰当的表述，鉴于文献整理和学术研究的需要，也为了保持文献的原貌，在原文影印中不对该类表述做挖改和涂抹处理。还有个别篇章存在行列模糊不清、难以识别的情况，但不影响整体阅读和学术参考，对此我们也作了保留。

丛书主编郑炳林先生和高田时雄先生分别以中文、日文作序，目录为中日文对照，以利于更多学者了解和利用。

目录

北支那旅行概報附敦煌石室遺書

小川琢治（1870—1941）

《地學雜誌》23-2，1911

北支那旅行概報 附 燉煌石室遺書

理學博士 小川琢治

（本編は明治四十四年一月二十八日東京地學協會例會に於ける講演の筆記なり）

一、緒言

余は昨年八月下旬出發北支那旅行十月末歸朝せり。今回の旅行の目的は北京學部に到着せる新疆省燉煌(沙州)近傍の鳴沙山千佛洞石室に於て近時發見せる所の古文書を閲覽せんとするに在りしが、學部には此外に內閣より引繼ぎたる圖書ありしを以て、之を併せて調査するの機會を得たり。幸にして淸國官憲の好意に依り未だ整頓せざる各種貴重の材料を自由に展觀せるは余等一行の大に感謝する所なり。十月六日北京に於ける取調を了りたる後、六日間の短時日を利用して河南府に至り、洛陽及び龍門石窟に小旅行を試み、十三日北京出發奉天に向ひ、南滿洲鐵道沿線の撫順、煙臺、熊岳城、瓦房店等を視察せり。

中央亞細亞の探檢は第十九世紀後半に於て歐洲地理學上の一問題となり、爾來南北兩極、亞弗利加等の探檢は大に其歩を進め、北極の如きは昨年既にペアリー氏の到達せるあり、南極も亦たスコット氏今回の探檢に依り或は到達せらるべく、亞弗利加に至りては大河流水源に關する疑問は全く解決し、全大陸悉く歐洲列强の間に分割せられたるが、獨り中央亞細亞は現世紀に於て更に世界學者の注目を惹けるは何ぞや。

抑近時歐洲探檢家の中央亞細亞に向へるの動機は、露國が着々土耳其斯坦地方に地歩を占め、英領印度との間に政治上の葛藤を生じ、天山地方淸國領土內に同敎徒の叛亂ありて、ヤクーブ、ベルグ、カシガルに據るに及び、英露使節派遣の事あり、此時初めて支那領土耳其斯坦即ち現新疆省沙漠に古物の發見せらるゝことを知れり。初めて此地方を探檢せるは露國プルヂエワルスキ氏にして、南山及西藏を探り一八八九年最後旅行の準備中に死せる後、コズロフ氏出でゝ其後を紹ぎ、其最近旅行にはエヂンノル河居延河流域の元代の遺址にて、文書、經卷、圖書等を發掘せりとの報あり。

一昨年本邦に來遊せるスエン、ヘヂン氏はコズロフ氏と相前後して同じく此方面の探檢に從事し、其有名なる第一回のタクラマカン沙漠橫斷の際、沙中に埋れたる都市の遺跡を發掘して、佛像、壁畫、古錢等を獲、地理學上重要なる事實の外に考古學上の發見あり。爾來各國學者の此方面の探檢は單に山嶽、河流、湖沼の位置を測定し、未知地方の地圖を調製する外に、古代東西交通の要路たりし舊跡を沙漠の間に探究するを以て目的とすることゝなれり。一九〇二年本派本願寺大谷伯爵の一行は露領中央亞細亞よりパミールを超えてカシガルに入り、一行中の渡邊、堀兩師は分れて此地方の佛跡を探り、數多の貴重なる資料を得、一九〇九年橘瑞超師は蒙古を横斷して烏里雅斯臺に出で、突厥の遺跡に古碑を發見し、安爾泰を超えて烏爾木齊に出て、吐魯番近傍、羅布泊北畔等に於て數多の經卷、文書、佛像、佛畵、古錢等の發掘あり、第一回の探檢に比して更に好成績を得たり。昨秋カラコーラム嶺を超えて印度に出でゝ、大谷伯爵に會し、其一部は已に京都本派本願寺に到着し、橘氏は大谷伯爵と共に歐洲に赴き今や露領西伯利亞より天山北路を經て再び土魯番に出で、更に新疆省沙漠地方佛跡の探求に從事しつゝあり。

ヘヂン氏の發見後英國政府はスタイン氏を派遣して其第一回の旅行に於て和闐河、尼雅河等の沙漠中に數多の文書、佛畵等の發見あり、一九〇八年第二回の探檢を試み、更に東方燉煌近傍に至り、漢代の玉門陽關の遺址を發見し、漢代長城の西邊を定め、燉煌鳴沙山の石室を訪ひ、石室壁中より發見せられたる文書を觀ることを得たり。該石室は支那地理書西域水道記も見え、唐元等の古碑あるを記し、黨河の斷崖に沿ひ開掘せる石室の内部には數多の佛像の彫刻あり。其一室の佛像を畵ける壁偶然崩潰せるに、其内部に更に一室ありて百數十立方尺の卷子を藏することを知れり。此發見の時日は明白ならざるも、光緒二十二年頃なるべく、其一部民間に傳はり、佛書の如きは北京瑞方氏の所藏するものあり。然れどもスタイン氏の此に至れるときは尙殆んど全部を藏し、石窟を管理する道士は其貴重なる材料たることを知らざりしを以て佛畵、古梵文、突厥文、古西藏文等の文書を購ひ去れり。

佛國學士院よりペリオ氏を派遣せるは一九〇七年葱嶺を越えて噶準噶爾に入り、木素爾嶺方面の玄奘三藏の旅行線路を追跡し、吐魯番附近に至るまで天山南麓の沙漠に於て發掘を試み、燉煌に至りて。スタイン氏の持ち去らざりし漢文古書類を採集し、一九〇九年北京に出でたり。當時清國の學者其一部を撮影し、昨年上海に於てコロタイプに付し之を公にせり。ペリオ氏は漢學の素養ありて古書鑑識の眼高かりしを以て、「スタイン」氏の採集品に比して支那文献學の參考となるべきもの更に多し。

新疆地方の發見物は此の如く東西交通史の材料として必要なるものにして、現にペリオ氏の採集せるものには沙州、西州（吐魯番）古地誌の斷片の如き、現今沙中に湮滅せる驛站の位置を知るに足るものなり。今回スタイン、ペリオ兩氏の持ち去れる殘部大約六千卷を中央政府の所管に移すこととなり、北京に到着の報知を得たるを以て、京都大學より狩野、內藤、富岡、濱田の四氏と共に出張し、各種の方面に涉りて之を研究せんとせるなり、

二、燉煌石室遺書

北京到着の際學部は考試の爲めに繁忙を極め直に閲覽に着手することを得ざりしも、部員の好意に依り前後五日學部に於て新着整理中の古書を檢するを得たり。吾人の閲了せるは其中八百卷に過ぎずして、大部分は佛典のみにて道經二種番文書一種に過ぎず。

古寫經は同行諸氏の鑑識に依れば其多數は本邦に現存する古寫經と同一にして、唐より五代頃に當るもの多く、其紙質書風我奈良朝、平安朝、鎌倉時代等のものに酷似し、書風より推して若干の六朝寫經と認むべきものあり、其中奥書確實なるものには太安四年の寫經あり。是れ燉煌に割據せる

後涼呂光の紀元にして東晋大元十四年(西洋紀元三八九年)に相當するものなるべし。

唐寫經は貞觀三年の奥書あるものありて、紙質書風共に頗る美なり。又奥書年號なきも則天武后の制字ある寫經あり。中宗景龍三年の奥書あるものあり。奥書なきも此と同時代の初唐寫經は頗る多し。

此等の古寫經と紙質を異にして、粗製紙に寫せる古寫經あり。其書風は本邦鎌倉時代の寫經に類似し、五代頃のものならんとの鑑識なりしが、其後端方氏所藏の石室に佛書を見たるに、北宋開寶の年號ある題字の書風全く之と同一なりしにより、愈唐末より北宋初めに至る間の寫經なることを確知せり。是に由りて之を觀れば石室の閉鎖は北宋初め頃即ち今より約一千年前に屬すべし。

石室遺書は此の如く地理學上には直接關係あるものを見ざりしも、學部には亦内閣より引繼げる圖書之あるを聞き、其縱覽を乞ひしに、經史地理に涉り數多の貴重なる古書を見ることを得たり。明朝内府の舊藏に係る遼金兩史原刻本の如き、明内府藏遼史寫本の如き、大清一統志底本、明朝より明朝初めに至る古圖に邊疆圖考直隸省全圖の如きあり、清朝の初め製作せる滿文東北亞細亞地圖康煕帝のヂエスイット宣敎師をして實測せしめたる支那帝國地圖は余の最も注意せるものなれば、左に之を述べん。

三、清朝初期の地圖

昨年五月本會總會の席上に於て述べたるが如く、支那地圖學の發達を見るに、古代より唐代に至る間に支那固有の圖法は進步し、宋代に至りて其刻本を見、元朝に至りて亞拉伯天文地理の智識輸入せらるや、朱思本輿圖の集成あり。明朝中頃チェスイット宣教師利瑪竇の渡來するに及び、初て西洋近世地圖の輸入あり。然れども當時支那本部の地圖は尙ほ朱思本の輿圖を修正せる羅念庵の廣輿圖に示せるところを出でざりしなり。

內閣舊藏の古圖中義和團事變に際し民間に佚出せるものあり。今回北京某氏の所藏に係るものを見たるに、美麗なる彩色を施せる絹本にして、滿文を以て地名を記入せる滿洲地方の一全圖にして、其海岸線の輪郭は第十七世紀末までに歐洲に於て行はれたる地圖と趣を同うし、カムチャッカ、樺太等を知らざりし時代に編輯せるものなり。是れ恐くは淸朝康熙初年宣教師の調製して提出せるものならん。

學部に現存せるチェスイット宣教師實測圖中吾人の見ることを得たるは、興安嶺地方、安爾泰地方哈密地方の三圖幅にして、其大さ長さ十七尺幅八尺に至るものあり。此等地圖の經緯線は一種の圓錐圖法を用ゐ投射し、經線一度の長さ三十二「センチ」米突にして、即ち大約三十萬分一の縮尺を採れるものなり。經緯度數は巧妙なる亞拉伯數字を記し、北京觀象臺に保存せるチェスイット宣教師の鑄製せる天測儀器の度數を示す數字と全く同一書風なり。

該圖の山嶽、河流、部落等の地名は滿文を用ゐ、別に黃箋を貼附して漢譯を示せり。之を武昌版一統輿圖に比較するに地名詳密の度は之と大差なきも、山嶽の描法は孤立せる山形を用うる一統輿圖の山嶽と大に趣を異にし、塞外地方地名は漢文よりも發音を示すに便なる滿文に依りて正確に之を示せり。

※現行武昌版一統輿圖の經緯線投射法は經緯線共に直線にして、北京子午線を離るゝこと遠き地方の子午線は斜格を成すを以て、方位角の歪形甚しくして、却つて尺度小なる佛版ダンビル氏の調製に係るものに比して遜色あるも、此の原圖は宣教師の本國に送れるものと同一の精密なるものなること疑なく、大淸一統輿圖の原稿圖として支那地圖學上最も重要なる資料にして、是等の地圖によりて近世地圖學上の發達を知ることを得べし。

四、河南旅行

十月七日北京出發河南府に向ふ。直隸省西定府までは余の第一回旅行の際既に開通し當時の狀況は本會に於て之を述べたることありしも、正定以南は今回初めて之を見たり。線路の右に壁立せる大行山脈は石灰岩の平坦層理と直角なる節理により成れる槎牙たる峯尖は朝靄暮煙の間に攅立し、左には北淸の大平野際涯なく、秋色漸く柳梢を染め、高粱の刈り盡されたる後、天高く野豁く、風景殊に雄大なるを覺え、氣候も亦北支那旅行の最好時期にして、此旅行は甚だ愉快なりき。

正定以南の線路上の主要なる都會は順德、彰德、衞輝の三府なるが、其中彰德府は河南省北部の大都會にして通常列車は此の處に至りて止まるを以て、停車場前の人和棧に投宿せり。此の旅館は前回正定府、保定府等に於て經驗せし支那旅館に比すれば淸潔なること雲泥の差あり。彰德の北に戰國時代の趙都邯鄲ありて一縣を成し停車場あるも、線路より此の市街を望見する能はず。彰德府の南に湯陰縣ありて殷都遺墟を存し、當時の卜占に使用せる龜骨、牛骨等の近時發掘せられし所なり。又彰德府南に岳飛の廟ありて、岳飛の書を刻せる石碑の拓本を賣るものあり。新鄉停車場は道口鎮より山西澤州に至る福公司(北京シンヂケート)の布設せる運炭鐵道の交點なり。

八日黄河を渡る。當時恰も洪水氾濫の後にして、一哩に近き全河幅悉く濁水滔々として黄波を揚げて流れ、地盤軟弱なる架橋は流水と汽車の通過に依り震動し、徐行するも尙ほ危惧の感なき能はざりき。黄河南北岸に各停車場あり。南岸線路西の地は黄土の丘陵にして、河水之を浸蝕して五十米突乃至百米突の斷崖を成せり。線路は之より東南に向ひて鄭州に達す。此地は汴洛鐵道の交叉點なるを以て、此の處にて乘換へて西に向へば、地勢漸く隆起して黄土丘陵間に入り、溝壑漸く深く、氾水の溪谷は斷崖の間に峽流を成せり。鞏縣に至れば黄土の丘陵更に高く、深き切取り及び數箇の隧道を通過す。支那史上に有名なる虎牢關の險は此の處にありと云ふ。鞏縣の西鐵道の洛水を渡る處に一大鐵橋を架せるも昨年秋漲の際破壞したるを以て渡船に依り連絡し、旅客は乘換を要し、近傍村落より募集せる人夫老弱麕集し、爭ひて車中に入りて手荷物を拉し去るを以て、單獨にして多數の手荷物を携帶する旅行は非常に困難なるべし。午後三時洛水を渡り六時河南府に着す。北京に於て嘗て本邦に留學せる江瀚氏の紹介ありしを以て、知縣より衙員を派し來り迎へ人和棧旅館に投ず。

九日朝知縣の衙門より嚮導の爲め派し來れる兵卒四名を伴ひ、一行濱田文學士及び通譯岡部氏と共に、支那馬三頭を賃して龍門に向ふ。河南府東關外より泥濘の深き野外に出で洛水渡船場に至る。洪水後尙水量多きを以て渡船は一時間餘を費し、是より一直南に向ひ行くこと十五清里にして關帝廟あり、是れ三國の時呉國より洛陽に齎し來れる關羽の首を葬れる處にして、其廟域廣大、松柏森茂し、紅壁碧瓦巍然たる廟宇なり。光緒帝義和團事變の西安に蒙塵せる際、銀若干を下賜し修繕せしめたるを以て、建築頗る美觀を具ふ。更に行くこと十五里にして龍門口に達す。

龍門は伊水峽流の名稱なり。洛水の南に東西の方向に走れる丘陵地ありて其支流たる伊水之を横斷して北流する所、大約千米突の間幅三百米突内外の峽流を成し、西岸斷崖多し。此處に露出せる岩石はリヒトホーヘン氏の所謂龍門層の石灰岩にして、暗灰乃至暗黑色を呈し、厚き層理を有し、其一部は魚鮞狀をなすところあり。其層向は殆んど東西にして、大約二十五度の傾斜を以て北に傾き、處々に向斜及背斜ありて波狀をなせり。峽流の南端に魚鮞狀石理の明白なる部分に一二の不完全なる三葉蟲の化石を見たるも、終に完全なるものを得る能はず。山東及び遼東地方に於てリヒトホーヘン氏の龍門層と看做せるものは屢之を目撃せるが、今回龍門に於て見たるものと比較するに、龍門に露はるゝものは其一部に過ぎざるものにして、山東遼東に發育せる支那系石灰岩厚層の一部たる黑色魚鮞狀石灰岩のみに過ぎず。故にリヒトホーヘン氏の區別せる東汶層及び龍門層の區分は未だ妥當ならざるもののあるに似たり。充分なる化石を發見すること能はざりしを以て、山東遼東支那層石灰岩中の何れの水準に相當するやは確知し難きも、恐くは頭足類化石を含むオルドビシアン系に屬する胡山層の下に見るものと同じく、カムブリヤ系の最上部若くはオールトビシアン系の最下部に相當するものならん。

龍門峽流は夏禹之を開鑿せりとの傳説ありて、伊闕の名あるも、勿論流水自然の浸蝕作用に依りて成れるものにして、現に其西岸には河床を抜くこと大約三十米突の段階地あり。唐の高宗の製作に係る大佛は此の段階上にあり。流水浸蝕の結果は明に之を認むるを得べし。

龍門の有名なるは此の石灰岩壁を利用して開掘せる石室の佛像彫刻及其造像記ある爲めにして、北魏より唐の間に西岸の大部分及東岸の諸處に鑿てるもの、點々蜂窠の如く、其大なるものは西岸北部に潜溪寺の諸洞にして、方數十尺の大石室を穿ち、自然石を利用して其中央に大佛像を彫刻し、周圍の石壁には又佛像及人物等を彫刻し、天井の如きも巧妙なる裝飾的彫刻あり。北魏美術の粹として指を此の石室と山西大同府の雲岡石窟に屈するもの良に以へあり、支那人は特に此等の佛像の造像記を六朝文字として愛玩するを以て、已に久しく金石諸記に見えたりしも、近時本邦伊東塚本、關野諸氏の研究あり、最近には佛國シャワンヌ氏の研究ありて、今は東洋美術の一名蹟となれり。東岸に潜溪寺と相對して香山寺あり。是れ白樂天別業の遺跡なりと云ひ、山に據り流に枕み眺望絶佳の地を占めたるも、建築は近代改築せるものにして唐代詩人の遺跡としては存するものを見ざりき。午後五時潜溪寺を出てゝ洛陽に還る。馬歩遅々月影を践み洛水南岸に達し、午後九時旅舍に着す。

五、洛　陽

現今の河南府は古洛陽の地にして殷都の遺跡は城東六十里の地偃師縣に在り。周の時周公の營める東周雒京の遺址は今之を知るに由なきも、現河南府城の西北に當るべしと云ひ、六朝の金墉城は城東三十里に在り。洛陽の最も繁華なる大都會なりしは北魏より隋唐の間にして、隋の煬帝の作りたる天津橋の遺礎は現に城の西五淸里の洛水中央に殘存せり。隋洛陽都の四至は之を起點として略ぼ考定し得べく、煬帝は洛水兩岸に跨りて市街を起し、宮城の正南門は天津橋に對し、宮城の東に羅郭を設け洛水の南又は外城の一部たり。羅郭即ち外城の東門外に在りし白馬寺は後漢明帝の時に佛經を白馬に駄して此に來り始めて佛を起せし遺跡なりと云ひ、今尚一高塔を存せり。外城の東邊は之を目標として境界を定め得べし。宮城の西は舊宮苑にして、之と舊宮城との中間に洛水に臨みて上陽宮ありしと云ふ。

支那大帝國の中央首府としての洛陽の位置を考ふるに、周の時都を西安に置き、東周を以て諸侯會同の地とせるは地勢上其交通の便ありしを以てなり。抑河南府近傍は黄河を隔てゝ北に大行山脈の西に屈曲するあり、伊洛兩水の窪地は南に伏牛山脈ありて、渭水の大平野なる西安より中原に交通するには此地方を通過するに最も便なるを以て、交通の衝に當り、其地貌は山嶽の間を充塡せる黄土に固有なる險路溝壑に富み、洛陽の東には洛水を隔てゝ虎牢の險あり、北は北邙の丘陵を隔てゝ、黄河の渡場盟津成皐あり。西には函谷の險あり、南に伊闕あり。其規模甚た小なれども、防禦には便なり。若し西安に都するものにして之を失はんか、恰も其門戸を失へるが如く、又た東に向ひて中原に出づるの途なきを以て、周の時此に出てゝ諸侯を集めたるは、遠謀深慮地勢を利用せるものと謂ふべし。北魏の頃に都を遷せるは、其舊都大同府は東に向ひ現今直隸省地方に出づるの便あれども、以て黄河以南の地方を制する能はず、此に於て都を遷して西渭水大平野を提げ、東中原に出でゝ江南の地に割據せる南朝と雄を爭はんとするの目的なりしなり。

之を要するに洛陽の位置は渭水大平地と中原との中間遷移地帶に在りて、險隘を扼せる關門たるは事實なるも、單に兩大平野の交通に樞要なるに止り、大帝國の首府としては地勢褊小に失せり。

北宋の時に之を棄てゝ汴京に都せる理由も亦蓋し此にあるべきなり。

現今汴洛鐵道は更に西に向ひ西安に達する線路布設中なるを以て、全線開通の曉には中間一大停車場たるべきも、現今河南府市況の繁華は或は一變し、多少の衰頽を見るを保せず。

線路工事に際し北邙山麓に累々たる古墳中開堀せられたるものあり。其中より墓誌銘葬器等の發見ありしが、就中注意すべきは六朝より唐に亘る男女土偶、竈暖爐、家畜等の古代社會狀態及風俗を窺ふに足るものにして、其服裝にはフロックコートの如きものを着せる土偶其他支那固有風俗よりも、寧ろ中央亞細亞の西方民族の趣きあり。犬の土偶の如きもポインターの如き現今蒙古狗又は支那狗と異なるものあり。想ふに此等土偶製作の時代には中央亞細亞を經由する交通路尙ほ容易にして、現今史上に見へたるよりも遙に兩洋交通は頻繁にして、西方殊俗の胡人も此地方に住居し、又た西方より輸入せるものは獨り佛敎景敎祆敎の如き宗敎のみに非ずして小亞細亞波斯等の民族も多數に入來れるならん。

遼東半島に於て觀察せる所は更に後號に於て之を記すべき以て玆に之を述べず。（完結）

第一圖 河南府近傍黄土丘陵（汜水縣）

Fig. 1. Loess Terrace (Fan-shui-hsien, Ho-nan-fu)

第二圖 龍門香山寺

Fig. 2. Hong shan-szu (Lung[illegible])

Journ. Geogr. Vol. XXIII. Pl. IX.　　T. Ogawa.

地學雜誌第二十三年第九版（小川）

第一圖　龍門石窟及大佛

Fig. 1. Honey-comb Caves of Lung-mênn and Great Buddha (Ho-nan-fu).

第二圖　龍門石窟

Fig 2. Excavations in the Lung-n[illegible]

支那に於ける本草學の起源と神農本草經

小川琢治（1870—1941）

《史林》4-4，1919

支那に於ける本草學の起源と神農本草經

理學博士 小川琢治

一 序說

本草は支那に起つた一種の藥物學で、其の發達は醫術と相伴ひ支那固有の博物學となり、日本には他の支那の文物と共に之を傳來して、終に自然科學としての博物學に進んだのである。日本に西洋博物學が傳來した際に日本の植物學が直に立派に出來たのは此の本草學が漢方醫家によつて研究されて居た爲めである。本草なる名は植物が藥品として最も多い所から起つたのであらうが、其中には動物鑛物をも含んで居るもので、鑛植動三界に互る博物學として纒つて居る。故に支那に起つた自然科學の中で天文學と共に最も著しいものである。

余の此の研究を試むる動機は、支那地理書中最も古い山海經の研究に當つて、其產物として擧げた植物、動物等に藥として効用あることが記載されて居るので、之を原始的の本草の古書と比較せんとしたのに在る。先づ神農本草經なる書が如何なるものかを知りたいと感じて森立之の復原したものを讀む際に、橘瑞超師の燉煌石室から獲て還られた陶弘景の本草集註の第一卷を覩ることが出來たので、本草に關する古本に就て大に興味を感じたのである。今日現存する本草の完本は宋證類本草のみで、日本には此外に仁和寺の唐新修本草零本五卷があるが、其以上の古本は從來知れて居らなんだ。然るに橘師によつて六朝末卽ち唐以前の古寫本と想はるゝものが世に出て、其が仁和寺本に缺けた所の序錄の部分を補ひ、且つ梁陶弘景の原本を窺ひ得たのである。

此の研究を進める間に德川幕府時代の森、小島丹波等の諸醫家及び岡本況齋の余と同じく本草古本の考證を試みた著書を讀み、本草の內容に關して一草一木の名實の異同のみを吟味する明代までの支那學者の研究と方向を異にした先覺者を知つたのである。

余は此の如く古本に溯つて研究したのであるが今御話の順序としては上古の藥物に對する幼稚な考から出發して次第に進步した徑路を辿る方が理解し易いと思ふ。故に先づ簡單に時代の順に進步の跡を逐ひ、文化史の一部としての藥物學の變遷を述べる。

二　山海經の藥物

支那に於ける藥物の最も幼稚な考が見えるのは山海經の初五卷五藏山經の部である。是は多分戰國以前の書で、其使用法は「之を食すれば」といふもの丶外に「之を佩ぶれば」又は稀に「之を服すれば」(西山經翼望山の獸に讙といふもの之を服すれば癉を已すといふ黃疸の藥なり) といふものが頗る多い。卽ち藥の効用は厭勝 Charms (Amulets) 又は呪符の如きものとなつて居る。後世の服藥といふ熟語の服の字は此の佩の字と同じ義から轉化したもので原始的意義を傳へて居る。

此書に見えた玉石草木鳥獸蟲魚の類頗る多く、其鑛物のみにても黃金赤金白金銀赤銀銅赤銅鐵錫赤錫、雄黃、青雄黃、丹粟、青雘、丹雘、碧綠、流赭、礜、青碧、石涅、磁石、箴石等があつて、頗る種類に富んで居る。然るに本草に見えたものと同種の藥で効用の一致するものは礜石の如き一二の外には殆ど見えない様に想はれる。是から考ふれば博物の智識は戰國頃までに既に相當に進んで居たが、藥物學としては十分に出來て居らぬと推定して大なる間違ひはなからう。卽ち藥物其ものゝ明瞭確實な効用反應に重きを措かずに、巫覡の厭勝によつて疾病を禳うて醫術其ものによつて治療することを知らぬ幼稚な未開民族の境遇から餘り進んで居らぬ。尙書の周公が武王の爲めに禱つた金縢の篇に、其頃疾病あれば之を禳うた遺り方が見える如く、又た孔子の病を門人が禱らんとした話が論語に見える如く、戰國以前には此の如き狀態が一般であつたらうと想はれる。

三　戰國時代の藥物と醫術

戰國時代に至ては醫術の進歩と共に藥物使用の智識も餘程進んで居たことは孟子に藥瞑眩せざれば其病癒えずといつた如き語から推測される。又た周禮の天官に醫師食醫疾醫瘍醫獸醫を擧げて居るのは同じく此頃の醫師の分科を窺ふに足るもので、史記列傳百五扁鵲倉公傳に扁鵲が趙の邯鄲に至り帯下醫となり、東周の洛陽に至つて耳目痺醫となり、秦の咸陽に至つて小兒醫となつたといふのと共に、醫術の分科がある位まで頗る進んで居たことが明かである。其治療には服藥の外に針按摩灸(熨)等の方法を用ゐ、又た割皮解肌の外科的手術も行つて居る。然れども扁鵲の受けたといふ長桑君の禁方なるものが如何なるものであつたか傳はつて居らぬから藥物の智識如何は分らぬ。漢に入つた後の倉公の場合にも醫藥方といふもの及び乘陽慶の傳へた禁方書といふものが見えるが、其等が如何なるものであつたか分らぬ。唯史記の文によつて其病源及び治療法の根本義卽ち原理は陰陽五行說から出發したもので、黃帝内經として傳はつた所と大體に於て異つて居らぬことが確かである。從つて黃帝内經は完成時代の何時に屬するにせよ略ぼ戰國時代、卽ち支那文化の起原を五帝なる神話時代に持て行かんとする傾向の盛んな頃に醫學として出來て居たもので、其後秦漢の間に多少の增補訂正は行はれたとしても、其の根本義に大變化を及ぼす程の進步はなかつたらうと想像し得る。

四　前漢末に起れる本草

本草なる語の初めて現はれたのは、前漢末であつて本草なる獨立した書物は漢書藝文志に載せて居らぬ。本草なる語は漢書平帝本紀元始五年に、「擧下天下通二知方術本草一者上所在軺傳、遣詣京師」といふのと、同書樓護傳に其の少かくして醫經本草方術數十萬言を誦すといふのとに見えた位である。

史記倉公傳に載せた處方に藥名の判然たるものは僅かに滑石、半夏、莨碭、苦參位で、其内効用の確かなのは苦參である。然るに其効用は今傳はつた本草の藥物に記載されて居らぬ。大觀本草に初めて史記を引いて其の効用として補つたのである。是に由つて之を觀れば春秋戰國の間に知れた藥物は少くなかつた筈で、漢に至つて之を處方に用ゐたのも疑なく、醫術の進歩と共に藥物の智識の進んだ一班は倉公樓護の傳から想像されるが、今の本草の記載とは符合するものでないらしい。卽ち本草の名は既に前漢末に現はれたが、未だ完全な本草學は出來て居なんだと考られる。

此の點に就て一言すべきは孫星衍の説で、其の神農本草經を校定する際に藝文志の神農黄帝食藥七卷を以て、賈公彥周禮醫師疏に引いて食藥とせるを正しいとして、此書卽ち神農本草經ならんと考へたことである。然れども禁方といふ語と共に食禁といふことも考へ得られるし、又た假令食藥が正しいとしても直ちに本草經と同一と斷言し難い。少くも今傳はつた後漢の地名を以て產地を擧げたものを直に其書といふことは無理である。故に孫星衍の本草を以て藝文志に別名で既に載せて居るといふ説は採る價値がないと考へられる。

後漢に至つては神農と子儀の名が鄭玄の疾醫の「以五味五穀五藥養其病」の註に五藥は草木蟲石穀なり、其治合の齊は則ち神農子儀の術に存すといふ文に記され、又た後漢末に出た華佗の弟子吳普本草が唐代まで殘つて居たことから、彌々本草なる書物の立派に出來たことは疑ない。梁陶弘景が本草集註を著はすに當つて基いた所の書は當時に傳はつた所謂神農本草經であつて、是は多分晉張華の博物志にいふものと同一であらう。此の書が李時珍の本草綱目の出るまで、歷代に增補され來つた底本となつた。然るに宋版以來陶隱居の序文に草の字を脫した爲めに後世には神農本經と呼び明盧復の如きも誤つて其復原した書名とした。今燉煌本の序文によつて、此の誤謬たることが知れた。

五　神農本草經の性質と其作成年代

支那に於ける本草經なる書は此の如く冠するに神農の名を以てするものがあつても、其の最も古いのは鄭玄の「神農子儀之術」といつた位で晉張華の博物志に至つて明瞭に其名が記載され、梁の陶弘景に至つて其の全文に增補註釋を加へたのである。故に神農といふ名があるからといふので直に所謂三墳五典の類であると斷定は出來ぬ。又た書物其ものに神農といふ語は出て居らぬ。黃帝內經素問は冠するに黃帝の名を以てするのみならず、其本文は黃帝岐伯に病のことを問ひ、岐伯が之に答へた問答體の文である。周髀算經なども周公が商高に天文のことを問ふた形で、從つて周公の傳へた書といふのである。本草經は此の如き形式を具へて居らぬ。卽ち書物の內容から觀れば此の如き上古の聖賢に假托して世俗の目を眩惑するといふ何等の惡意はないのである。故に此書の性質は眞正(ヂェニュイン)のもので黃帝內經素問や周髀算經に比べて却て假托の氣分が少しもない。書物は神農に假托するの意なしに作られて居たのが、後に何人かゞ本草の最も好い經文であるからといつて、之に神農百草を嘗めて醫藥を發見したといふ傳說に附會して神農の名を附加へたのである。支那の僞物といふものには往々品物の製作者は僞物を作る意志なしに作り、其が古く見える所から何人かゞ後に古代の有名な人又は古い年號などを書添えた爲めに僞物の中に編入せねばならぬことになるものがある。神農本草經を僞書といふならば此の如き意味の僞書である。

陶弘景は文字未だ有らざる時代の神農の不刊の書で、其智識を語り傳へたのが後に桐君雷公の輩が書物としたものと考へて、產地名が後漢の制度である所から張仲景華佗等の手を入れたものとしたのは當時に在つて妥當な意見である。今我々が觀れば其藥品たる植物には葡萄の如く漢代に西域から傳來したものがあり、又た其効用は漢以前の醫家の認めた所と合はぬ點がある。之を山海經の藥物に比較すれば一層差異は著しく、彼に在つては極めて幼稚な民族の思想を代表し、是は醫學の智識の餘程進んだものである。故に述べ來つた如く漢末卽ち西域交通後に進歩した藥物學の智識を綜合大成した書物と考へるのが適當である。此の如く進んだものが山海經などより前に出來て居たとは考られぬ。余は藝文志より後に後漢に至つて西曆第二世紀の頃作成されたとするのが最も正鵠を得たものと考へる。

西域交通後に出來たとすれば、西洋藥物の智識がどの位附加へられたかといふ疑問が當然起る。マスペロの埃及上古藥物使用の記載に比べて見るに其使用法に湯酒等に漬す外に、散藥丸藥膏藥として用ゐる仕方のあるのは埃及に既に行はれて希臘にも傳はつたもので、序錄の文は此等の西方の古代藥物學に符合するのである。余は未だ箇々の藥物に就いて西洋古代の藥物學の書物と對比して居らぬから、果して一々の藥物中に西洋の智識が含まれて居るか否かを斷言し能はぬ。然れども張仲景や華佗の開いた新らしい內科及び外科の治療法と共に西域交通の影響の支那藥物學に及ぼした所は相當著しいものであつたと想像する。此の事實は漢書藝文志に載せた方技三十六家と隋書醫方二百五十六部とに含まれたものを比較して容易に知れる。

之を要するにプニウスが「博物志」Natural History を書く時に持て居た智識に類似の思想が全體として漢の西域交通によつて支那に輸入されたと考へるのは敢て其影響を過大視するものであるまい。尤も此交通なしに支那にも段々此の如き博物の智識が戰國以來進歩して居たと考へ得る事實のあるのは全然否定されぬ。然れども其と系統を異にした藥物學の進歩した考が輸入されて、醫術藥物共に非常なる長足の進歩があつたものとするのが寧ろ妥當の見解である。神農本草經なるものは此の如く内外時勢に伴ふ進歩の産物であつて、西域交通の影響を受けたことを否認することは出來ぬ。

六　神農本草の原形

本草學の完成した書物たる神農本草經は今其原形のまゝでは傳つて居らぬ。其篇目に就いて古書目を調べて見るに頗る區々で、隋書經籍志によれば

神農本草八卷　梁有神農本草五卷、……蜀物二卷、神農明堂圖一卷、

及び

神農本草四卷　雷公集註

神農本草經三卷

の二種を擧げて居る。是で見れば前の八卷本は本文五卷と、附錄三卷から成立て居たらうと想はれる。然るに陶隱居の集註序文には「今之所レ存有此四卷」といひ、宋の掌禹錫の嘉祐本草を作る時に此の序文に考證を試みて、「謹按唐本亦作二四卷一」といひながら、「今按、四字當レ作レ三、傳寫之誤也」と斷定して、其理由として「按梁七錄云神農本草三卷」といふ後の分を擧げて居る。此の掌禹錫の誤謬は森立之の反駁が正しく、燉煌本卽ち唐以前(少くも隋朝)の古寫本にも陶序に四卷となつて居る。故に陶弘景の見たのは、四卷本であつたのは疑ない。

隋志に次に擧げた三卷といふは陶隱居の校定して作成したもの、卽ち隋志の八卷の脚註に梁七錄を引いて

隱居本草十卷

陶弘景本草經集注七卷

とある中の集註とあるものを隋志に別に載せたものと想はれる。掌禹錫の梁七錄を按ずるにと云ふ語は疑はしいのみならず、此の關係沿革を無視したものである。

要するに神農本草經の篇目は此の如く區々なるも、其の內容は陶弘景集註に包括されたものである。陶弘景以前の古本の一は集註陶序にいふ四卷本で、是は恐らくは第二に擧げた雷公集註といふものと同一なるべく、一は第一の神農本草八卷本の中の初五卷であらう。

七　神農本草經の內容

神農本草經の陶隱居以前の古本の內容を窺ふに足るものは張華博物志の藥論で「神農經曰」として三項を擧げ其二項は大體一致し、何れも今の序錄及序例に見えるもので、一項だけは見當らぬ。是で見れば、張華の見たものと今本とは同一の系統で、或は異本があつたか又は陶隱居が多少增減したものである。兎に角之から推せば序錄卽ち總論の部と藥物各論の部と二つの部分から成立て居たことは明かである。今日傳はつた本草經の形式は三國西晉の間に行はれたものと略ぼ同じく唯時代の進步に從ひて陶隱居以來幾多の新らしい藥物が附加へられ唐宋の諸本草となつたまでの差異である。

陶隱居以前の神農本草經を此等の今書から再造せんと試みた學者には明の盧復（萬曆刊本、寬政十一年鈴木暘谷複刻）淸孫星衍（乾隆刊本）があつて何れも神農本經と名けた。森立之の神農本草經（嘉永七年刊）は最後に出たが明淸學者の覩る能はざりし鈔本新修本草醫心方等の宋槧本以前の醫書に據り考定したもので兩書に比して全く面目を異にし最も古本の眞に近かいものである。盧孫兩氏の書名は宋以來の本草の陶序に「舊說皆稱神農本經」とあるに本づいたので燉煌本によれば其の草の字を脫したものたることが明かとなつた。森氏は之を因襲せずして直に隋唐志の書名に從つたのは其の達識を見るべき一例である。

然れども此等の諸家の努力は大に多とすべきと同時に其の自ら復原したりと考へた所は大抵陶氏の刪添を經たものまでであつて陶氏以前のものでないことを記臆せねばならぬ。陶序によれば

今之所存、有此四卷、是其本經、所出郡縣、乃後漢時制、疑仲景元化等所記、又有桐君採藥錄、說其華葉形色、藥對四卷論其佐使相須、魏晋以來、吳普李當之等、更復損益、或五百九十五、或四百卅一、或三百一十九、或三品混糅、冷熱舛錯草石不分、蟲獸無辯、且所主治互有得失、醫家不能備見、則識致淺深、今輙苞綜諸經、研括煩省、以神農本經三品合三百六十五爲主、又進名醫副品三百六十五、合七百三十種、精麤皆取、無復遺落、分別科條、區畛物類、兼注諸世用土地所出、及仙經道術所須、幷此序錄、合爲七卷、

とある。則ち今の本草は此の如く陶氏の手から出たものが底本で其以前の所謂神農本草は科條の分別物類の區畛が不十分不完全なものであつた筈で或は草石蟲獸の區別も判然とはなつて居なんだ。陶氏の基いた四卷本なるものは到底復原することは出來ぬことは明かである。

故に諸家の擧げた所から藥物の種類名稱は略ぼ最古のものを推知し得るが其の順序及び記載の詳細は決してあてにはならぬ。

此の如き次第であるから近時燉煌から本草集註の卷一序錄の部が完篇を發見されたことは本草學の研究史上に非常に面白い資料を獲た譯で、是によつて少くも陶隱居本の舊觀を窺ふことが出來るのである。

今此の最古の抄本と従來の本草の文を對比するに頗る異同あることが發見され、又た其の體裁に就いても變遷の過程を追蹤し得るものがある。

八　朱墨文と白墨文

支那の古書に於て經と傳又は註との文を區別する爲めに朱と墨とで書き分けるのが慣用の體裁であつた。五經の如き儒家の經書に在つては墨字で經文朱字で註文を書いたのであるが、本草經では原經文に朱を用ゐ後世の補加した文に墨を用ゐて區別した。陶序に「朱墨雜書、幷子註大書分爲七卷」といふのから考ふれば此の區別は陶隱居の手に整頓さるゝ時に出來たらしい。宋初開寶本草を編纂し上木する際に朱字の代りに墨地白文を用ゐて此の區別を保存し他の經書の如く文字の大小及び空格割註等の體裁と異つたものとなつた。

然るに宋槧本以前の古抄本唯一の殘篇たる仁和寺の唐新修本草を觀るに傳寫の間に朱が用ゐられなくなつて全文を墨字とし其の區別が全く無視されて居る。其代りに各割註の下に謹案の二字を加へて宋槧本に唐本註云と云いふ見出しの區別のものを載せた。

燉煌本でも毎章の行を改めずして寫し其章頭に朱點を加へて區別するのみで朱字を用ゐた文はない。唯陶序の次の

本草經卷上（割註あり）本草經卷中（同上）本草經卷下

の十五字だけに特に朱點を各字の中央に施して居る。今の本草の序例に白字とした「上藥一百廿種」以下の經文には章首には朱點のみで此の區別がない。前に掲げた陶序に「藥對四卷、論』其佐使相須」といふ語あるのから推せば、陶隱居は序錄の上藥云々以下の文を名醫の附加したものと考へたとするが當然で、從つて其の朱點を施さぬのが正しい陶氏校定本であるべきであらう。

唐本草以下陶註を細字割注に降したが序錄の陶註は其儘に大書したか如何は殘闕の爲め確知されぬ。然れども宋槧本にも序錄の陶序を大字で載せた所から推せば多分唐本草にも序錄だけ陶氏の舊樣を存じたのであらう。

然るに後に大書中に陶註の「本說如」此、今案」の語を冠して居るのを以て原經文に對する名醫の所傳と妄斷して上藥云々の如き本文を盡く神農本草の經文とし朱點を施したので終に宋槧本に傳へて白文となつたのであらう。

故に燉煌本によつて陶氏の試み朱墨書き分けの體裁が一轉して其の煩を避けて全文を墨書し朱點を字の中心に加へるものとなつたことが知れる。狩野博士の巴里で見た燉煌本經書の斷片にも朱點を施したものを見たの（藝文第六年第二號）と併せて考ふれば、朱墨雜書に代用した朱點區別法が六朝より唐代まで一般に行はれたことが知れる。

更に進んで仁和寺本新修本草は此の如き寫本から日本で傳寫するに當つて、其の殘された朱點をも無用の長物視して省いて、終に全く朱墨の區別のないものとなつたことも是から推定し得る。

九、唐宋諱字

燉煌本本草集註序錄は卷末に

開元六年九月十一日尉遲盧麟
於都寫本草一卷辰時寫了記

の二行の奥書があるが其前行は墨色著しく濃く字體が前後の書風と異つて後の書入れたることが明かである。余の之を六朝抄本と斷定した理由は書風と其の文に出る唐代天子の諱字が一も避改闕畫して居らぬとの二點であつて其上に此の紙を反古として其裏に書いた大智度論の立派な唐寫經であることが有力な傍證である。

之を現行本に對比するに唐代新修本草を撰する

に當り唐初三代の諱字を改め、宋以後更に宋歷代の諱字を改めたことが知れる。其著しきものを示さんに陶隱居序文の

惠被生民(群生に作る)　世用(時用に作る)

又た序錄の文の

許世子(太子に作る)　世用(俗用に作る)

密覆勿泄　泄精(共に洩に作る)

等の如き何れも太宗諱世民の二字を避け延いて其字畫の含まれた字までも改めたのである。現行本に二三の世及び民の字を存するのは恐らく其遺漏でなければ闕畫を復舊したのであらう。

又た序錄の文に

主治　治病(共に療に作る)　採治(造に作る)

至殆命(殞に作る)　治葛(野に作る)

の類があつて是も高宗諱治の字を避けて台を含む字を悉く改めた。

治病　　療病

治病理難卽効　療病固難卽効

採治　　採造

治數百杵　擣數百杵

に作るは高宗の諱治を避け改めたるべく又た

至殆命　至殞命

治葛　　野葛

に作るのは字に治の一部に台字あるのを避けたのであらう。

蓋し此の唐初三帝の諱を避けたのは高宗の顯慶中に蘇敬の新修本草を編纂するに當り加へた所であることは殆ど疑を容れない。

此の外に序錄陶註の竟字多く畢に作り藥名恒山を常山に作るのを認むるも是れ恐らくは宋槧本に厦鏡恒の字に缺畫を施すと同例であつて、唐穆宗の諱恒を避けたのではあるまい。而して宋代改竄の尤も甚だしいのは前に擧げた殷淵源の場合であつて名が唐人に改められた後更に其姓を改めたも

のであつて全く別人の如くなつた。

又た序録中に擧げた名醫の名殷淵源の如きは今本に商仲堪に作り唐太祖の諱淵を避けて新修本草に殷仲堪とされ宋本草には更に其姓殷を宋太祖の諱匡胤を避けて終に商仲堪とされたもので姓名共に改められた最も極端な悪例である。

此の外に陶註に竟の字は多く畢に作り恒山は常山に作るの類宋本草の改めたる所もある。

凡そ此等の例は唐抄本から宋槧本を經た支那古書を讀むものが記憶せねばならぬことであつて、單に本草經のみの問題でない。今日宋槧本既に稀覯に屬するのであるから本書の如く明かに唐宋の勅撰に係るものを其原以前の文に溯り得るのは文獻學上頗る重大な意義を有する譯である。

天壽國とは何ぞや

常盤大定（1870—1945）

《智山學報》7、8，1935

天壽國とは何ぞや

常盤大定

日本佛敎の開祖聖德太子が薨去せられて後、王妃橘大女郎が、太子は常に「世間は虛假にして、唯佛のみ是れ眞なり」とて、其法を玩味したまへるによりて、應に天壽國に生れたまへるなるべきも、彼國の形は眼に看がたき所なれば、悕くは圖像によりて大王の徃生の狀を觀んと欲す」とて、その相を圖して之を繡したものが、有名な天壽國曼荼羅である。さてこの天壽國の何であるかについては、研究者の間にまだ定說がない。或は西方淨土ならんといふものあり、或は兜率淨土ならんといふものあり、或は通漫な用語で之を一方に決すべからずといふものあり。中に於て西方說が多分を占めて居るけれども、之を保證すべき資料がないので、議論は未だ決定して居らぬ。若しこれが明了となれば、太子の佛敎觀及びその信仰を闡明する上に於て、大に步を進める事が出來るので、單に天壽國の一語の問題に止まらぬのである。自分はかねて之を西方淨土と想定し、之を支持すべき資料として、「維摩經義疏」の中に「無量壽經」の「唯除五逆誹謗正法」の二句を引證したまへるを注意して居た。この二句は、法藏菩薩の四十八願中の最も重要な第十八願の終りに附隨し、專門家の間に抑止の慈悲と言はれるものであつて、太子が既に是等二句に着目せられた事は、「無量壽經」に精通せられて居る事を示して居る。特に四十八願中に於ても、第十八願に留意せられた事は、阿彌陀佛の本願に對する徹見を示すものである。隨つて太子が是等本願の具現である、凡夫往生の眞骨を把握せられて居るものと見てよい。法藏菩薩の成佛の因果に對する徹見は、やがて衆生往生の因果に對する洞觀でなくてはならぬ。十八憲法の中に、「共是凡夫耳」といはれて居るが、凡夫の自覺は、本願力を仰ぐものにこそ容易に得らるべきものである。本願の中心たる第十八願に着目せられた事は、吾人をしてやがてこゝまで考へ込ましめる。予は斯の如くにして太子の願生したまへる淨土の西方なるべきを推定したのであつたが、然し西方淨土を天壽國と呼べる實例に接せずしては、猶未だこれを斷言し得られぬ所もあるので、之が保證を得たいと念じて居た。然るに先般三井家の珍藏が展觀せらるや、正にこの天壽國の用例が既に支那にあり、而も西方天壽國とあるので、いよ〳〵之を西方淨土と決定して然るべしと信ずるに至つたのである。先般展觀せられた寫經八點の中に、北魏延昌二年(五一三)筆寫の「華嚴經」卷第四十六があつて、之に加へた隋の開皇三年(五八三)の奥書として、次の文字が見出される。

大隋開皇三年歳在癸卯五月十五日、武侯帥都督前治會稽縣令宋紹演、因遭母喪、亭私治服、發願讀華嚴經一部、大集經一部、法華經一部、金光明經一部、仁王經一部、藥師經卌九遍、願國主興隆、八表歸一、兵申休息。又願亡父母、託生西方天壽國、常聞正法、己身福慶從心、遇善知識、家眷大小康體、一切含生、普蒙斯願。

開皇三年は、太子の十歲の時で、會稽縣は本邦との往來の頻繁であつた吳越地方であるから、我が天壽國曼荼羅に對する保證として、此の上もないものである。この託生西方天壽國は、西方とある以上西方浄土である事が、容易に想定せられるが、予は一層之をたしかめんが爲に、北魏より北齊・北周・梁・隋に亘る間の造像銘文を取調べて見た。其中に於て、明白に往生信仰の表はれて居るものを選び出して、少くも五十六個を得た。之を分類して見るに、西方往生は約二十七個あり、上天信仰は約十五個あり、西方と生天との融合せるものが約六個又は八個ある。其中で、かの開皇三年の奥書と、頗るその文句の類似して居るものは、次の二個である。

託生西方妙樂世界、不逕三塗、値佛聞法、一切衆生、咸同斯福—東魏天平四年（五三七）

託生西方妙樂國土、生生世世、値佛聞法。又願天下太平、居家眷屬、皆同此福—東魏武定元年（五四三）

文體といひ、內容といひ、斯くまで一致するものが、二つもある以上は、西方天壽國を以て、西方妙樂國土と斷ずるに於て、過失はあるまいと思ふ。以上に於て、大體その要を盡したが、一層之を確實ならしめんが爲に、一々その文字に當つて見る。その五十六例に於て、託生西方妙樂國土といふが最も多くして、十三まであり、また託生西方妙洛國土といふもあり、託生西方妙洛世界といふもある。

洛と樂とは音通に過ぎぬから、總計十五となる。これから見る時は、託生西方の三も、託生妙樂も、同一のものである。その外に値生西方妙樂國といふもあり、値生妙樂國といふもあり、遊神西方淨佛國土といふもあり、常登安樂といふもあるので、是れ等を綜合し來る時は、託生淨土の三もまた西方淨土たるを思はしめ、蓮花化生も同じく然りであつて、斯くて西方信仰は二十七の多きを數へ、北魏より隋代に至る間に於ける一般の信仰が、最も多く西方にあつた事を知るのである。

然しまた眼を轉ずれば、上生天上、値遇彌勒佛といふがあり、上生天上彌勒三會といふがあり、單に彌勒三會の二つがあり、上生兜率といふがあり、託生紫神蓮生兜率といふがあり、鳳翥道場鸞騰兜率といふがあつて、明白に兜率上生の信仰を表白せるものが合して七個ある。これから推すと、神是紫宮形是妙境といふも、颻影紫微といふも、單に上生天上といへる六個も、是れまた上生兜率の信仰と推せられる。斯くて是等を通計すれば、上天信仰は十五となるから、西方信仰に對して、相當の勢力を占めて居た事を知るのである。然し西方信仰の大體半分と見てよい。

以上によつて、西方と上天との兩信仰を見たが、奇な事は兩信仰が明白に區別せられずに、融合したものゝある事である。それは或は願生西方無量壽佛國、龍華三會といひ、西方妙樂國土、龍華三會といひ、或は面奉彌勒·託生西方といひ、或は亡者生天、託生西方無量壽佛國といひ、神勝紫微之宮、託生安洛之國といひ、或は上生天上、託生西方といひ、生天上、託生西方といひ、生天安養國土といひ、託生紫微安樂之處といふが如きがそれで、是等は總べて八個ある。その文體から判ずるに、上天して後に西方に往生するのであつて、卽ち上天して彌勒に面奉する事が、託生西方の方便となると見てよい。而して又實際上に於て、西方世界に於て、龍華の三會に聞法すといふ樣に信じて居たものもあつたのである。いづれにせよ、西方が主で、上天や三會は或はその前方便であり、或はその得益である。而してこの彌勒三會は、敢て西方にのみ限つたので無くて、中に一つの特例として、願生不動世界、彌勒三會といふがある。これは東方阿閦佛國に往生して彌勒の三會に遇ふといふのである。彌勒三會が附隨せぬ願生不動淨土といふのも一つある。斯くて彌勒三會は西方又は東方の淨土に往生しての得益と信ぜられたと見てよい。

猶此外に若存託生、生於天上諸佛之前といふがあり、神是淨境といふがある。是等の二個は敢てその目標を西方と決定して居るのでなくて、通漫な淨土信仰であつたと見てよい。

以上の五十六例を以て、往生信仰の明白なものは盡きる。之を通觀するに、西方の信仰は斷然優位を占めて居る。是等多數の類例を掲げ來る時は、天壽國の曼荼羅は、開皇三年の奥書に見られる西方天壽國のそれであり、而して西方天壽國は西方妙樂國土であるに相違ない。天壽國の何であるかを闡明する事は、太子の信仰、延いて太子時代の佛教を知るべき有力な資料となる所から、成るべく獨斷を避けんとして、隋代より遡りて北魏時代にまで及び、やゝ煩鎖に亘つたが、用例の上から、及び內容の上から、無理のない結論を得やうと努めたのである。
以上は、總括して叙述したのであるが、猶研究者の便を圖りて、次に刻文の重要な部分を掲載して置く事とする。

天壽國曼荼羅銘文

我大王所告、世間虚假、唯佛是眞、玩味其法、謂我大王應生於天壽國之中、而彼國之形、眼所叵看、悕因圖像、欲觀大王往生之狀。

支那造像銘文表

(年　代)	(造　像)	(願生信仰)
北魏 太和廿二年	光世音	託生西方妙洛世界
太和廿二年	石像	鳳翥道場、鸞騰兜率
太和廿三年	彌勒	願生西方無量壽佛國、龍華樹下三會說法
太和九年	彌勒	若存託生、生於天上諸佛之所
景明三年	彌勒	上生天上
正始元年(?)	釋迦文佛	上生天生、値遇彌勒佛
正始三年	釋迦幷二菩薩	値生妙樂國土

正始三年	釋迦像	上生天上、彌勒三會
永平三年	彌勒	託生西方妙樂國土
〃	釋迦	託生西方妙樂國土
永平四年	彌勒并五十三佛	託生西方妙樂國土、
〃	彌勒	託生紫神、蓮生兜率
延昌元年	彌勒	託生紫微安樂之處
〃	釋迦	託生西方妙樂國土
孝(昌)三年	釋迦	託生西方妙樂國土
神龜三年	彌勒	上生天上、託生西方
正光六年	彌勒	神昇淨境
〃	造像一區	西方妙樂國土、恒在龍華樹下三會說法
孝昌二年	石像	生天安養國土
太昌元年	石像	上生兜率
永熙二年	〃	遊神西方淨佛國土
東魏 天平三年	觀世音	託生西方妙洛國土
元象二年	彌勒	託生淨土
天平四年	觀世音	託生西方妙樂世界

興和二年　石像　託生西方妙樂國土

〃　生天

武定元年　石像　託生西方妙樂國土

武定五年　石像　託生西方

武定六年　彌勒　生天

武定七年　亡者昇天、託生西方無量壽佛國

西魏　元年　觀世音　彌勒三會、願聞初唱

〃　石像　彌勒三會、願聞初唱

大統十四年　釋迦　願生不動世界、彌勒三會、願登初首

北齊　元年　石像　亡者生天

天保四年　觀世音　生西□□□國土

天保五年　玉像　託西生方妙樂國土

天保丁丑　建像　神登紫宮、形昇妙境

天統二年　玉像　託生西方妙淨土

天統四年　天宮石像　託生妙樂

天統四年　盧舍那　神勝紫微之宮、託生安洛之國

武平二年　彌勒三尊　託生西方妙樂國土

年代	像	願文
〃	尊像	颺影紫微
武平四年	阿彌陀	願生不動淨土
武平五年	無量壽像	託生西方
北周 武成二年	釋迦	常登安樂
天和四年	觀世音	託生西方
建德元年		託生西方妙樂國土
建德二年	釋迦	託生西方妙樂國土
隋 開皇八年		亡考生天
開皇九年	釋迦	託生淨土
〃	〃	〃
開皇十六年	阿彌陀	蓮花化生
開皇十六年	觀世音	亡者生天
開皇十七年	阿彌陀	面奉彌勒、託生西方

三井家の展觀品中に於て、最も注意を引いたものは、學者が長い間渴望して居た船首王後首墓志の銅版であつたが、これについても一言を加へたいものがある。この銅版は、出土した金石文墓志中の最古の物で、その文字は褚遂良の筆法を承けた優秀なものであり、從來學者が拜見せんとして、到底

不可能であつたのが、今回はからず展觀の幸福を得たのである。他の事については、立ち入るの要がない。今はたゞこの最古の金石文中に佛教思想の影響が見られるや如何だけを問題とする。説明には佛教思想の影響から際立つて支配を受けてゐないといはれてあつたが、自分は之に不同意である。その故は墓志の最後に「安二保萬代之靈基一、牢二固永劫之寶地一」とある中の萬代の靈基はよいが、之に對する永劫之寶地といふ語は、佛教思想に觸れずして有り得べきでないと斷じたいのである。永劫の劫は、梵語の劫波 Kalpa の音を寫し、無限の時間を意味するのであつて、劫波を離れて永劫の劫を解釋する事は出來ぬ。若し單に文字のみでいふ時は、劫は劫掠とか劫奪とか熟字すべき內容を有するものである。この文字に時間の意味が含まれて居るのではなく、劫波の音を表はす事によつてのみ、初めて時間の內容を取る。卽ち之を時間の意味に見るのは、劫波を通す間接のもので、文字其ものゝ直接のもので無いのである。寶地もまた佛典に屢々淨土・淨國・淨刹を説く時に用ゐられ、轉じて寺刹の境域などにも用ひらるゝを例とする。經典を例示するまでもない。試みに「佩文韻府」を見ても、「論衡」の「周時戎狄攻王、至漢內屬、獻其寶地」の寶地は、佛教に關係ないと思ふが、其他の王融出家順善篇頌の「將レ安二寶地一、誰留二化城一」も、王勃の龍懷寺碑の「香城寶地」も、盧照鄰詩の「寶地乘レ峰出」も、李邕の大雲寺碑の「寄二一塵于寶地一」も、沈佺斯の詩の「言歌遊二寶地一」も、王維の遊感化寺詩の「疏璃寶地平」も、李白の詩の「金繩界寶地」も、すべて佛教の用語たる寶地を意味して居るのである。經典には七寶の中のいづれか、特に琉璃の大地を以て、淨國を描く場合に用ふるを普通とする。この墓志の永劫の寶地も、この區域を以て死者が永遠に安眠すべき淨刹たらしめんを念願したものである。然らばこの墓志は、少い文字の中に於て、既に佛教の影響のあつた迹を示すといふべきである。船首王後墓志について、予の言はんとする所は、唯これだけであるが、王後の年代を見ずしては、佛教の影響の有無を特に論議する要點に觸れぬと思ふから、因みを以て最後にその年代について附言する事とする。

王後は、應神天皇の朝に歸化した百濟國人辰孫王（智宗王）の後裔王辰爾（智仁道）の孫であつた。辰爾は欽明天皇の朝に船の賦を掌つて船史の姓を賜はり、敏達天皇の朝に高麗の表文を讀んで、叡感に預かつた。一族中に於て傑出して居たので、墓志の中には之を中祖とたゝへて居る。その孫王後は、三十歲ならずして推古天皇に仕へまつり、十六年唐使接待の掌客に任ぜられ、勳功によつて冠位十二等中の第三級たる大仁に叙せられた。六十歲を以て、辛丑の歲卽ち舒明天皇十三年（六四一）に歿し、二十八年を經て戊辰の年卽ち天智天皇元年（六四八）に、松岳山に改葬合葬せられたのであつた。この墓志は、この改葬の時に造られたもので、支那では唐の高宗の總章元年に當り、本邦では聖德太子薨去の後四十七年目であつた。淨土教からいふ時は、道綽禪師入寂の三年後で、善導大師はまだ靑年の時代であつたのである。

六祖法寶壇經につきて

鈴木大拙（1870—1966）

《佛教研究》3-1，1922

六祖法寶壇經につきて

鈴木大拙

此は三四年前に認めたものである。尙不足な所があるので、其儘にして置いたが、何時になつて補足の期が來るか、わからぬので、此に發表する。偏へに大方君子の叱正を俟つ。

「六祖壇經」は禪宗で大切な書物の一つである。禪宗なるものゝ支那に盛んに行はるゝやうになつたのは、初祖達磨の「面壁九年」によるよりも、六祖の「本來無一物」に負ふところが多い。達磨が印度禪を傳へたといふなら、之を支那化して、支那人の氣質、性行と稱ふやうにしたのは六祖慧能に外ならぬ。支那で禪を言ふものは何れも六祖を宗師とせぬはない、五家七宗何れも其源を慧能より發する、六祖の「法寶壇經」と云ふは、卽ち彼が曹溪の寶林寺における說法を集めたのである。それ故其大切なとは言ふまでもない。處が、此書の眞僞を問題にしたものが昔から無いではない。それには理由が必ずしも無いとは言はぬ。到底六祖自身の口から出たと思はれぬ文字が「壇經」中處々に散見して居る。此一篇は「壇經」と云ふ文學的作品につきて、其編纂上如何なる變遷を經て來たかを詮索したいと云ふのである。何分材料の少ないのと、見聞の足らぬので、思ふほどの研究の出來ぬのが遺憾である。但、大體において「六祖壇經」なるものゝ成立の經過が分明になれば幸である。

一

「景德傳燈錄」第二十八卷に南陽慧忠國師の語を載す、その中に左の句がある。

吾比遊方多見此色、近尤盛矣、聚却三五百衆、目視雲漢云、是南方宗旨、把他壇經改換、添糅鄙譚、削除聖意、惑亂後徒、豈成言敎、苦哉、吾宗喪矣。

これは忠國師が、南方より來れる禪客が、卽心是佛の義を誤解して、生滅身の外に別に無始以來未だ曾て生滅せざる底の佛性なるものありて、蛇の皮を脫する如く、龍の骨を換うる如く、此不生不滅の佛性のみ身後に殘るものと說くを見て、大いに六祖の深意を誤れるを慨いたときの言葉である。當時の所謂る禪客なるものが、禪の宗旨を解せざりしはとに角として、忠國師の語句の中には二個の事實が肯定せられて居る。そうしてそれが今吾曹が興味の中心となるのである。第一に「六祖壇經」なる書物が其頃既に世間に流布して居たと云ふ事實、第二に「壇經」は一部の人によりて改換せられ、自分等勝手の意見を其中に竄入して、六祖の意旨を滅却し去りたること。此の二つの事實は「景德傳燈錄」を信ずる限り否むべからさるものである。

慧忠國師は六祖に嗣法した一人で、西曆七百七十五年に長逝してをる。六祖示寂の年は七百十三年であるから、忠國師が慨く所の事實は六祖滅後五六十年間に既に生じたものと見ねばならぬ。果して然りとすれば、六祖には何か、自家の著述でなくとも、弟子のその言説を書き殘したるものありしと云はねばならぬ。猶ほ孔子に論語があるやうに。現時に傳はつてをる所の「六祖壇經」付囑第十に六祖自身の言葉として、「吾於二大梵寺一説法以至二于今一抄録流行、目曰二法寶壇經一汝等守護遞相傳授度二諸羣生一但依二此説一是名二正法一」と記してゐるが、これはどう見ても後人の手にて猥りに附記せられたものと斷定するより外ないのであるから、「壇經」の存立そのものを證する句とはならぬ。又現行本に、或は附録として卷尾に、或は何等の言譯なく卷首に只「六祖大師緣起外紀」として不完全なる六祖の略傳、又は寳林寺緣起とも名づくべきものを掲げてある。これを附録として卷尾に加へたる現行本には「門人法海等集」とあれども、卷首に掲げたる本には誰れの作とも書いてない。「全唐文」によると、此「外紀」なるものが法海の「六祖大師法寶壇經略序」として採録してある。紀事そのもの丶中には何等「壇經」編纂の事がないけれども、文の題が既に「壇經略序」とあるからには、此書物自身の存在は言ふまでもないと松本文三郎博士は其著「六祖壇經の研究」に說いて居る。併し紀事そのものに何等「壇經」に關したることがなくて、「略序」とは那箇の一節を指して言ふのかと怪しめるのであるから、「全唐文」にある如き表題が元より始めからこれに附いて居たものかどうかと云ふ事は、疑を挾めば挾めぬでもない。因より全體が不完全に出來て居て前にも言ふ如く、寳林寺緣起と六祖生立とも云ふべきものを併せたのに過ぎぬから、此「外紀」は缺文であると見てよい。尚此上に段々と「六祖壇經」成立の因緣は書いてあつたかも知れぬと云へる。さうするとこの所謂る「壇經略序」のみによりては必ずしも「壇經」の存在を證することが出來ぬにしても、南陽の忠國師の言葉は明かに當時既に六祖に何かの說放集があつたと云ふことを說明して居ると決定せらるゝのである。

柳宗元の「賜謚大鑒禪師碑」中に「中宗聞レ名、使ニ幸臣ニ再徵、不レ能レ致、取ニ其言一以爲ニ心術一其說具在、今布ニ天下、凡言レ禪者皆本ニ曹溪一」とある此「其說」と云ふのが「壇經」か何か具體的著作を指示するのか、又單に「取其言以爲心術」といふ其言と同一物を示すのか、何れにも取れさうであると松本博士は考へて居るが、予を以て見れば、「其說」と「其言」とは同一物ではなくして、「其說」は何か別の存在を意味するものと考へる方妥當である。何故と云ふに、論理の上からのみ言へば、博士の如く推定せらるべきであるが、文格か語脈かの上から考へて見ると、「其說が具さに殘つて居て今尚(柳宗元の時代に)天下に流傳して、禪者の本旨となつて居る」と、上の方から續けて讀んで見ると、中宗に答へた意見だけが禪宗の本領となつたとは言ふべきでないと予は思ふ。まして「中宗聞名」と書き出した直ぐ前の方に「其道以ニ無爲一爲レ有、以ニ空洞一爲レ實、以ニ廣大不蕩一爲レ歸、其敎レ人始以ニ性善一、終以ニ性善一、不レ假ニ耘鋤一本其靜矣」と書いてある。「其說具在」は、どうしても此に柳氏

「其」の意見によりて説明してをる所の「説」であると推定した方が穏かではあるまいか。さうすれば「其説」は「壇經」に現はれた所の六祖の説敎であると見てよからう、卽ち當時における「壇經」の存在には疑を容れる餘地がないと予は思ふのである。

二

「六祖壇經」の存在はこんなことを述べ立てゝ證據するまでのものでないかも知れぬが、始めからその存在を疑ふやうになつたには其理由がある。卽ち忠國師の歎息中に現はれたる第二の事實で分明なる如く、其頃既に六祖の本旨を喪ふほどに改め換へられたとすれば、現存の「壇經」が頗る雜駁なるものであつて、何處までが六祖自身の言葉で、何處が後世の添糅であるか、その見分が餘程つけ惡いやうになつて居るのも勿論であると云はねばならぬ。一句々々につきて泰西の聖書本文批評家がやつて居るやうに、是は何時頃、あれは何時頃と、その插入の年代までを詮索することは今日の研究では固より不可能であるが、大體の上から見れば、現行本の「行由第一」の如き、「頓漸第八」「宣詔第九」、「自囑第十」の如き六祖自身の言葉を直寫したものとは到底考へられぬと見て毫も差支ない。餘程後人の手が加はつたものと爲なければならぬ。これは常識での判斷であるが、實際の記錄を見ても、雜糅の事實は明白である。所謂る法海の「略序」なるものゝ不完全なる理由も、こんなごてごてがあつたからのかもしれぬ。

まだ研究が淺いので、勿論充分の考證は出來てをらぬのであるが、予の見た所では「六祖法寶記」なるものゝ支那に始めて刊行せられたのは、記錄の上へ尋ね得らるゝ限りは、宋の仁宗の時代で至和三年（西暦千五百十六年）の三月である。六祖の示寂は西暦七百十三年であるから、その間三百年以上を經て居る。刊行者は宋の明敎大師契嵩（西、千七年生 千七十二年寂）で、彼は有名な「傳法正宗記」や「輔敎編」の著者で「壇經贊」なるものを書いて居る。彼が「壇經」を校勘して出版せんとした時、郎侍郎と云へるものが其叙を書いた。其末文の一節にかうある。（「鐔津文集」卷十一）

幽六祖之說余素敬レ之、患四其爲三俗所二增損一、而文字鄙俚繁雜、殆不レ可レ考、會沙門契嵩作二壇經贊一、因謂二嵩師一曰、若能正レ之、吾身出レ財、摸印以廣二其傳一、更二載嵩果得二曹溪古本一校レ之、勒成二三卷一、粲然皆六祖之言、不二復謬妄一、乃命レ工鏤レ板以集二其勝事一、至和三年三月十九日序。

所謂曹溪古本と云ふは何であるか分らぬ。もし之が曹溪原本と云ふのと同じとすれば、現時弘敎書院版「縮刷藏經」の騰四、又は黃蘗鐵眼版の扶一が卽ちそれである。この二つは何れも明藏を本として居る。そうして此明藏の「壇經」につきては「聖敎目錄」卷四に次の如く記されてある。

宋元續二入藏部一、有二六祖法寶壇經一卷一、曹溪原本、南藏在二密函一、北藏在二扶函一、光孝禪寺比丘宗寶所レ編也、見二其編次一、卷首有二德異序明敎贊一、經中自二行由第一一、至二付囑第十一、列章如二今本一、別有二附錄一、載二卷末一、中有二七科一所謂法海等集、緣起外紀、歷朝崇奉事蹟、柳宗元撰賜諡大鑑禪師碑、劉禹錫撰第二碑、幷佛衣銘、令韜錄守塔記、宗寶跋、以上爲二附錄一、(後學閱二彼藏本一可レ令レ考矣)

併し乍ら契嵩の古本と「聖敎目錄」が宗寶所編とせる原本とは同一のものではあるまい。現行本が原本であるならば、これには餘りに多く宗寶の私筆が加へられて居ると判斷せねばならぬからである。とに角、契嵩の時代に在りても「壇經」に對して增損したところが餘程あつたものと見える。慧忠の添糅が六祖の滅後五六十年の間に行はれて「苦哉吾宗喪矣」とまで言はれ、そうして契嵩の增損が三百年の後に亦「殆不可考」ほどに行はれたとすれば、「壇經」の本來の面目は幾重にも塗り更へられたものと云はねばならぬ。契嵩は古本をどんな鹽梅に校勘して六祖の旨をして粲然たらしめたかしらん。そうして侍郎をして「皆六祖之言不復謬妄」と斷定せしめ得たのか知らむ。どこかに此古本が現はれて來れば、流行本と比較檢校して餘程面白い研究が出來るに相違ない。

契嵩に先つこと一百年ほど前に永明の延壽と云ふ禪門の大學者があつた。其人は「宗鏡錄」一百卷の著者として有名である。其書の中に「六祖曰」として引用した文句が處々に見える。それを今日の「壇經」中の句と校合して見ると、時々二三字の出入はあるけれども、大體の意味においては少しの相違もなく、其まゝに殘つて居る。固より「宗鏡錄」中引用の文には長いのはなくて、短いのばかりであるからそれを以て「壇經」の雑糅性を何かと批評すべきでない。只此等の引文によりて、吾等は慥かに六祖の所言なるものが、ずつと昔より傳はりて居たことを知り得るのである。「壇經」を頭から僞書のやうに考へて居るものも有るやうであるから、此一節を此に挿んでおく。

（筆の序に一言しておきたいと思ふことは、郎侍郎の序文には「壇經」賛とあるに反して表題には「六祖法寶記敍」としてある。其頭は六祖の說敎集を壇經とも法寶記とも云うたものであらうか。忠國師の語に既に壇經とあるからには、始めから其名で通つて來たものとも云へる。「六祖壇經攷證駢拇」の著者は、異本を考うるに「法寶壇經記」とも「壇記」ともありと云うてをる。して見れば「壇經」の名も必ずしも博く一定して居たものではなかつたか。契嵩は「壇經賛」の下に自ら注して曰はく、「稱經者自後人尊其法、而非六祖之意也、今從其舊、不形改易云々」と。されば法寶記、壇記、壇經記など種々の名ありしものか。とに角、此本の題名につきて最も肝要なのは壇の一字に在りとも思はる。これは後にて說き及ぼすべき機會があると思ふが、六祖の受戒した壇なるものが、餘程因緣の深かつたものであつたに相違ない。）

三

宗寶所編の現行本を撿覈するに先ちて、少しく「壇經」が前述の如き運命を通過し今日に傳はらねばならなかつた因緣につき所見を述べて見たい。

雲棲の袾宏（西暦、一五三五—一六一五）は「竹窓三筆」の中に六祖壇經を以て「六祖不識字、一生靡事筆研、壇經皆他人記錄、故多訛誤」と云うて居る。彼は如何にも單純なる理由によりて壇經に訛誤多き所以を說明せんと試みた。第一、六祖が字を識らずと云ふは、一個の傳說で何處まで文字通りにそれを解してよいか、それは餘程の疑問である。次ぎに六祖が筆硯に從はなかつたことは、自餘の宗教的改革者と一般で、素より彼は袾宏その人の如くではなかつた。「論語」が孔子の門人の記錄である如く、「壇經」も亦六祖の門人の記錄である、何にもこれを以て訛誤の多い事由とするに足りない。ましてし袾宏の言はんとする所は、六祖が淨土の信者に對して餘り同情を表して居ないのを、何とかして一種の曲護を與へんとするのである。故に其文の結末には「故知執壇經而非淨土者、謬之甚者也」と云うて居る。袾宏はその一生を擧げて淨土と禪との融和に勉めた人である。禪の正統派は、それで、袾宏を以てけしからぬ人物として大に排斥するのである。

然るに此に「佛祖統記」（西、千二百六十九年編）の第十二卷に、僧統義天と云へる朝鮮王族出の禪僧にして又華嚴僧たりし人の傳記を揭げてある。その末尾に、義天が飛山成珠の「別傳議」と云へる書物に書いた跋を引いてある。其全文は次の如くである。

「甚矣古禪之與今禪、名實相遼也、古之所謂禪者藉敎入禪者也、今之所以禪者離敎說禪者也、離レ敎者執二其名一而遺二其實一、藉レ敎者因二其詮一而得二其旨一、救二今人矯詐之弊一、復二古聖精純之道一、珠公論辨斯其至焉、近者遼國詔二有司一、令三義學沙門詮曉再定二經錄一、世所謂六祖壇經、寶林傳等、皆與焚棄、而比者中國禪宗章句多涉二異端一、此所下以海東人師疑二華夏一爲上レ無レ人、今見二飛山高議一、乃知有二護法開士一、百世之下仕二持末法一者、豈不レ賴二珠公力一乎。

尙「佛祖統記」の著者志磐は述べて曰ふ、「昉師辨祖謂、智矩撰二寶林傳一、詭說百端、如二達磨隻履西歸、立雪斷臂等事一、與二南山續高僧傳一多不レ同之言、世又謂、壇經談レ性不レ異二吾宗一而於二念佛求一レ往二西方一有レ似二貶斥一、義天言二遼國焚棄二書一者蓋以レ此也」と。

義天の入宋したるは元祐元年のことで、金山の佛印禪師に謁したり、蘇東坡の接待に預かりたりしてをる所を見れば、前述の契嵩を去ること二三十年を出でぬ。志磐の「佛祖統記」は義天が宋朝に來てから尙二百年の後で南宋が今や亡滅の悲運に瀕しかけて居た時に出來て居る。志磐は義天が遼にて「壇經」を燒棄したと云ふ記事を解して「壇經」の文字が淨土往生の說に不利なりしに由ると云うてをる。尙是より三百年を經て雲棲の袾宏も(前に一言したる如く)「壇經」の淨土に關する意旨が徹底せぬとて、其謬妄を辨じて居るのを見れば、淨業と禪定との二宗旨で支那全土が精神的に治められんとする宋時代に、志磐の如き考を容るゝ餘地は誠にあつたことであらう。併しこれが「壇經」をかくまでに迫害するやうになつた眞の源因とも思はれぬ。これは志磐の註釋よりも寧ろ義天自身の考の方に據りどころが多いと信ずべきである。

卽ち當時禪宗の勢力が非常に盛んになり來りたるより、「壇經」も亦自ら禪者と敎人との間に同じく頻りにもてはやされたものに相違ない。禪者は契嵩(「傳法正宗記」を千六十四年に編む)の如く禪宗の祖師を決定的に系統づけて、その宗の威嚴を加へんと思ひ、「佛祖統記」の如き、「釋門正統」(千二百三十七年編)の如きは亦天台宗(?)の主張を著述して禪者に拮抗せんとした。「寶林傳」が今日殘つて居ないのは、敎人のために早く宋時代までに堙滅の不幸を見るに至つたのかも知れぬ。「壇經」の如きは之を遼や金やの政府の如き辛辣なる手段をとるには餘り世に知れわたつて居た、又却つて之を利用すれば、神會や、永嘉や、宗密などの關係もありて、敎人のために其勢を增す道具とならぬとも限らぬ。それで「壇經」は或る場處、或る時代では焚き捨ての慘死を遂げたが、又一方に在りては種々の增損や雜糅を强いられた。義天が敎を忘れたる禪を詰り、又矯詐の弊を歎じ、これを古聖の精純に復せんことを欲し、序でに世の所謂る「壇經」なるもの等を燬くと云ふ記事に說き及ぼすところを見ると、此間の消息が明かに見ゆるのである。志磐や宗鑑が寶林傳を攻擊して擅まゝに其宗を誇大するもの、虛誕無稽にして毫も取るに足らずとなす處などは、明かに敎人の反抗心を示して居る。また百丈懷海が叢林の淸規を創定したるに對しても、宗鑑は其佛制に遵ばざるを恨み、猶ほ禮樂征伐の諸候より出づるが如しと云うてをる。(釋門正統卷四)禪者にも此の如き攻擊を受くべき罅隙があつたにしても、禪と敎との間に餘程の軋轢があつたことは思ひ半ばに過ぎる。此軋轢は初祖達磨時代からあつたので、六祖に到つて此勢を激成しこそすれ、決してこれを緩和したことはない。此事實は尙後から說明する機會があると思ふが、とに角唐を經て宋に至りて、一方禪者の勢力が非常な發達をなして、從來支那の佛敎界を占領して來た敎學者流の狼狽を起すやうになつてからは、「六祖壇經」の如き始めから餘り確とした歷史を持つて生れて來なかつた書物は何かにつけ所謂る「增損」や「添糅」や「焚棄」の災難を受くるに極つて居る。（大日本續藏經、「釋門正統」卷四、四百十三紙らに、「敎變則禪、禪弊爲レ魔魔熾爲レ賊」とあり、參著すべし。）

明の英宗の正統年間（西曆千四百四十年頃）に示寂した空谷景隆と云ふ禪僧に「空谷集」及び「尙直編」（正統五年五月著西曆千四百四十年）の著述があるが、其後者卷下に左の語がある。

六祖大師法寶壇經第十付囑章曰、師一日喚法海（此處起レ首至於）轉相敎授勿失宗旨、共計七百七十七字、此是金天敎之人、僞二造邪言一、增二入刊板一末章之弊也、詳二覽壇經一之意一只是一統說去、分爲二十章一者亦是金天所レ分也。

「金天敎之人」とは遼金の世天台などの敎人を指したものであらう。「金天敎人」とも書してある、別に金天敎と云ふ一派の宗旨があつたわけではあるまい。（尙此金天敎之人は後三卷の蓮經及び金剛經の議論なるものを僞造したとて空谷は非常に憤慨してをる。）宋の末、元の始めに當りて（?）遼金における義學の敎人が禪に向ひて壓迫を加へたことは、前きに義天が寶林傳及び壇經を焚いたと傳うる記事に對しても明瞭であれば、空谷が「壇經」の一部に敎人の手が加はり居ることを唱道するも固よりの事であらう。「增入せられた邪言」なるものは必ずしも邪言とは思はれぬ、併し六祖の禪の宗旨から見れば、如何にも持つて廻つたことで、「壇經」の價値を增益すべきほどのものでは決してないのである。削りとる方が寧ろ穩當かも知れぬ。とに角敎人(時には禪者その人の方でも)が「壇經」に何か手を出して、此處ばかりでなく、他の箇處にも種々の增損をやつたことは疑を容れぬと云ふべきである。

「六祖壇經攷證駢拇」の著者景戒は此事に就きて左の如く言うて居る。

按遼金世天台等敎人甚惡二壇經中、離レ敎說レ禪、融レ相談レ性者一、焚二棄壇經及寶林傳等一、自爾己來、或增二入邪言一、添二改敎說一、欲レ黨二己之敎一、或分二十一門一、或割二十章一、皆暗昧敎僧之所レ致甚可レ憎、又可レ笑、故空谷禪師知レ之斥レ之、壇經興廢學者詳焉、云々。」

十一門に分けたとか、十章に割いたとか云ふことは、必ずしも其人の暗昧を證明することにもならず、又左程憎むべき笑ふべきことでもあるまいと思ふが、とに角、「六祖壇經」なるものは種々の運命を通過して今日に來れるものなること、これだけは慥かであると思ふ。さうして此の如き運命を喚び起した事由は主として敎と禪との軋轢に在ると予は信ずる。六祖は固より純粹な禪宗の創設者ではあるが、或る意味から言へば、北宗に對して禪の智的方面を力說した所もある。それで其輩下に荷澤神會の如きもの生じ、それよりして又圭峯宗密の如き華嚴禪をも唱道するものが現はれた。是に由て、六祖を自分等の先祖の一人に加へたいと思ふやうになつたに相違ない。是に於て六祖は遂に敎と禪との間に一種の引張凧となつたわけである。「壇經」は自然何かの機會で添削の禍を受けねばならなかつた。それが往々にして一派の開山なるものゝ通つて行く徑路なのである。馬祖とか黃蘗とか云ふやうな、どこから見ても禪者に相違ない人は、其本來の色彩をいつまでも損せずに保持して行ける。「壇經」に色々な增損が加へられたと云ふ事實は明かに「壇經」そのものゝ偉大さを說明してをる。

如上の事由に加うるに唐の武帝が會昌年間に佛敎に與へた迫害などを考へるときは「壇經」が種々の點において增損の禍を受けざるを得ざるに至りしこと自ら明白なりと信ずる。それで是からは現行本そのものに就きて愚見を開陳したいと思ふ。

四

今日一般我邦に流布する所の「六祖壇經」には古筠比丘德異撰とした序文に南海釋宗寶跋とした跋文が具はつてをる。これに因りて觀ると現行本は何れも元の世祖至元の時代に刊行せられたるを底本として居る。併しながら此に少し解しにくき事がある。それは德異の序文は至元二十七庚寅の歲として、宗寶の跋は其翌年至元辛卯の夏としてある。跋と序と時を異にするは普通の事で怪しむに足りないが、唯序と跋と內容上何等の照應も反映もないのが不審と云はねばならぬ。或る意味においては兩者却って反對の事實を提供さるとも見られる。序文に曰はく、

「惜乎壇經爲二後人節略一太多、不レ見二六祖大包之旨一、德異初年嘗見二古本一、自後徧求三十餘載近得通上人、尋到二全文一、遂刊二于吳中休休禪庵一與二諸勝士一同一受用、唯願開卷擧目直入二大圓覺海一、續二佛祖慧命一無レ窮、斯余志願滿矣」

此の如き序文を有せる本ならば、其本は序文の作者によりて刊行せられたものと見るより他あるまい。彼は三十餘年を費やして完本を得んものと苦心したのである、遂に通上人なるものの處において「節略太だ多」からざる「全文」を得た。是において之を吳中の休休禪庵に刊行して有志者と共に經文の功德に預ることゝした。此本は卽ちこれであると云ふのが、此序文の作者、德異の意思である。德異は他人のために此序文を書いた譯でない、所謂自序である。此點においては少しも疑を容れる餘地がない。然るに最後の跋文を見よ、左の如くである。

「余初入レ道有レ感二於斯一、續見二三本一不レ同、互有二得失一、其板亦已漫滅、因取二其本一校讎、訛者正レ之、略者詳レ之、復增二入弟子請益機緣一、庶幾學者得レ盡二曹溪之旨一、按察使雲公從龍、深造二此道一、

一日過二山房一、睹二余所編一、謂レ得二壇經之大全一、慨然命レ工鋟レ梓、顓爲二流通一、使下曹溪一派不上レ至二斷絶一。」

跋文の作者と序文の作者とは明かに何等の交渉のないものと見ねばならぬ。跋文の作者が校讎したと云ふ三種の「壇經」の中には德異の所謂「全文」なるものがあつたか、そうして此「全文」にも尙訛があり、略せられたところがあつて、「壇經之大全」を得て居なかつたか。彼の序と此の跋とを有する現行本は德異の「全文」と見るべきか、將た宗寶の(寧ろ按察使雲公の)「大全」と見るべきか。今日の讀者には何と解決のつけやうもないが、現行本には「弟子請益機緣」なるものが第七篇となつて居るから、寧ろ宗寶所編とも見られる。「駢拇考證」の著者は「增入」を解して、

「按古本及宋本無二機緣七編題一、只第十南北二宗見性門中、載二法達智常等三四輩一、今本機緣七中係二尼無盡藏、法海、智通、志道乃至方辨段輪等十有餘人請益機緣一、故之增入、卽宗寶所二加添一也。」

と云うて居る。それ故現行本は宗寶のものに相違ないと斷じてよからう。ましで此跋文には「一本不レ載レ之新渡本悉載焉」と、かの元祿第九歲に壇經の考證を了へたる景奭によりて註釋を加へられてあるから、現時流布の「壇經」は愈々以て宋寶の刊行を底本としたものに間違あるまい。さらば序文の作者德異が刊行した「壇經」は如何になりたるか。至元庚寅の中春と辛卯の夏と一ヶ年ほどの差で二種の「壇經」が支那で印刊せられたものか、そうして德異の分はそのまゝには日本に傳はらず宗

寶が増補を經た分の中にその序文だけ加へられて渡來したるか。宗寶が既に「三本」を校讐して「大全」を出版したとすれば、別に德異の序文を其儘にしておくにも及ばず、又僅々一年の差で相前後して「壇經」が出たなら後の跋には何か前出のものに對しての引合があつて然るべきである。序は跋を知らず、跋は序を顧みぬとすれば、各其本文を異にするものと見るより外なく、而して現行本は唯一つの本文を有するに過ぎずとすれば、德異の序は只偶然に今日現行本に殘されたものと爲なければならぬ。どうしても德異は宗寶所編の「壇經」に序したものではあるまい。「孝證」の著者が「一本不載之」と云ふ、其跋文のない一本なるものを見たいのであるが、現時尚何處かに存在して居るかしらん。景爽は「考證」の後序に「奚之異寶二師删ㇾ邪顯ㇾ正而後寢得二完全一」と云つて居る。異寶の協力によりて今日の壇經が完璧したやうな筆振である、併しこれは前述の理由によりて何かの錯りと見ねばならん。景爽は博學のやうなれども批評眼に乏しい。

尚現行本には「御製」の序なるものが付いてをる、何朝何帝の作であるが、年代も何も記してないので、全く不分明である。「命二廷臣趙玉芝一、重加二編錄一、鋟ㇾ梓以傳爲二見性入善之指南一云」と結んであるが、此趙玉芝の何人たるかも博學多識の景爽にもわからなかつたと見えて、何とも記して居ない。惜しい事である。併し「壇經」も一たびは焚き棄てられるやうな悲運に際會したが、「御製」の序に見れば帝室保護の下に梓行せられたこともあつたと見える。

五

「壇經」の現行本は既に此の如く數奇の運命に遭遇したので、これを僞書であると考へるものもあるらしい。「註六祖壇經海水一滴」（享保乙巳春）の著書天柱曰く、（卷一、十一紙）、

「老僧在昔覽二乎元古佛正法眼藏之中一、有二四禪比丘篇一云六祖壇經有二見性之言一、彼書僞言也、非二付法藏之書一、非二曹溪之言句一、佛祖兒孫全不二依用一之書也。」

天柱は大に此説を駁し、見性の字ありたりとて、直ちに「壇經」の全體を抹殺するべきにあらず、彼の「正法眼藏」そのものが後來杜撰の禪和子によりて駢拇の剩語を加へられたりと云ふて居る。元古佛とは道元禪師のことである、「正法眼藏」とは彼が假名文の著述で其弟子懷奘の集むる所、「四禪比丘」は建長七年乙卯夏安居の日道元の草案を懷奘が寫したものと云ふことである。道元の意見によれば、佛法の要は見性ではない。これは大宋嘉泰中に僧の正受が「普燈錄」三十卷を選み進めて其序に、儒は誠意を本旨とし、道は虛心を敎とし、釋は見性を要とすと云ふに反對して、道元が道破した所である。「七佛及び西天の二十八祖、誰れか佛法を以て見性のみとなせるぞ」と、道元はかう考へて、それから「六祖壇經」に見性の文字あるを見て、直にこれを僞書なりと斷定した。天柱は道元の子孫であるけれども、此論鉾には流石に感服しない。達磨も直指見性を言ひ、列祖の施設も人を

して見性せしむる外更に餘事ないのであり、「正法眼藏」そのものも亦見性のためにあらずして何ぞやと云ふべき次第なれば、「眼藏」を讀むにも、大に眼目を具する必要ありと、激語して居る。これは兎に角、道元が見性云々の理由で「壇經」を斷じて僞書なりとか、付法藏の書にあらずと云ふたとすれば、頗る大早計たるを免がれぬ、道元にも不似合な輕卒な考へ方と言はねばならぬ。これは恐らくは彼の語を聞きとりたるものが、眞意を充分に解せずして誤り傳へたものであらう。

現行本の「壇經」は僞書でないまでも、其中には僞書かとも思はしめるほどの不純な文句が、處々に混入して居るは事實であらう。現行本が此の如き情態にあることは多くの「壇經」研究者の一致して居る所である。左に二三を引證する。

傳敎大師が其昔入唐したとき手寫して齎らし歸つたと云ふ「曹溪大師別傳」がある。（傳末に貞元十九、二月十九日畢天台最澄封之の字があるとのことである。これは請來目錄の中に記入してある。）これを始めて敧劂に附したるは祖芳と云ふ人で、寶曆十二年壬午の夏、「別傳」の後序を書いて居る其中に「續叢林公論」（四明竺仙梵仙述）を引用して曰はく、

「六祖初於二市邸一聞二客誦金剛經一、至二應無所住而生其心一、豁然開悟、遂乃求二謁黃梅一、此乃古本壇經所載由緒宛然、蒙於二十七八歲時一、獲レ見レ之、今悉無レ有云々」

「續叢林公論」は鎌倉高時時代の著作である。（著者は來二禪子とも云ふ、元の禪僧にして日本に來る

淨智寺、無量寺、南禪寺、建長寺に、歴住す、（西暦千二百九十二年生千三百四十六年寂）予未だ親しく其書を見ざれば、此言に對して何等の批評を加ふべき限りでないが、兎に角「壇經」の古本なるものが其頃にあつたものと云はねばならぬ。後序の述者も「壇經古本湮滅已久、世流布本宋後編修」と云ふて居る。「壇經騈拇考證」の著者は祖芳以前の人で、元祿九年（千六百九十六年）に其著述を公刊してをるが、彼は古本なるものを親しく見たものと見え、其「考證」には古本とし新渡本云々と頻りに引用せられてある。此古本と云ふのは契嵩が宋の至和年間卽ち西暦千五十四年頃に發見したものと同一本であるかと云ふに、これは宋本も古本も見ない予に取りては、不可決の問題である。

景病は餘程多數の刊行本を見たものと推斷せらるゝが、其「壇經肯窺騈拇考證」の跋文に左の如く云ふてをる。

「窮通有數、盛于唐、哀于宋、繆人甚忌憚、焚毀遂至雜糅相半、莫觀全璧、其間增飾夸言、斐鬭聖意、誣妄後進、爰元異寶二師、刪邪顯正而後寢得完全、逮明宗匠達賢箴釋之者、亡慮六七家、間復有改、摠燼餘之蘖遺、然披沙便見金諭、索隱而分水乳、眞贋焉廋哉。」

彼が此の如くにして比較校讐したる各種の「壇經」は左の如くである。

一、宋の慶元本、（上下卷、十一門に分つ、日本寛永八年、中野氏鋟梓。）

二、元の至元本、（一卷、十章、寛永十一年、中野氏重鐫。）

三、明の萬曆本、（一卷、分十章、御製序と記とを加ふ、慶安二年日本にて新刊。此に記とあるは明の萬曆甲申秋八節日、恒照齋と云ふ人が「壇經」を印施するについて「六祖壇祖記」なるものを本文の末に添へたのを指すのである。或る人は此恒照齋を以て廷臣趙玉芝の別號となし、無記名の御製は明の神宗ならんと臆測する。併しこれには何等の證據となるべき史實はないのである。）

尙此明の萬曆本に對しては日本に三種の註釋書やうのものが、元祿九年までに出來てをる。第一、「夾山鼇頭」の「六祖法寶壇經」二卷、萬治二年新行、寛文の末に重行。第二、「六祖大師法寶壇經鈔」四卷、天和三年新刻。第三、「六祖法寶壇經補闕」上下卷、天和三載梓行。

四、李卓吾、金華の原本、（壇統注解）

五、林兆思、「壇經訊釋」（これは林氏全集、貞字函、第四冊中に在り、「壇經」の全篇に涉りての註釋にあらず、此處彼處の文句を取りてこれに林氏自身の意見を加へたもの。）

六、楊貞復の「壇經詳註」、（諸經品節、第十六の中にあり。）

以上六種の外、尙數家の註釋ありとの事である。景祓は水月齋の本及び大淸康熙の刊本を對校したと云ふて居る。して見ると、彼が見たる所の「壇經」は頗る廣い範圍に涉りて居ると云はなければならぬ。元祿九年出版の「六祖壇經肯竅、駢拇不證」上、下、（彼自身は四卷と云ふて居るから、元はさうなつて居たのであらう、予の本は今五巻に綴ぢてある、此書は餘程叮嚀に精確に出來て居る。「壇經」研究者には是非なくてはならぬものである。此書の原本となれるは、萬曆年中に重ねて編錄を加うる所の金華所刊の本、卽ち明本なるものである。縮刷藏經及び黃檗版一切經中に編入せられて居るものと同一本である。

景㒵の「考證」は元祿九年(西、千六百九十六年)の出版であるが、其後三十年を經て、千七百二十五年(享保十年)に曹洞宗の天桂禪師が「海水一滴」を書いた。これは「壇經」の評註のやうなもので、天桂は自分の意見にて本文を批評して行く。「語意不穩又是恐妄添乎」とか、「如上一件切忌怪說、只令愚者又轉愚矣」とか、「以下數百言特是詭辯無實之語、當撤脫抹殺者」とか云ふやうな評言が處々に見える。天桂は常識を以て本文を判斷し、眞贋を甄別せんとしたのである。亦一家の見識たるを免がれぬ。景㒵が考證を旨として更に本文に對しては批評がましき所更になく、始んど何でも呑鵜み的に受け入れるのと大きに差がある。所編上の性質が違ふからであらう。天桂が「壇經」に對する一般的態度は次の如くである。

「按夫壇經門人粗率筆之、後來妄靚裝之、彼此轉寫、陶陰不分、國師所謂、『把他壇經改換、添糅鄙譚、削除聖意、苦哉吾寫晋矣』是也、吾欲見其善本訪求無有也、故校讐傳燈暨諸本以加註釋。」

現時坊間に流布して居る「壇經」は大抵左の如くてあると思ふ。

一、六祖大師法寶壇經、一冊本、（一六七八）黄檗版、（貝葉書院）

一、六祖法寶壇經、一冊、寛永甲戌（十一年、一六三四）中野氏梓行、

一、六祖大師法寶壇經鈔、二冊、天和三年（一六八三）文臺屋梓行、

一、法寶壇經肯窾（孝證駢栂）上下二卷（五冊）元祿九年（一六九六）風同堂版、

一、六祖壇經海水一滴、三冊、享保十年（一七二五）初出、退藏峯藏版、

一、增註、六祖法寶壇經、二冊、明治十八年（一八八五）刻成、矢野氏出版、

此一章を終るに先ちて、尚次の二項を加へておきたいと思ふ。

明の神宗の萬曆年間（西曆千五百七十三年より千六百十九年）には「六祖壇經」の刊行が此に記したもの丶外にまだいくらか有つたものと思はれる。憨山大師德清と云ふは明末に於ける天禪匠であつたが、其著述や編輯に係る書物は可なりに多い。「夢遊全集」と云ふて大師が文章や作詩を集めたものが五十五卷もある。仲々まめに文筆に從事した人である。自叙傳のやうな年紀體に綴りたものもある。六祖大師の跡を修覆して、曹溪の僧堂を再建したり、伽藍を復興し、千有餘年來の面目に改め直した、その功績は明末の禪史に特筆すべきものであらう。かく彼は特に六祖大師に對して興味を有つて居たところから「壇經」の刊行を二度までやつて居る。刊行の年代は明記してないから、判然とはわからぬが、重刻の時は其文中の句によりて慥かに曹溪の寶林寺を再興してから後のこと、

即ち萬暦四十年頃であることが知り得らるゝ。「刻法寶壇經序」と題してある文には單に「壇經」が「心外無法、法外無心」の大旨を述べたるを説くに止まりて、本文に對する編纂上の批評は少しもない。之に反して「重刻六祖壇經序」と言ふ方には多少其方面の意見が載せてある。

「余蒙恩於嶺外、幸作六祖奴郎、聊爲料理廢墜之緒、因見經本數刻、多有改竄不一、蓋以後世聰明君子將謂老盧本賣柴漢、目不識丁、怪其所説無文彩、故妄易之耳、嗟乎、大音希聲至文無文、況闡無言之道、假舌相以宣、嗚乎、夫水流風動、皆演圓音、又何文之有、予偶得古本、乃爲勘訂、其所記參差者、復爲整齊、分爲十品、以雅稱經名也、刻於山中」云々」

これに由りて察するに、德清が曹溪にて見たりと云ふ數刻の經本は何れも改竄を施してあつたものと斷ずべきである。其改竄の理由と見るべきは、六祖が本と賣柴の漢であつたがため、「壇經」の文字が如何にも質素で何等文學上の價値がないので、後世の所謂る聰明な君子がこれに加筆したと云ふことである。然るに德清はまた別に古本なるものを何處かで得て來て、これを底本となし、記事の參差して居るのを齊へ、章を分ちて十となし、雅稱經名して新たに刻を起した。章を十品に分つたのは、古本は一統に述べ記されてあつたからか、將た宋の慶元版のやうに十一章となつてをるを整齊して新たに十としたものか、何れとも此文章だけでは分明ならぬ。また此十品なるものも之の至元板の十章と如何なる點に於て出入するのか、それも亦不分明である。勘訂をしたり増損をしたりしたと云ふ、記事には此處彼處で出會ふけれども、かく勘訂云々せられたと云ふ原本を見ぬもの故、種々の編者によりて如何なる程度まで加筆せられたか、後世の吾等には何等の推斷の餘地さへもない。これを甚だ遺憾とせねばならぬ。

次ぎに附加した事は「禪籍志」(泉州、佛在庵、聖僕義諦編、元祿癸酉春撰と云ふ序文あり)に、「大珠頓悟要門論」と「壇經法寶記」と云ふ二書を連ね記して解して曰ふ、

「越州大珠慧海禪師、嗣法馬大師、師事六載、結庵晦跡、自撰此二書、以示學者云々」

この「壇經法寶記」と云ふのは如何なる書物であるか、聖僕も恐らくは實際に此書を見たわけではあるまい。それよりも予は其書が果して嘗て大珠によりて書かれたものかと疑ふのである。「傳燈錄」や「會元」などには「頓悟要門論」一卷のことは記してある、馬祖が見て「大珠圓明、光透自在、無遮障處也」と云ふたは此書である。併し「法寶記」なるものにつきては、予の知る限りでは、「禪籍志」の外何書にも引き合ひに出してない。此の如き書が果して存在して居たか、予は大に怪しまざるを得ないのである。若しあつたとしたなら餘程面白いものに相違なからう。大珠慧海は馬祖道一の法嗣であるから、六祖を去ること遠からぬのである。且つ彼が「頓悟要門論」なるものは、彼が思辨考察の力の如何にも徹底したことを證明して居るのであるから、彼の筆によりて何か六祖に關して宗旨上の記事でも書かれたなら、餘程後世の參考になるものが出來たであらう。

「禪籍志」の選者は「六祖法寶壇經」が遼國によりて焚かれたと云ふことにつきて左の如き意見を述べてをる。

「高麗僧統義天、跋飛山戒珠法師所著別傳議文中、稱大遼契册燔六祖壇經爲是、余以爲非、何以故、慧能大師稟生貧家、不識文字、及爲第六祖、所言所行、擧符天人師之法、今名壇經者、一時門人所記、未初一字有大師執筆現書也、是以眞語僞說雜出其間、如群玉中有瓦礫、非醇全書、如曰念佛願淨土不似十善生天堂、甚睽金口之說、又抑秀禪師爲未證道之人、決出自門人我執、遼人能知其謬、欲喩於世、甚爲好心、而欲悉焚棄無片葉者惡矣、雖七千藏經、不能無瑕璪、若知壇經有附說、須作序論之以行于世、火入崑崙、玉石俱燬、遼人何不思邪。」

六祖の淨土に對する說が餘程唐以後の佛敎徒を惱ましたものと見える。遼人が「壇經」を燒いたと云ふのは、果して書中の淨土論などに由つたものか、どうかは不明であるが、「壇經」が何かにつけて議論の種となつたことは、確實である。特に支那の佛敎が法相の如き、天台の如き、義學の煩瑣なる辨證法、分類法を厭ひて、禪の如き、淨土の如き、單純直截の宗敎を喜ぶやうになつたとき、「壇經」の如き禪書中に少しでも淨土的宗義を輕んずる傾を有するを見て、多少の不快の念を懷くやうになるは自然の勢であると思ふ。外に在りては、儒と道と釋との合同を唱へんとするものあるに對して、内には敎と禪と淨土とを混融して一となさんとする傾向が益々現はれて來た。明末に至りて敎は次第に衰へて其跡を留めず、總ての寺院は淨業堂と禪堂とで二分せらるゝやうになつては、禪と淨土と相爭ふ事は全く過去の事となり、今や互ひに相輔け合はぬまでも、相排斥せぬやうに、双方から近付いて來た。そうして現存の「壇經」には左までに淨土往生を斥けるほどの說は見えぬ。「禪籍志」の選者が言ふほどに、「壇經」は西方論者に反對してをらぬ。「常に十善を行ずれば天堂便ち至る」とは言ふけれど、西方往生よりも此方が願はしいとは少しも言はぬ。只「自らの心地上に如來の大光明を認めて、西方淨土を刹那に此處に現前せしめやう」と勸める。禪者の立場としてはこれが尤であると思ふ。往生の願のみありて、十惡の心を斷ずることをせずば、何の佛ありてか來りて吾を迎へ請ずべき。東を願ひ、西を願ひて、而かも自性更に淨からずば、淨土は十萬八千遠ふく遠ふかるべし。六祖の淨土往生論は大體これだけである。「禪籍志」の著者や「佛祖統記」の志磐などが、六祖の淨土說を以て遼人のために燬かれたと云ふは、何等明白なる歷史上の事實によりて證明せられざる限り、只一個の臆說と見るより外ない。燬いたのは何か外の理由によるものと予は信ずる。「壇經」の外に「寶林傳」も焚棄したとあるからには、どうしてもこれは、禪宗を喜ばぬ義學の敎人の勸奬によるものと見るのが至當であらう。又「釋門正統」卷八、及び「佛祖統記」卷十における永嘉大師の傳後に洪覺範の註あり、これによれば、永嘉の「證道歌」も亦焚棄の災に遭ひたるものゝ如くである。されば或は敎人の眼に僞書と映じ、或は彼等より見て餘り願はしからざる著述と思はれたる禪書は總て遼人の虐待を受けたるものか。淨土説は愈々怪しいと見るより外ない。

六

上來の所述によりて、「六祖壇經」と云ふ書物につきての大體の考究を了つた。其結果は左の如き肯定である。

一、六祖慧能の説敎集とも云ふべき後世の所謂る「語錄」に相當する書物は始めから存在して居たことは疑ふ餘地がない。

二、此「語錄」は固より六祖自身執筆したものではない。彼の弟子によりて編修せられた。さうして恐らくは當時より「壇經」と云ふ名で、其時代に播がつて居たのみならず、後世へも傳へられた。

三、「壇經」が六祖の示寂後間もなくそうして以後も引き續きて改竄添糅の禍を受くるに至りたるは事實であるが、其理由は、何にも六祖に文字が無かつたと云ふことに歸すべきではない。「壇經」そのものゝ所説が如何にも直截で、其頃の義學者流の思ひも及ばぬ所に觸れて居たので、容易に了解することが出來ぬ。それで彼等はこれに向つて機會ある毎に手を加へた。自分等の宗旨に引きつけ得るやうに、又自分等の了解し得るやうに增損した。或は一擧にこれを焚きたることさへした。

四、併し「壇經」には尙生命があつた。此の如き虐待を受けたに拘はらず、六祖の精神は此書物の一部を通じて閃きわたつた。種々の雜りものを帶びたまゝで、禪宗の本旨は「壇經」の中に潛んで居る。これが「壇經」の今日に尙傳はつた所以である。

五、現行本を檢覈して見れば、六祖が實際に取扱つた問題は餘り多くないと思はれる。「行由第一」は元より六祖の知つたことではない、弟子の挿入に極まつて居る。般若論、西方往生論、定慧論、坐禪論、懺悔論、三身歸依論などが、六祖說法の重要なる題目となつたものであらう。其外にある「壇經」中の記事は弟子及び後人の竄入したものである。故に「壇經」として、卽ち六祖の意見として見るべきものは如上の各論に在るものと予は信ずる。

六、六祖を無學であるとか、眼に一丁字なしなど云ふのは、皆比較的の話で、彼は決してそんな物知らずでない。勿論彼は天台や華嚴の義學者のやうに、哲學者でも又所謂物學びでもない。故に彼は微細な敎理上の詮索とか、博引旁通、一々典據を擧げて自說を慥かめるなど云ふことはせぬ、「自淨其心」より得たる般若の力で、「念々無滯」の眞理を提唱するより外ないのである。それでも「壇經」中に引用してある經典には、法華經、金剛經、楞伽經、涅槃經、維摩經、菩薩戒經、阿彌陀經とか云ふものがある。これは無識の賣柴漢のよく爲るところではない。六祖を矢鱈に「無學もの」としたがるのは敎人に對しての一種の反抗から出るのである。

達摩觀心論（破相論）四本對校

鈴木大拙（1870—1966）

《大谷學報》15-4′ 16-2″ 1934′ 1935

達摩観心論（破相論）四本對校（上）

鈴木大拙

一

菩提達摩と云ふ人物が歴史的に居たとか居ないとか云ふ議論も一時あつたやうであるが、今はそんなことを問題にするつもりはない。今は只達摩と云ふ人物が支那禪宗の初祖として實在したと云ふことを史實として、その人の述作につき一言せんとするのである。禪宗を離れた獨立の人物としての達摩の存在はどうあらうと、とに角、禪宗の初祖たりし達摩は事實である。これは疑ふことが出來ぬ。予が論述はこの事實の上に進めらる。

まづ達摩の「摩」につきて一言する。今日では一般に達磨と書くが、唐時代の文書には悉く達摩であつたと云つてよいではないかと思ふ。もし達磨である場合には、活字版の音通によるものと見てよからう。唐代の寫本には今日まで見得た限り、皆「摩」である。卽ち

楞伽師資記

歷代法寶記

傳法寶紀

六祖壇經（敦煌出土）

觀門法大乘法論（龍谷大學藏）

神會禪師語錄

それから版本では

柳子原賜謚大鑒大師碑

唐高僧傳

禪門撮要

等である。金澤文庫藏、會昌五年所寫の「觀心破相論」には達磨とあり。併しこれは日本で建長年間に又寫したもので、嚴格な意味で、文字が悉く原寫本の如くであつたかは疑はし。夜叉王丸など云ふ少年の寫字生なればと思ふ。

「摩」と「磨」と何でもない相違のやうに思はれるも、こんな處から、寫本の時代を鑑定する栞とならんも知れず。

敦煌發掘以來唐代の禪宗の文獻の世に出たもの頗る多い。これで禪宗史の書き直しをやらなければならぬのである。從來の傳說を根本的に覆さねばならぬところもある。これは逐〻に其運びになることを信ずる。

二

ところが敦煌出土文書中に達摩の遺文と記したものが數點ある。大正大藏經に蒐錄せられたものでは、

無心論一卷　釋菩提達摩製

南天竺國菩提達摩禪師觀門

觀心論

（これは作者の名なけれど、龍谷大學藏の敦煌本には表紙に西天竺國沙門菩提達摩禪師の文字あり。精しくは龍谷學報、第三〇九號、昭、九、六發行、禿氏祐祥教授「少室六門集につきて」を見よ）

次ぎに同上、「西天竺沙門菩提達摩禪師觀門法大乘法論」と題する長方形の冊子本中に

一、觀門法大乘法論、

二、證心論、

三、宗修心要論、

四、觀心論、

の四文あるよし禿氏教授言ふ。尙第一文は大正大藏經中の「觀門」に相當し、第四の「觀心論」後半は同上「觀心論」に相當すると云ふ。此外に北平國民圖書館に流布本の「二入四行觀」に相應する敦煌出土の寫本あり。唐代のものなることは、紙質及書體により明白なりと、專門家は言ふ。此敦煌寫本の構成要素は、

一、達摩傳、(少し始めに缺文もあるが、「傳燈錄」第三十卷所揭の曇淋序なるものと同じ、)

二、二入四行說の本文、

三、朝鮮版本「禪門撮要」中、菩提達摩四行論と題して第一より第四十四に至る四十四文の中、第一入道修行綱要門(二入四行說に該當す)を除く四十三文、

四、志法師と緣法師との問答、

五、有人と可師との問答、

六、有人と楞伽禪師との問答、

七、有人と顯禪師との問答、

八、有人と喧禪師との問答、

九、淵禪師の語、

十、藏法師の語、

十一、その外、賢禪師、安禪師、憐禪師、洪禪師、覺禪師の語

以上、四以下の諸問答及諸禪師の語は、達摩のものにあらざるべけれど、「禪門撮要」中の二入四行論四十四則は達摩のものとして傳へられたものである。

是等の諸篇の外に尙「少室六門集」中の

一、悟性論、

二、安心法門、

三、血脈論、

の三篇を計算すると、達摩の遺文なるものは、可なりの數に上ると見るべきである。是等は果して禪宗初祖の作又は所述であるか如何と云ふのが問題だ。

三

上述の諸篇が果して達摩の所述であるか否かを決定的に結論することは、容易ならぬことである。今日まで知られて居る材料や研究だけでは、科學的には何等の結論に到達し能はぬのである。それ故、自分としては此問題に對する根本的態度などにつき、一二の注意を述べるに止める。

一、今までの學者は、達摩には二入四行以外の所述なしと極めて居る僻見から脱出し得ぬのである。これは道宣の高僧傳を唯一の達摩研究材料とする先入主があるからだ。此主觀に制せられて「少室六門集」「心經頌」以外も頗る如何がはしいものと見られて居た。

所が、道宣の所記を以て悉く決定的と見なされぬ一例に、惠可斷臂の話を擧げ得る。此話は道宣の時代に既に二通りの傳説があつて、一は雪中斷臂となし、一は賊の所爲となした。道宣は自己の考で後者を採用したに過ぎぬ。何にも事實の根據があるのでない。雪中斷臂につきては、神會錄、傳法寶紀、楞伽師資記などを見るべし。何れも唐代の文獻である。道宣だけを重んずべき理由はない。

二入四行につきても道宣は此以外に達摩の所説なしとは云はぬ。達摩の所述の全班に渉りて、何人も充分な研究をしたものは、今までにない。假令ば、壁觀の如きも果して何の意味であつたか。「如是安心謂壁觀也」と云ふ道宣の文も今だに充分考へられて居らぬ。又宣が「論曰」中達摩に論及して居るところも詮議せられぬ。多くの學者は勝手に二入四行を以て達摩最後の所述と極めて居る。黄檗は宛陵錄で「所以達磨面壁都不令人有見處」と云ふ面壁を文字通りに、解し行ずるものもある。それから達摩の敎説を見んとするものもない。

二、達摩に何かの所述があつたことは事實のやうである。第一、道宣の所言に「錄其言語卷流于世」とあり、「楞伽師資記」には「此四行、是達摩禪師親説、餘則弟子曇林、記㆓師言行㆒、集㆓成一卷㆒、名㆑之達摩論也、菩提師又爲㆓坐禪衆㆒、釋㆓楞伽要義一卷㆒、有㆓十二三紙㆒、亦名㆓達摩論㆒也、此兩本論文、文理圓滿、天下流通、自外更有㆓人僞造達摩論三卷㆒、文繁理散、不㆑堪㆓行用㆒」とある。これでは達摩論文に眞僞あるやうであるが、とに角、曇林所編の何かがあつたことが分明である。「文理圓滿」と「文繁理散」とはどんな鹽梅に、實地の著作の上で判斷すべきか、それはわからぬが、「師資記」の著者は楞伽主義の立場から、斯く論じたものであらう。

「達摩論」に、僞作とまでは行かなくとも、その人の意見として「自得の語」を書きつけたものゝありしことは、「傳法寶紀」にも見えて居る。卽ち「今人間或有㆓文字㆒、稱㆓達摩論㆒者、蓋是當時學人、隨㆓自得語㆒以爲㆓眞論㆒、書而寶㆑之、亦多謬也」と云ふが、これ亦このまゝには信せられぬ。「傳法寶紀」は「師資記」と同じく神秀系の著述であるから、惠能系のものをけなす傾向自ら有りしも知れず。

眞僞の論は何れにしても、達摩論として、達摩の所述し弟子などの書き集めたものが、唐代に可なり存在して居た事は事實と見てよからう。果して然らんには、今日發見の遺文を何と見るべきであらうか。達摩の所説の根本主旨が、はつきりしなくては、內容からの檢討も覺束なく、又達摩自身が執筆しなかつたとしたら、文體からの詮索も無意義に終はるべし。

三、達摩の言語として唐代禪者の引用したるもの二三あり。百丈大智禪師(七二〇—八一四)の語

録に「此土初祖云」として左の句あり、

「心有所是、必有所非、若貴一物則被一物惑、若重一物、則被一物惑、信被信惑、不信又成謗莫貴、莫貴、莫不貴、莫信、莫不信——」

これはどこまで引文であるか、わからぬがこれに該當する句は、敦煌出土、北京國民圖書館所藏の「二入四行觀」と云ふべき卷子本の中に見出さる。「禪門撮要」では第十六遣除病執正心門廿頭初に在る。

「心若有所貴、必有所賤、心若有所是、必有所非、是心若善一箇物、一切物卽不善、心若親一箇物、一切物作怨家、——」

何れも同一義を表詮するものである。又百丈は「無能無聖爲佛」及び「心如木石」の二語を以て初祖のものとなすが、第二句は「二入四行」の第十九門に見える。

「問、云何心是道體、答曰心如木石——」

第一句もどこかにあるべしと思はる。

「以心傳心」とか「不立文字」などの句も「血脈論」に見ゆるが、而して是等の文句は何れも禪家の常套語であるが、何の根據によりて、「血脈論」を達摩の所述にあらずとすべきであらうか。自分も始めは他人の僻を見習つて、是等達摩の所述也とする諸篇を否定せんとの心も出たが、考へて見れば輕卒でないかと今は躊躇する。

四

試みに世の學者が「二入四行說」以外の達摩所述を否定する論據を少しく調べて見る。故境野博士の立場の如きは道宣一天張りで、頗る主觀的であつた。その上近來敦煌出土の禪文學を知らなかつたから、已むる得ぬところもある。宋代の材料を否定するのも、或る意味では、不可ないが、宋代だとて無暗に史料を創造したわけでもあるまい。

また故忽滑谷博士の非達摩論も、大分主觀に禍せられて居る。同氏も敦煌の材料を讀まぬから是非もない。「破相論」の「觀心論」を達摩所述にあらずとする論據の一に、論中の「胡言阿僧祇、漢名不可數」を取り、これは不自然だと云ふ。達摩が自分で「胡」と云ふのが不自然との意であるが、達摩と雖、或は漢人の身になつて、さう言つた、と考へられないこともないが、それは牽强だと云ふなら、此論は弟子の誰かが所謂る「自得の語」として、師意を述べたものと看做して可ならん。達摩が自分で執筆したとは想像せられぬ。彼の述作と傳つてあるものは、悉く弟子の筆記と考へるが妥當であらう。同じ「破相論」中に梵音と云ひ、西國語と云ふところもあり。

それから、故忽滑谷博士はまた牛乳を不淨とする達摩の說を排して、これは印度思想に反すると云ふが、これも達摩の眞意を見ぬ主觀論だ。何故かと云ふに、達摩の立場は、少なくとも「觀心論」

だけから見ても、超越的なもので、有爲の世界、相關の世界を否定する。牛乳どころでない、苟も染心で眞如の體を障するものは、悉く不淨だ。「印度思想」など云ふ處にぐづ〳〵して居る理窟はない。

もう一つ同博士の所説を駁する。稱名念佛のことが「觀心論」にあるから、それは達摩の所述でないと云ふのだ。念佛はまだ達摩時代に流行せぬ、流行せぬものを排斥する必要はないと云ふのたがこれも主觀論である。流行し出してから攻擊しなければならぬ理由はない。問者あれば卽ち答へる念佛は殆んど佛在世時代からあつたと云つてもよい。其上支那では既に盧山の念佛系が芽生えて居るのである。その上達摩は別に念佛を排斥せぬ。相を執してはいけないと云ふのが、達摩の根本的立場だ。念佛口稱の外相に囚へられるな、内心が主であると云ふ。是れ何の排斥ぞ。

つまりこんなやうな論旨は科學的でない。「二入四行」論の外に、達摩の所述なしとして、それから論を進めるのである。道宣かぶれそれも、大分主觀を交せたかぶれ方だ。

矢吹博士が達摩の「觀門」を疑ひて、「禪定者西域梵音、唐言淨慮」を不審がるは、大に好し（但しこれも絕對的とは云へぬ。）併し「禪門撮要」、卽ち北京圖書館所藏の達摩遺文が「老經」を引くを格義の筆法となすこと、これは必ずしも、此長篇の述者を達摩とするを否定するものにあらずとするも「太だ異しむべし」と云ふこと尚一考すべきではなからうかとも思はる。六朝は所謂清談の時代であるから、達摩が道家者流の傳に倣ふことあるも必ずしも不思議とすべからざるか。とに角、達摩遺文の研究には、もつと精しく各方面卽ち内容から、外觀の關係から、文字の上からなど調べる必要なるべし。面白き發見あらんも知れず。

これは達摩のことではないが、序で故、三祖僧璨の「信心銘」につき一言する。三祖を以て史的假想の人物とした人もあるが、どうも其根據確固でない。敦煌出土の文書は何れも僧璨を認めて居る。「信心銘」と云ふ作あるか否かは、わからぬが、前揭の百丈大智はその語錄中に三祖の言語として、信心銘中の句を引用する。假令へば、「不識玄旨、徒勞念靜」とか、「得失是非、一時放却」とか、「兀爾忘緣」とかの引文がある。「楞伽師資記」に三祖璨の詳言傳と云ふ一篇を載するが、その言ふ所、華嚴の敎旨にして、幽玄を窮めて居る。こんな所を見れば、僧璨に「信心銘」の如きものあつても差支ない。

五

達摩遺文の眞僞を決することは、容易な業でない。もつと科學的に研究せられなくてはならぬ。客觀的方法によること勿論であるが、その内容をも充分に詮索して、禪宗の初祖と云ふ方面からも、研究が進められなくてはならぬ。

今は只破相論の觀心論本文を各異本について對照するに止める。

龍谷大學所藏の敦煌寫本をまだ見る機會がないが、禿氏教授はその後半は大正大藏經の所掲と大體において一致すると云ふから、藏經本を最古のものとし、それに金澤文庫藏寫本、朝鮮版本、流布本の三種を取り合せて、對照したものを左に載せる。

今は滿洲國の神尾弌春氏は、此觀心論を以て慧琳の「一切經音義」によりて、大通神秀作として居る。併しどうもあれだけでは「さうか」と首肯せられぬところもある。慧琳が神秀作と云つて居ても、又外に同じく唐代で達摩作と見たものがあるとすれば、慧琳の方へばかり軍配を上げる理由はない。念佛云々は有力な論鋒にならぬ。もつと內容的に精細な研究がほしい。

元來神秀は惠能と南北對峙した、而してその對峙の理由は頓漸その途を異にしたところにあつたと信ぜらるゝ。頓教は心理的轉回の頓をのみ言ふのでなく、論理的に肯定から否定、否定から肯定へと、その間に何等の仲介者をおかぬと云ふ頓を意味するのである。神秀は之に反して、南方系から見らる限り、學問的で禪定的で、又戒行を重んじたものと考へらるゝ、心理的にも、論理的にも、急劇な轉回を敎へぬ、所謂る漸修主義で、北方人肌の特性を有つて居たと見たい。果して然りとすれば「觀心論」一篇は頓的か、漸的か、南宗系か、北宗系か。

もちろん、神秀一系流の教説には、その方の人達によりて述べられたものが、まだ見えないのであるから、何にも確定したことは言へぬ。が、「觀心論」の如きは、これを神秀時代のものと、しなければならぬなら、神秀作よりも、恵能作、又は恵能系の所傳とした方がよからう。併し今自分の言はんとする所は、「觀心論」を神秀作とする方の無理を示さんとするに在る。達摩作と云ふものがあるなら、神秀作とする前に、もう少し客觀的、歴史的にも又内容的にも、詮索をつゞけなくてはいけないと、さう考へたいのである。

六

龍谷大學所藏の敦煌出土「觀心論」は、今までの「觀心論」の上に、尚三十六問を有すること、禿氏敎授によりて紹介せられた。此三十六問中には、一寸はつきり讀めない處もあり、後半の如くでない。敦煌の寫本には、下手な無學の寫字生でも寫したものか、誤字やら、脱字やらで、可なり讀むに困るのがある。達摩の遺文なるものは、是から總合的に研究せられ、その時代の背景なども、充分に考の中に入れて、種々の方面から調査すべきであらう。「大乘壁觀」と云ふは實修の方面であるが、達摩はまた文學の方面で可なり活動したものかも知れず。遺文を輕ふに僞作視しむるべからずと信ずる。

金澤文庫所藏の「破相論」卽ち「觀心論」につきては、禿氏敎授の紹介で充分であるが、一二不足を補つておく。二部の「破相論」寫本の中、建仁元年の分に、禿氏敎授は「但し卷首を缺く」と言ふが、これは同敎授助手氏の見落しである。建長四年の分よりも破損の箇處が多くて、その上、予の見たときには、前後の頁が混亂して居たので、見落されたのであらう。

禿氏教授の「少室六門集」についての一文(第九頁)に、金澤文庫本を以て、「第四十九問答の終末『如上七法、是經中祕密之義、如來當爾』で結んである」と記してあるが、これには少し組み入つた事がある。つまり、金澤文庫本は執筆者の間違で、初の方に何行かを脫して居るので、此脫文を問答の最後に置かずに、六字前に入れておいたのである。それで「如來當爾」から、禿氏教授が跋文と見た初めの句「觀心詳其少分」へは續かなくなつたのである。「如來當爾」は、後でわかるやうに、ずつと初めへもつて行くのが本當なのである。跋文と見るべきはそれ故に、「此論乃是……」から始まるのが自然である。金澤文庫本も實際は敦煌本、朝鮮本、流通本の如く、「詳其少分」で結語となつて居るのだ。

こんな鹽梅に、金澤文庫本が、所謂第四十八問から第五十問の間、卽ち自分の番附によれば、第十二問と第十四問との間において、何かの事由で寫し落したため、又寫し足したと云ふことゝ、流布本における第十三問と第十四問が、文庫本においては前後して居るため、禿氏君は文庫本に念佛往生文がないやうに述べて居る。併し事實は此文もあるのだ。後で見る如くである。

金澤文庫本には「無名僧序」と云ふものがあり、又跋文があり、會昌五年(西、八四五)の日附があるが、此序文と跋文とは一人の手に成るものかとも思はる。無名と云ふは名を逸したと云ふ意味でなく、無名と云ふ名の僧であると信ずる。序文の中に、「達磨和尚愍彼迷津、説破相論、無名僧於言下抄錄、令後覺者、見無相之心……」とあるが、此「於言下抄錄」の意味は何のことか。達摩の所説を聞きながらそれを抄錄したとの義か如何。果して然らんには、無名は達摩の門下生と云ふことになる。或は此「言下」の意義は「其語錄中において」と云ふことか、少し無理のやうでもあるが。

それから、序文中にまた「大圓鏡智不待修成、清淨法身不由漸證」の語あり。これはどうも南宗頓教を宗とする惠能、神會の一派が唱道するところである。神秀系の意見と對蹠するものと考へてよい。跋文に「依此教行、卽名頓悟」とあり、又「亦是默傳心印」とあるところを見ると、此「觀心論」を以て頓教の正傳となし、又學者の所證を印破するの用に使はれたものとも見られる。何れにしても「觀心論」は達摩門下のために、行解兩方面において重要なる役割を演じたものと認めてよいと思ふ。

此無名和尚と云ふのは、神會(六六八—七六〇)の弟子で、澄觀(七三七—八三八)の師であつたと傳燈錄第十三卷に出て居るが、或は此和尚は金澤文庫本の序と、跋との作者ではなからうか。無名は五臺山に居て、何時入寂したかは不明なるも、會昌五年(八四五)を去ること、餘り遠くではなかつたらう。子龔朗は此無名からでも傳つたものを、日本僧の圓仁か圓載かのために、寫して贈つたものではなからうか。こんな想像も滿更許されぬこともあるまい。

序跋によりて無名を南宗系の人と見、「觀心論」を其系統に屬するものと見るときは、此論文の作者は北宗系の神秀であり得ないと云はれぬでもない。

次ぎに載せた「觀心論」四本の對校によりて敎へらるゝところ、各方面に少なからぬと思ふ。金澤文庫本にのみ附帶して居る序文と、跋文とは、禿氏敎授の論文、「少室六門集につきて」の中に收めらるゝも、今は便宜のために此にも掲げる。(敦煌本は、まだ龍谷大學のものを見ない故、大正大藏經のを用ゆ、朝鮮本は「禪門撮要」よりとる。別に奉天の金九經君が、安心寺本によりて近頃出版した、「達摩大師觀心論及び大乘開心顯性頓悟眞宗論」一卷あり)。

達磨和尚觀心破相論

可禪師門（「門」は「問」か、併し後に「論曰」で始まる。朝鮮本も「惠可問曰」で全論を起す。）無名僧序

道在身眞心、理無繩墨、眞如幽隱、超對治門、不因言無以筌其幽、不立心無以授法印、若迷名滯相則三界輪廻、趣寂沉空自埋佛性、般若不有而超有、有之因、妙用不無乃越空、空之境、任心着相者自欺於聖、不免輪廻、滅色取空者有(自)誑於凡、輪埋苦海、是以達磨和尚愍被彼迷滓說破相論、無名僧於言下抄錄、令後覺者見無相之心、一見本心永超生死、大圓鏡智不待修成、淸淨法身不由漸證、空有不捨、二諦恒存、不住眞俗、現前無漏、痛哉、迷子、

聖地高推、衣内懷レ珠、十方馳騁、宅中寶藏、都不二覺知一、不レ認二無生一、沈埋累劫、審尋二玆論一目擊
?程道存、若自不レ信、謗二心王佛一也、不レ能レ救汝。

（跋文）

此論、乃是諸經骨躰、究竟眞門、依二此敎一行、卽名二頓悟一、縱有二退失一。猶勝二二乘一、時時看レ之、甚
有二道理一、亦是默二傳心印一、時大唐會昌五年、乙丑歲、春二月八日寫、遇奉傳上日本和尚、結當來
之因、
越州剡縣、陂州子龔朗書、

達摩観心論(破相論)四本對校(下)

鈴木大拙

(一)敦煌出土本	金澤文庫本	朝鮮版本	日本流通本
1	1	1	1
若復有人、至求佛道、當修何法思惟。	論曰。若復有人至求佛道、當修何法㝡爲省要。	惠可問曰。若有人、志求佛道、當修何法、最爲省要。	問曰。若復有人志求佛道當修何法最爲省要。
答曰。觀法惣攝諸行、名爲㝡要。	答。唯觀心一法、惣攝諸法、㝡爲省要。	師答曰。唯觀心一法、惣攝諸行、名爲省要。	答曰、唯觀心一法、總攝諸法、最爲省要。
2	2	2	2
又問。云何一法能攝	問。云何一法能攝諸	問曰。云何一法惣攝	問。云何一法能攝諸

諸行。
答曰。法諸根本也、一
切諸法唯心所生。若
能了心、則萬行倶備。
猶如大樹枝條、及諸
花菓、皆悉因根。截樹
者存根而活。生長大
樹者棄根而死。若了
心修道、則省力而易
成。不了心而修、乃費
功夫而無利益。故知
一切善惡皆由自心。
心外別求、終無是法。

3

法。
答。心者萬法之根本、
一切諸法唯心所生。
若能了心、則萬法倶
備。猶如大樹所有枝
條、及諸花菓、皆悉依
根而始生、及伐樹去
根而必死。若了心修
道則省力而易成。不
了心而修道則費功而
無益。故〕如一切善惡
皆由自心。心外別求、
終無是處。

3

諸行。
師答曰。心者萬法之
根本也、一切諸法、唯
心所生。若能了心、萬
行倶備。猶如大樹、所
有枝條、及諸花菓、皆
悉因根、栽樹者存根
而始生、伐樹者去根
而必死。若了心修道、
則省功而易成。若不
了心而修道、乃費功
而無益。故知一切善
惡、皆由自心。心外別
求、終無是處。

3

法。
答。心者萬法之根本、
一切諸法唯心所生。
若能了心、則萬法倶
備。猶如大樹所有枝
條、及諸花果、皆悉依
根而始生、及伐樹去
根而必死。若了心修
道、則省力而易成。不
了心而修道、則費功
而無益。故知一切善
惡皆由自心。心外別
求終無是處。

3

又問。云何觀心、稱之
爲了。
答曰。菩薩摩訶薩、行
深般若波羅密時、於
四大五陰、空無所有
成、於中了見自心。有
二種差別。云何有二
種。一者淨心、二者染
心。其淨者、卽是無漏
眞如之心。其染者卽
是有漏無明之心、此
二種心法未?自然本來
俱有。雖假緣合、亦不
想生。淨心恒樂善因、
緣體常思惡業。若眞

問。云何觀心、稱之爲
了。
答。菩薩摩訶薩、行深
般若波羅密多時、四
大五陰了本空無我。
了見自心。起用有二
種差別。云何爲二。一
者淨心、二者染心。此
二種心法界自然本來
俱有。雖假緣合、互相
因待。淨心恒樂善因、
染體雖常思惡業。若
不受所染、則稱之爲
聖。遂能遠離諸苦、證
涅槃樂。若隨染心造

問曰。云何觀心、稱之
爲了。
答曰。菩薩摩訶薩、行
深般若波羅密多時、
了四大五蘊、本空無
我、了見自心。起用有
二種差別。云何爲二。
一者淨心、二者染心。
其淨心者、卽是無漏
眞如之心、其染心者、
卽是有漏無明之心。
此二種心、自然本來
俱有、雖假緣、和合無
不相生。淨心恒樂善
因、染心常思惡業。若

問。云何觀心、稱之爲
了。
答。菩薩摩訶薩行、深
般若波羅密多時、了
四大五陰本空無我、
了見自心。起用有二
種差別。云何爲二。一
者淨心、二者染心。此
二種心法界自然本來
俱有。雖離假緣、合互
相待。淨心恒樂善因、
染體常思惡業。若不
受所染、則稱之爲聖。
遂能遠離諸苦、證涅
槃樂。若隨染心造業、

如自覺、不受所染、則
稱諸爲聖。遂能遠離
諸苦、證涅槃樂。維染
造業、受其種、覆則知
爲凡。輕是沉三界、受
種々苦。何以故、由彼
染心鄣眞如躰故。
十地經云、衆生身中、
有金剛佛性、猶如日
輪、體明圓滿、廣大無
邊。只爲五蔭重雲所
覆、如瓶內燈光不能
顯了。
又涅槃經云、一切衆

業、受其纏覆、則名之
爲凡。沉輪三界、受種
種苦。何以故、由彼染
心障眞如體故。
十地經云、衆生身中
有金剛佛性猶如月輪
體明圓滿、廣大無邊。
只爲五陰重雲所覆、
如瓶內燈光不能顯
現。
又涅槃經云、一切衆

眞如自覺、覺不受所
染、則稱之爲聖。遂能
遠離諸苦、證涅槃樂。
若隨染造惡、受其纏
覆、則名之爲凡。於是
沉淪三界、受種種苦。
何以故、由彼染心障
眞如體故。
云、衆生身中、有金剛
佛性、猶如日輪、體明
圓滿、廣大無邊。只爲
五陰黑雲所覆、猶如
瓶內燈光不能顯現。
又云、一切衆生皆有

受其纏覆、則名之爲
凡。沉淪三界、受種種
苦。何以故、由彼染心
障眞如體故。
十地經云、衆生身中
有金剛佛性、猶如日
輪體明、圓滿廣大無
邊。只爲五陰重雲覆、
如瓶內燈光不能顯現。
又涅槃經云、一切衆

生皆有佛性、無明覆
故、不聞解脫。佛性者
則有覺性也。但自覺
々他、智惠明了、離其
所覆卽名解脫。
故知一切諸善以覺爲
根。因其覺根以爲顯
現諸功德樹、涅槃之
果因此而㈡成。如是觀
心可名爲了。

4

問。上說眞如・佛性・
一切功德因覺爲根。
未審、無明之心、一切

生皆有佛性、無明覆
故、不得解脫。佛性
者卽覺性也。但自覺
了、他覺智明了、則名
解脫。
故知一切諸善以覺爲
根、因其覺根遂能顯
現諸功德樹、涅槃之
果因之而成。如是觀
心可名爲了。

4

問。上說眞如・佛性・
一切功德因覺爲根。
未審無明之心以何爲

佛性、無明覆故、不得
解脫、佛性者覺也。但
能自覺、覺知明了、離
其所覆、則名解脫。
故知一切諸善以覺爲
根、因其覺根遂能顯
現諸功德樹、涅槃之
果、由此而成。如是觀
心可名爲了。

4

又問曰。上說眞如佛
性、一切功德、因覺爲
根。未審無明之心、一

生悉有佛性、無明覆
故、不得解脫佛性者
卽覺性也。但自覺覺
他、覺智明了、則名解
脫。
故知一切諸善以覺爲
根、因其覺根遂能顯
現諸功德樹、涅槃之
果因此而成。如是觀
心可名爲了。

4

問。上說眞如・佛性・
一切功德因覺爲根。
未審無明之心以何爲

諸惡、以何爲根。
答曰。無明之心、雖有
八萬四千煩惱・情欲・
及恒沙衆惡、無量無
邊、取要言之、皆由三
毒以爲根本。其三毒
者卽貪・瞋・癡也。此
三毒心、自能具足一
切諸惡。猶如大樹根、
雖是一、所生枝葉、其
數無量。彼三毒根中、
生諸惡業、百千萬億
倍、過於前、不可爲
喩。如是心於本體中、
身爲三毒、若應現六

根。
答。無明之心雖有八
萬四千煩惱・情欲・及
恒河沙衆惡皆因三毒
以爲根本。其三毒者
卽貪・瞋・癡是也。此
三毒心自能具足一切
諸惡。猶如大樹根、雖
是一、所生枝葉、其數
無邊。彼三毒根一一
根中、生諸惡業、百千
萬億倍、過於斯、不可
爲喩。如是三毒心、於
本躰中、應現六根、亦
名六賊、卽是六識。由

此切諸德、以何爲根。
答曰。無明之心、雖有
八萬四千煩惱・情欲、
恒沙衆惡、無量無邊、
取要言之、皆因三毒
以爲根本。其三毒者、
卽貪・瞋・癡也。此三
毒心、自然本來、具有
一切諸惡。猶如大樹
根、雖是一、所生枝
葉、其數無邊。彼三毒
根、一一根中、生諸惡
業、百千萬億倍、過於
前、不可爲喩。如是三
毒於一本體、自爲三

根。
答。無明之心雖有八
萬四千煩惱・情欲、及
恒河沙衆惡皆由三毒
以爲根本。其三毒者
卽貪・瞋・癡是也。此
三毒心自能具足一切
諸惡。猶如大樹根、雖
是一、所生枝葉、其數
無邊。彼三毒根一一
根中、生諸惡業、百千
萬億倍、過於前、不可
爲喩。如是三毒心、於
本體中、應現六根。亦
名六賊、卽六識也。由

根、亦名六賊。一切衆
生、由此三毒、及以六
賊、惑亂身心、沈沒生
死、輪廻六道、受諸苦
惱。又有江河、因少泉
源、涓流不絕、乃能彌
漫、波濤萬里。若復有
人斷其本源則衆流皆
息。求解脫者除其三
毒及以六賊、自能除
一切諸苦。

六識、出入諸根、貪著
萬境、能成惡業、障眞
如體、故名六賊。一切
衆生、由此三毒・六賊、
惑亂身心、沉沒生死、
輪廻三趣、受諸苦惱。
由如江河、因少泉源、
涓流不絕、乃能彌漫、
波濤萬里。若復有人
斷其本源卽衆流皆息。
求解脫者能轉三毒爲
三聚淨戒。轉六賊爲
六波羅密。自然求離
一切諸苦法。

毒、若應現六根、亦名
六賊。六賊者則六識
也。由此六識出入諸
根、貪着萬境照成惡
業、障眞如體、故名六
賊。一切衆生、由此三
毒、及以六賊、惑亂身
心、沉淪生死、輪廻六
趣、受諸苦惱。猶如江
河、因小泉源、涓流不
絕、乃能彌漫、波濤萬
里。若復有人、斷其根
源、則衆流皆息。求解
脫者、能轉三毒爲三
聚淨戒。能轉六賊、爲

六識出入諸根貪著萬
境、能成惡業、障眞如
體故名六賊。衆生由
此三毒六賊、惑亂身
心、沉沒生死、輪回六
趣、受諸苦惱。猶如江
河、因少泉源、涓流不
絕、乃能瀰漫、波濤萬
里。若復有人斷其本
源卽衆流皆息。求解
脫者能轉三毒爲三
聚淨戒。轉六賊爲六
波羅密。自然永離一
切苦海。

又問。三界六趣、廣大無邊。若唯觀心、云何免彼之苦。

答曰。三界業報、惟心所生。本若無心則無三界。三界者 卽是三毒。貪爲欲界。瞋爲色界。癡爲無色界。由此三心、結集諸惡、業報成就、輪廻不息故、名三界。又由三毒、造業輕重、受趣不同、分歸

問。六趣三界、廣大無邊。若唯觀心、何由免無窮之苦。

答。三界業報、唯心所生。本若無心、於三界中、卽出三界。〔三界〕者卽三毒也。貪爲欲界。瞋爲色界。癡爲無色界。故名三界。由此三毒、造業輕重、受報不同、分歸六處故、名六趣。

六波羅密。自然永離一切諸苦。

又問曰。三毒六賊、廣大無邊。若唯觀心、云何免彼無窮之苦。

答曰。三界業報、唯心所生。若能了心、於三界中、則出三界。其三界者則三毒也。貪爲欲界。嗔爲色界。癡爲無色界。由此三毒心、結集諸惡、業報成就、輪廻六趣、故名爲三界。又三毒造業、輕重、

問。六趣三界、廣大無邊。若唯觀心、何由免無窮之苦。

答。三界業報、唯心所生。本若無心、於三界中、卽出三界。三界者卽三毒也。貪爲欲界。瞋爲色界。癡爲無色界。故名三界。由此三毒、造業輕重、受報不同、分歸六處故、名六趣。

六處、故名六趣。
6
又問。云何輕重分之
爲六。
答曰。若有衆生不了
正因、迷心修善、未免
三界、生三輕趣。云何
三輕。所爲悉(迷)修
十善、妄求快樂、未免
貪界、生於六(天)趣。
未(迷)持五戒、妄起
愛憎、未免瞋界、生於
人趣。迷執有爲、信邪
求福、未免癡界、生阿

6
問。云何輕重分之爲
六。
答。衆生不了正因、迷
心修善、未免三界、生
三輕趣。云何三輕趣。
所謂 迷修 十善、妄求
快樂、未免貪界、生於
天趣。迷持五戒、妄起
愛增(憎)、未免瞋界、
生於人趣。迷執有爲、
信邪求福、未免癡界、
生阿修羅趣。如是三

受報不同、分歸 六處
故、名六趣。
6
又問。云何 輕重分之
爲六。
答曰。若有衆生、不了、
正因、迷心修善、未免
三界、生三輕趣。云何
三輕。所謂迷修十善、
妄求快樂、未免貪界、
生於天趣。迷持五戒、
妄起愛憎、未免瞋界、
生於人趣。迷執有爲、
信邪求福、未免癡界、
生於修羅趣。如是三

6
問。云何輕重分之爲
六。
答。衆生不了正因、迷
心修善、未免三界、生
三輕趣。云何三輕趣。
所謂 迷修 十善、妄求
快樂、未免貪界、生於
天趣。迷持五戒、妄起
愛憎、未免瞋界、生於
人趣。迷執有爲、信邪
求福、未免癡界、生阿
修趣。如是三類 名三

修羅趣。如是三類名爲三重(輕)趣。云何三重。所謂從三毒心、唯造惡業、墮三重趣。㊂若貪業重者、墮餓鬼趣。瞋業重者、墮地獄趣。癡業重者、墮畜生趣。㊃如是三重通前三輕、遂成六趣。故知一切善業由自心生。但能攝心、離諸邪惡、三界六趣輪廻之業、自然消滅、能滅諸苦、卽名解脫。

7

類名三輕趣。云何三重。所謂修三毒心、唯造惡業、墮三重趣。若貪業重者、墮餓鬼趣。瞋業重者、墮地獄趣。癡業重者、墮畜生趣。如是三重通前三輕、遂惑六趣。故知一切苦業由自心生。但能攝心、離諸邪惡、三界六趣輪廻之苦、自然消滅、離苦解脫。

7

類名爲三輕趣。云何三重。所謂縱三毒心、唯造惡業、墮三重趣。若貪業重者、墮餓鬼趣。瞋業重者、墮地獄趣。癡業重者、墮畜生趣。如是三重通前三輕、遂成六趣。故知惡業由身心生。但能攝心、離諸邪惡、三界六趣輪廻之苦、自然消滅、能盡諸苦、則名解脫。

7

輕趣。云何三重趣。所謂縱三毒心、唯造惡業、墮三重趣。若貪業重者、墮餓鬼趣。瞋業重者、墮地獄趣。癡業重者、墮畜生趣。如是三重通前三輕、遂成六趣。故知一切苦業由自心生。但能攝心、離諸邪惡、三界六趣輪廻之苦、自然消滅、卽得解脫。

7

又問。如佛所說、我於
三代(大)阿僧祇劫、
無量勤苦、及(方)成
佛道。云何今說唯除
三毒、卽名解脫。
答曰。佛所說言、三大
阿僧祇劫者、卽三毒
心也。胡言(龍本胡言二字缺)阿
僧祇、漢言不可數。(由)
此三毒心(於一一心
中有恒沙惡念)於一念
(一一念)中皆爲一(切劫)。
恒河沙者不可數也。
(沙三毒惡念如三恒
沙故、言不可數也。)眞

問。如佛所說、我於三
大僧祇劫、無量勤苦、
方成佛道。云何今說
唯只觀心、制三毒、卽
名解脫。
答。佛所說言、無虛妄
也。阿僧祇劫者、三毒
心也。胡阿僧祇、漢名
不可數。此三毒心於
中有恒沙惡念。於一
一念中皆爲一劫。如
是恒河沙不可數也。
故云三大阿僧祇。眞
如之性、既被三毒之
所覆蓋、若不超彼三

又問曰。如佛所說、我
於阿僧祇劫、無量勤
苦、方成佛道。云何今
說唯除三毒、則名解
脫。
答曰。佛所說言、無虛
妄也。阿僧祇者、卽三
毒心也。胡名阿僧祇、
漢言不可數。此心中
有恒沙惡念。於一一
念中皆有一劫。恒沙
者不可數也。以毒惡
念如恒沙故、言不可
數也。眞如之性、既被
三毒之所覆、若不超

問。如佛所說、我於三
大阿僧祇劫、無量勤
苦、方成佛道。云何今
說唯只觀心、而制三
毒、卽名解脫。
答。佛所說言、無虛妄
也。阿僧祇劫者、三毒
心也。胡言阿僧祇、漢
名不可數。此三毒心
於中有恒沙惡念。於
一一念中皆爲一劫。
如是恒河沙不可數也。
故云三大阿僧祇。眞如
之性、卽被三毒之所
覆蓋、若不超彼三大

如之性、既被三毒之
所覆障、若不超越彼
三恒河沙毒惡之念、
云何名得解脫也。今
者能除貪瞋癡等三種
毒心、是則名爲度得
三大阿僧祇劫。末世
衆生、愚癡鈍根、不解
如來三種阿僧祇祕密(佛言)
之說、遂言成(佛)歷劫
末期。豈不疑悞行人、
(不)退菩提(龍谷本。退涅槃道也。)

8

(又問。菩薩摩訶薩、
由持三聚戒、六波羅

恒河、毒惡之心、云何
名爲解脫。今若能轉
貪瞋癡等三毒心、爲
三解脫、是則名爲得
度三大阿僧祇劫。末
世衆生、愚癡鈍根、不
解如來三大阿僧祇祕
密之說、遂言成佛塵
劫末期。豈不疑誤行
人、退菩提道。

8

問。菩薩摩訶薩、由持
三聚淨戒、行六波羅

彼恒河沙惡之念、云
何名解脫。今若能除
貪瞋癡等三毒心、是
則名爲得度三大阿僧
祇劫。末世衆生、愚癡
鈍根、不解如來甚深
妙義三阿僧祇祕密之
說、遂言歷此塵劫、方
得成佛末劫、豈不疑
誤修行之人、退菩提
道成也。

8

又問曰。菩薩摩訶薩、
由持三聚淨戒、行六

恒河沙毒惡之心、云
何名爲解脫。今若能
轉貪瞋癡等三毒心、
爲三解脫、是則名爲
得度三大阿僧祇劫。
末世衆生、愚癡鈍根、
不解如來三大阿僧祇
劫祕密之說、遂云成
佛塵劫期。豈不疑誤
行人、退菩提道。

8

問。菩薩摩訶薩、由持
三聚淨戒、行六波羅

蜜)(龍谷本ニヨリテ補フ)方成佛
道。今令學者、唯須觀
心、不修戒行、云何成
(佛)。

(答曰。三聚淨戒、卽
制三毒心也。一一毒
心無)量善(住)。聚者
會。以能制三毒、卽有
三(無)量善、普會於
心故、名三聚戒也。波
羅蜜者、卽是梵言、漢
言達彼岸。以六根清
淨、不染世塵、卽出煩
惱河、至菩提岸也。故
名六波羅蜜。

蜜、方成佛道。今令學
者、唯只觀心、不修戒
行、云何成佛。

答。三聚淨者、卽制三
毒心也。制三毒、成無
量善。聚者會也。無量
善法普會於心、名三
聚淨戒。六波羅蜜者
六根也。胡名波羅蜜、
漢名達彼岸。以六根
清淨、不染六塵、卽是
度煩惱河、至菩提岸。
故云波羅蜜。

羅蜜、方成佛道。今令
學者唯只觀心、不修
戒行、云何成佛。

答曰。三聚淨戒者、則
制三毒心也。制一毒、
成無量善。普會於心。
名三聚淨戒。六波羅
蜜者、卽淨六根。胡名
波羅蜜、漢言達彼岸。
以六根清淨、不染世
塵、卽是出煩惱、便至
彼岸也。故名六波羅
蜜。

蜜、方成佛道。今令學
者唯只觀心、不修戒
行、云何成佛。

答。三聚淨戒者、卽制
三毒心也。制三毒、心
成無量善。聚聚者會
也。無量善法普會於
心。故名三卽淨戒。
六波羅蜜者卽淨六根
也。胡名波羅蜜、漢名
達彼岸。以六根清淨、
不染六塵、卽是度煩
惱河、到菩提岸。故云
六波羅蜜。

9

又問。如經所說、三聚
淨戒者、誓斷一切惡、
誓修一切善、誓度一
切衆生。今言制三毒
心、豈不文義有所乖
也。
答曰。佛所說經是眞
實語、應無謬也。菩薩
於過去因中、修苦行
時、對於三毒(發三誓
願、持三聚淨戒。對於
貪毒)誓斷一切惡、常
修戒。對於瞋毒、誓修
一切善故、常修定。對

9

問。如經所說、三聚淨
戒者、誓斷一切惡、誓
修一切善根、誓度一
切衆生。今者唯言制
三毒心、豈不文義有
乖。
答。佛所說經 是眞實
語。菩薩摩訶薩、於過
去因中、修苦行時、爲
對三毒、發三誓願。持
一切淨戒、對於貪毒。
誓斷一切惡、常修一
切善。對於嗔毒。誓度
一切衆生故、常修惠、

9

又問曰。如經所說、三
聚淨戒者、誓斷一切
惡、誓修一切善、誓度
一切衆生。今者唯言
制三毒心、豈不文義
有所乖也。
答曰。佛所說經 是眞
實語。應無謬也。菩薩
摩訶薩、於過去因中、
修菩薩行時、爲對三
毒、發三誓願、持三聚
淨戒。常修戒、對貪毒、
誓斷一切惡故。常修
定、對嗔毒、誓修一切

9

問。如經所說、三聚淨
戒者、誓斷一切惡、誓
修一切善、誓度一切
衆生。今者唯言制三
毒心、豈不文義有乖。
答。佛所說經 是眞實
語。菩薩摩訶薩、於過
去因中、修行時、爲對
三毒、發三誓願。斷一
切惡故、常持戒、對於
貪毒。誓修一切善故、
常習定、對於瞋毒。誓
度一切衆生故、常修

於癡毒、誓度一切衆
生故、常修惠。由持如
是戒定惠等三種淨法
故、能超彼三毒惡業、
卽成佛也。以制三毒則
諸惡消滅、故名之爲
斷。以能持三戒、則諸
善具足、名之爲修。以
能修能斷、則萬行成
就、自他利已、普濟群
生、故名爲度脫。故知
所修戒行不離於心。
若自心清淨、則一切
(衆生)功德悉皆清淨。故經
云(心垢則衆生垢、心

對於癡毒。由持如是
戒定惠等三種淨法故、
能超彼三毒、成佛道
也。諸惡消滅、名爲
斷。以能持三聚淨戒、
則諸善根具足、名之
爲修。以能斷惡修善、
則萬行成就、自他俱
利、普濟群生、故名解
脫。則知所修戒行不
離於心。若自心清淨、
則一切佛土皆悉清淨。
故經云、心垢則衆生
垢、心淨則衆生淨、欲
淨佛土、當淨其心、隨

善故。常修慧、對癡毒、
誓度一切衆生故。由
持如是戒定慧等、三
種淨法故、超彼三毒
惡業、成佛道也。以能
制三毒、卽諸惡消滅
故、名之爲斷。以能持
三聚淨戒、卽諸善具
足故、名之爲修。以能
斷惡修善、則萬行成
就、自他俱利、普濟群
生故、名之爲度。故知
所修、戒行不離於心。
若自心淨、一切衆生
皆悉清淨。故經云、心

慧、對於癡毒。由持如
是戒定慧等三種淨法
故、能超彼三毒、成佛
道也。諸惡消滅、名之
爲斷。諸善具足、名之
爲修。以能斷惡修善、
則萬行成就、自他俱
利、普濟群生、名之爲
度。故知所修戒行不
離於心。若自心清淨、
則一切佛土皆悉清淨。
故經云、心垢、則衆生
垢。心淨則衆生淨。欲
得淨土、當淨其心、隨
其心淨則佛土淨。三

淨則衆生淨。又經云）
欲得淨佛土、當淨其
心、隨其心淨則佛土
淨。若能制得三種毒
心、三聚淨戒自然成
就。
又云。如經中所說、六
波羅密者、亦名六度、
所謂布施、持戒、忍辱、
精進、禪定、智慧、今
言六根清淨、六波羅
密、若爲通會。又六度
者其義云何。
答曰。欲修六度、當淨

其心淨則佛土淨也。
三聚淨戒自然成就
矣。
問。如經說、六波羅密
者、亦名六度、所謂布
施、持戒、忍辱、精進、
禪定、智慧、今言六根
清淨、名六波羅密者、
若爲通會。又六度者
其義云何。
答。欲修六度、常淨六

垢、卽衆生垢、心淨卽
衆生淨。又云、欲淨佛
土、先淨其心、隨其心
淨則佛土淨。若能制
得三種毒心、三聚淨
戒自能成就。
又問曰。如經所說、六
波羅密者、亦名六度、
所謂布施、持戒、忍辱、
精進、禪定、智慧、今
言六相清淨、名爲六
波羅密者、若爲通會。
又度者其義云何。
答曰。欲修六度、當淨

聚淨戒自然成就。
問。如經所說、六波羅
密者、亦名六度、所謂
布施、持戒、忍辱、精
進、禪定、智慧、今言
六根清淨、名六波羅
密者何爲通會。又六
度者其義如何。
答。欲修六度、當淨六

六根。欲淨六根、先降
六賊。能捨眼賊、離諸
色境、心無顧悋、名爲
布施。能禁耳賊、於彼
聲塵、勿令縱逸、名爲
持戒。能除鼻賊、等諸
香臭、自在調柔、名爲
忍辱。能制舌賊、不貪
邪味、讚詠講說、無疲
厭心、名爲精進。能降
身賊、於諸觸欲、其心
湛然不動、名爲禪定。
能攝意賊、不順無明、
常修覺惠、樂諸功德、
名爲能慧。(若能永除

根、先降六賊。能捨眼
賊、離諸色境、名爲布
施。能禁耳賊、於彼聲
塵、不令放逸、名爲持
戒。能伏鼻賊、等諸香
臭、自在調柔、名爲忍
辱。能制舌賊、不貪諸
味、讚詠講說、名爲精
進。能降身賊、於諸觸
欲、湛然不動、名爲禪
定。能調意賊、不順無
明、常修覺惠、名爲智
惠。智惠者運也。六波
羅密、喻若船筏、能運
衆生、達於彼岸、故名

六根、欲淨六根、先降
六賊。能捨眼賊、離諸
色境、心無固悋、名爲
布施。能禁耳賊、於彼
聲塵、不令縱逸、名爲
持戒。能伏鼻賊、等諸
香臭、自在調柔、名爲
忍辱。能制舌賊、不貪
邪味、讚詠講說、無疲
厭心、名爲精進。能伏
見賊、於諸觸欲、湛然
不動、名爲禪定。能調
意賊、不順無明、常修
覺慧、樂諸功德、名爲
智慧。又度者運也。六

根、降六賊。能捨眼賊
離諸色境、名爲布施。
能禁耳賊、於彼聲塵、
不令放逸、名爲持戒。
能伏鼻賊、等諸香臭、
自在調柔、名爲忍辱。
能制舌賊、不貪諸味、
讚詠講說、名爲精進。
能降身賊、於諸觸慾、
湛然不動、名爲禪定。
能調意賊、不順無明、
常修覺慧、名爲智慧。
度者運也。六波羅密、
若船筏能運衆生、達
於彼岸、故名六度。

六賊、常修淨六根、是
名六波羅密行。）又度
者運也。六波羅密、喻
如船筏、能運載衆生、
達於彼岸、故名六度。

11

又問。（經云）所說（言
敎）釋迦如來、爲菩薩
時、曾飲 三斗 六升乳
糜、方成佛道。卽是先
因食乳、後證佛果、豈
唯觀心得解脱也。
答曰。誠如所言 無虚
妄也。必因食乳、然始
成佛。佛言食乳、乳有

六度。

11

問。經云、釋迦 如來、
爲菩薩 時、曾飲 三斗
六升乳糜、方成佛道。
先因飲乳、後證佛果、
豈觀心得解脱也。
答。誠知 所言 無虚妄
也。必因食乳、然始成
佛。言食乳者、有二種。

波羅密、喻若船筏、能
運衆生、達彼岸、故云
六度。

11

又問曰。經文所說、釋
迦如來、爲菩薩時、曾
飲三斗六升乳糜、方
成佛道。卽先因食乳、
後證佛果、豈唯觀心
得解脱也。
答曰。誠如說、無虚妄
也。必因食乳、然始成
佛。佛所說食乳者、非

11

問。經云、釋迦如來、
爲菩薩 時、曾飲 三斗
六升乳糜、方成佛道。
先因飲乳、後證佛果、
豈唯觀心得解脱乎。
答。誠知 所言 無虚妄
也。必因食乳、然始成
佛。言食乳者、有二種。

二種。佛所食者、非世	佛所食者、非是世間	是世間不淨之乳、乃	佛所食者、不是世間
間不淨之乳、乃是眞	不淨之乳、乃是眞如	是眞如清淨法乳。三	不淨之乳、乃是眞如
如清淨法乳。三斗者、	清淨法乳。三斗者、卽	斗者、卽三聚淨戒。六	清淨法乳也。三斗者、
卽是三聚淨戒。六升	三聚淨戒。六升者、卽	升者、六波羅密。佛成	卽三聚淨戒。六升者、
者、卽是六波羅密。成	六波羅密。成佛道時、	道時、由食此清淨法	卽六波羅密。成佛道
佛道時、食如是法乳、	由食如是清淨法乳、	乳、方證佛果。若言如	時、由食如是清淨法
方證佛果。若言如來	方證佛果。若如來食	來食於世間婬欲和	乳、方證佛果。若言如
食於世間婬欲和合、	於世間和合不淨之牛	合、不淨羶腥之乳者、	來食於世間和合、不
不淨之牛羶腥乳者、	羶腥乳者、豈不謗誤	豈不成謗之甚乎。如	淨之牛羶腥乳者、豈
豈不成謗法之甚也。	之甚。眞如者、自是金	來者、自是金剛不壞、	不謗誤之甚乎。眞如
如來者、自是金剛不	剛不壞、無漏法身、永	無漏法身、永離世間	者、自是金剛不壞、無
壞、無漏法身、永離世	離世間一切諸苦。豈	諸苦。豈須如是不淨	漏法身、永離世間一
間一切諸苦。豈須如	須如是不淨乳、以充	之乳、以免飢渴也。如	切諸苦。豈須如是不
是不淨之乳、以充飢	飢渴。如經所說、其牛	經所說、此牛不在高	淨之乳、以充飢渴。如
渴。所說牛不在高原、	不在高原、不在下濕、	原、不在下濕、不食粟	經所說、其牛不在高

不在下濕、不食穀麥糟糠麩豆、不與特牛同群、身作紫磨金色。言此牛者、卽盧舍那佛也。以大慈大悲憐愍故、於淸淨體中、如是三聚淨戒、六波羅密、微妙法乳、養一切衆生求解脫者。如是眞中淸淨之乳、非眞(但)如來飲之成道、一切衆生若食者、皆得阿耨多羅(涅槃)三藐三菩提。

12

不食穀麥糖麩、不與特牛同群、其牛身作紫磨金色。言此牛者、毗盧舍那佛也。以大慈悲恰愍一切故、於淸淨法體中、出如是三聚淨戒、六波羅密、微妙法乳、養育一切求解脫者。如是眞淨之牛、淸淨之乳、非但如來飲之成道、一切衆生若能飲者、皆得阿耨多羅三藐三菩提。

12

麥糠麩、不與特牛同群、其牛身作紫摩金色。言此牛者、則毗盧遮那佛也。以大慈悲憐愍一切故、於淸淨法體中、流出如是三聚淨戒、六波羅密微妙法乳、乳養一切求解脫者。飲如是淸淨之牛、淸淨之乳、非獨如來飲之成道、一切衆生若能飲者、皆得成阿耨多羅三藐三菩提。

12

原、不在下隰、不食穀麥糠麩、不與特牛同群、其牛身作紫磨金色。言此牛者、盧舍那佛也。以大慈悲憐愍一切故、於淸淨法體中、出如是三聚淨戒、六波羅密微妙法乳、育一切求解脫者。如是眞淨之牛、淸淨之乳、非但如來飲之成道、一切衆生若能飲者、皆得阿耨多羅三藐三菩提。

12

又問。經中所說、佛言
衆生、修伽藍、鑄形像、
燒香、散花、然長明燈、
晝夜六時、遶塔、行道、
持齋、禮拜、種種功
德、皆成道。若唯觀心、
總攝諸行、如是事、應(豈不虛
妄也)
妄也。
答曰。(喻說經云)佛所說、無量方
便、一切衆生鈍根狹
劣、(不悟)甚深、所以
假有爲喻無爲。若不
內行、唯只(心)外求
希望獲福、無有是處。

問。經中所說、佛令衆
生、修造伽藍、鑄寫形
像、燒香、散花、燃長
明燈、晝夜六時、遶塔、
行道、持齋、禮拜、種
種功德、皆成佛道。若
唯觀心、惣攝諸行、說
如是事、應虛妄也。
答。佛所說經、有無量
方便、以一切衆生鈍
根狹劣、不悟甚深之
義、所以假有爲喻無
爲。若復不修內行、唯
只外求希望護福、無
有是處。

又問曰。佛說經中、令
衆生、修造伽藍、鑄寫
形像、燒香、散花、燃
長明燈、日夜六時、行
道、持齋、禮拜、種種
功德、皆成佛道。若唯
觀心、惣攝諸行、說如
是事、應虛妄也。
答曰。佛所說經、有無
量方便、以一切衆生
鈍根狹劣、不悟甚深
之義、所以假有爲事
喻無爲理。若復不修
內行、唯只外求希望
獲福、無有是處。

問。經中所說、佛令衆
生、修造伽藍、鑄寫形
像、燒香、散花、燃長明
燈、晝夜六時、遶塔、
行道、持齋、禮拜、種
種功德、皆成佛道。若
唯觀心、總攝諸行、說
如是事、應虛妄也。
答。佛所說經、有無量
方便、以一切衆生鈍
根狹劣、不悟甚深之
義、所以假有爲喻無
爲。若復不修內行、唯
只外求希望獲福、無
有是處。

言伽藍者、西國梵音、此地翻爲清淨處地。若永除三毒、常淨六根、身心湛然、内外清淨、是名爲修伽藍也。又鑄(像者、卽是一切衆生身求解說也。所謂修諸覺行樣、鎔錬身中眞如佛性遍入一切戒律模中……龍本)寫金銅之作也。是故求解脫者、以身爲鑪、以法爲火、智慧爲工匠、三聚淨戒、六波羅密、以爲畫樣、鎔錬身

言伽藍者、西國梵語、此土翻爲清淨地也。若永除三毒、常淨六根、身心堪然、内外清淨、是名修伽藍。鑄寫形像者、卽是一切衆生求佛道也。所爲修諸覺行、仿像如來眞容如相、豈遣鑄寫金銅之所作也。是故求解脫、以身爲爐、以法爲火、以智慧爲巧匠、三聚淨戒、六波羅密、以爲模樣、鎔錬身中眞如佛性、徧入

言伽藍者、梵音、此言清淨處也。若永除三毒、常淨六根、身心湛然、内外清淨、是則修伽藍也。又鑄寫形像者、卽一切衆生求佛道也。所謂修諸覺行、假像如來眞容妙相、豈道鑄金銅之所作也。是故求解脫者、以身爲爐、以法爲火、以智慧爲工匠、三聚淨戒、六波羅密、以爲模樣、鎔錬身中眞如佛性、遍入

言伽藍者、西國語、此土翻爲清淨地也。若永除三毒、常淨六根、身心湛然、内外清淨、是名修伽藍。鑄寫形像者、卽是一切衆生求佛道也。所謂修諸覺行、彷像如來眞容妙相、豈是鑄寫金鋼之所作乎。是故求解脫者、以身爲爐、以法爲火、以智慧爲巧匠、以三聚淨戒、六波羅密、爲模樸、鎔錬身中眞如佛性、徧

心眞如佛性、遍入一切戒律模中、如教奉行、以無缺漏、自然成就眞容之像。所爲究竟常住微妙色身、非有爲敗壞之法。若人求道、不解如是鑄寫眞容、馮何輒言成就功德。

又燒香者、亦非世間有相之香、乃是無爲正法香也。薰諸穢惡業、悉令淸滅。其正法香、有五種體。一者戒香、所謂諸惡能斷、能修

一切戒律模中、如教奉行、一無漏缺、自然成就眞容之像。所謂究竟常住微妙色身、非是有爲敗壞之法。若人求道、不解如是鑄寫眞容、憑何輒言功德。

燒香、亦非世間有相之香、乃是無爲正法香也。薰諸梟穢無明惡業、悉令消滅。其正法香者、其五種。一者戒香、所謂能斷諸惡、能

一切戒律模中、如教奉行、一無缺漏、自然成就眞容之相。所謂究竟常住微妙法身、非是有爲敗壞之法。若人求道、不解鑄寫眞容、憑何輒言成功德也。

燒香者、亦非世間有相之香、乃是無爲正法之香。薰諸梟穢、斷無明惡業、悉令消滅。其正法香、有五種。一者戒香、所謂能斷諸

入一切戒律模中、如教奉行、一無漏缺、自然成就眞容之像。所謂究竟常住微妙色身、不是有爲敗壞之法。若人求道、不解如是鑄寫眞容、憑何輒言功德。

又燒香者、亦非世間有相之香、乃是無爲正法之香也。薰諸臭穢無明惡業、悉令消滅。正法香者、其有五種。一者戒香、所謂能

諸善。二者定香、所謂
決信大乘、心無退轉。
三者惠香、所謂常於
身心內、外觀察。四者
解脫香、所謂能斷一
切無明結縛。五者解
脫知見香、所謂覺照
常、通達無明礙。如是
五香、世間無比。佛在
世日、令諸子、以智慧
火、燒如是無價香、供
養十方一切諸佛。今
時衆生、愚癡鈍根、不
解如來眞實之義、唯
將外火、燒於世間沈

修諸善。二者定香、所
謂深信大乘、心無退
轉。三者慧香、所謂常
於身心內、自觀察。四
者解脫香、所謂能斷
一切無明縛。五者解
脫知見香、所謂觀照
常明、通達無礙。如是
五種香、名爲冣上之香、
世間無比。佛在日、令
諸弟子、以智慧火、燒
如是無價寶香、供養
十方諸佛。今時衆生、
不解如來眞實之義、
唯將外火、燒於世間

惡、能修諸善。二者定
香、所謂深信大乘、心
無退轉。三者慧香、所
謂常於身心內、外觀
察。四者解脫香、所謂
能斷一切無明結縛。
五者解脫知見香、所
謂覺察常明、通達無
礙。如是五香、名最上
香、世間無比。佛在世
日、令諸弟子、以智慧
火、燒如是無價寶香、
供養十方一切諸佛。
今時衆生、愚癡鈍根、
不解如來眞實之義、

斷諸惡、能修善。二者
定香、所謂深信大乘、
心無退轉。三者慧香、
所謂常於身心內、自
觀察。四者解脫香、所
謂能斷一切無明結
縛。五者解脫知見香、
所謂觀照常明、通達
無礙。如是五種香、名
爲最上之香、世間無
比。佛在世日、令諸弟
子、以智慧火、燒如是
無價寶香、供養十方
諸佛。今時衆生、不解
如來眞實之義、唯將

檀薰陸質礙之香者、
希望福報、云何可得。
又散花者義亦如是。
所謂演說正法說功德
花、饒益有情、散霑一
切、於眞如性、普施莊
嚴。此功德花佛所稱
歎。究竟常住、無凋落
期。若復有人、散如是
花、獲福無量。若如來
令諸衆生剪截繪綵、
傷損草木、以爲散花、
無有是處。所以者何。
持淨戒者、於諸大地

沉檀薰陸質㝵香、希
望福報、云何可得乎。
散花者義亦如是。所
謂演說正法諸功德花、
饒益有情、散沾一切、
於眞如性、普施莊嚴。
此功德花佛所稱讚。
究竟常住無凋落期。
若復有人、散如是花、
護福無量。若言如來
令衆生剪截繒綵、傷
損草木、以爲散花、無
有是處。所以者何。持
淨戒者、於諸天地森

唯將外火、燒於世間
質礙之香、希望福報、
云何可得。
又散花者義示如是。
所謂、演說正法諸功
德花、饒益有情、散沾
一切、眞如之性、普施
莊嚴。此功德花佛所
稱歎。究竟常住無凋
落期。若復有人、散如
花、獲福無量。若言如
來令諸弟子及衆生等
剪截艷綵、傷損草木、
以爲散花、無有是處。
所以者何。持淨戒者、

外火、燒於世間沈檀
薰陸質碍之香、希望
福報、云何可得乎。
又散花者義亦如是。
所謂演說正法諸功德
花、饒益有情、散沾一
切、於眞如性、普施莊
嚴。此功德花佛所稱
讚。究竟常住無凋落
期。若復有人、散如是
花、獲福無量。若言如
來令衆生剪截總綵、
傷損草木、以爲散花、
無有是處。所以者何。
持淨戒者、於諸天地

參羅萬像、不令觸犯、
誤解犯者(猶)獲大罪。況
復今故毀禁戒、傷損
萬物、求於福報、欲益
返損、豈有是乎。
又長明燈者正覺心
也。以智慧明了喩之
爲燈。是故一切求解
脫者、常以身爲燈臺、
心爲燈盞、信爲燈炷、
增諸戒行、以爲添油、
智慧明達、喩燈火。常
然如是眞如正覺燈、
明破一切無明癡暗。

羅萬像、不令觸犯、誤
犯者猶獲大罪。況復
今者故毀淨戒、傷損
萬物、求於福報、欲益
反損、豈有是處乎。
長明燈者卽正覺心
也。覺明了喩之爲燈。
是一切求解脫者、以
身爲燈臺、心爲燈炷、
增諸戒行、以爲添油、
智明達、喩如燈火。常
燈如是眞正覺燈、照
破一切無明癡暗。能
以此法轉相開示、卽

於諸天地森羅萬像、
不令觸犯、悞損者自
獲大罪。況復今者加
毀淨戒、傷損萬物、求
於福報、欲益反損、豈
有是乎。
又長明燈者、正覺心
也。覺知明了喩之爲
燈。是故一切求解脫
者、常以身爲燈臺、心
爲燈盞、信爲燈炷、增
諸戒行、以爲添油、智
慧明達、喩如燈光。常
然如是覺燈、炤一切
無明癡暗。能以此法

森羅萬像、不令觸犯、
若誤犯者猶獲大罪。
況復今者故毀淨戒、
傷損萬物、求於福報、
欲益反損、豈有是乎。
長明燈者、卽正覺心
也。覺之明了喩之爲
燈。是故一切求解脫
者、身爲燈臺、心爲燈
炷、增諸戒行、以爲添
油、智慧明達、喩如燈
火。常燃如是眞正覺
燈、而照一切無明癡
暗。能以此法輪次第

能以此法轉相開悟、卽是一燈然百千燈、以燈續明、明終不盡、以無盡故、號曰長明。過去有佛、號曰然燈、義亦如是。愚癡衆生、不會如來方便之說、專行虛妄、執著有爲、遂然世間蘇油之燈以照一室、乃稱依教、豈不謬乎。所以者何。佛放眉間一毫相光、上照萬八千世界、若身光盡照普遍十方、豈假如是世俗之燈、以

是一燈燃百千燈、以燈續燃、燃無盡故、号長明。過去有佛、名爲燃燈、義亦如是。愚癡衆生、不會如來方便之說、專行虛妄、執著有爲、遂燈世間蘇油之燈以照空室、乃稱依教、豈不謬乎。所以者何。佛放眉間一毫相光、上能照萬八千世界、豈假如是蘇油之燈、以爲利益。審察斯理、應不然乎。

轉相開悟、卽是一燈然百千燈、以燈續明、終無盡故、故號長明。過去有佛、名曰然燈、義亦如是。愚癡衆生、不會如來方便之說、專行虛妄、執着有爲、遂然世間蘇油之燈以炤空室、必稱依教、豈不謬乎。所以者何。佛放眉間一毫之光、尙照十方八千世界、若身光盡現則普照十方、豈假如是世俗之燈、以爲利益。審察斯

相開示、卽是一燈燃百千燈、燈燈無盡故、號長明。過去有佛、名曰燃燈、義亦如是。愚癡衆生、不會如來方便之說、專行虛妄、執著有爲、遂燃世間蘇油之燈以照空室、乃稱依教、豈不謬乎。所以者何。佛放眉間一毫相光、能照萬八千世界、豈假如是蘇油之燈、以爲利益。審察斯理、應不然乎。

爲利益。詳察斯理、應
不然乎。
又六時 行道者、所爲
六根之中、於一切時、
常行佛道、〔佛〕者覺
也。卽是修諸覺行、調
伏六情淨(六根清淨行住坐臥長時)行、長時不
捨、(不捨)名六時行道。
塔者身也。常令覺惠、
巡遶身心、念念不停、
名爲遶塔。過去 聖僧
人如是行道、得涅槃。
求解脫者、不會斯理、
何名 行道。竊見 今時(曾無)
鈍根之輩 衆生、會未

又六時 行道者、所謂
六根之中、於一切時、
常行佛道、修諸覺行、
調伏六根、長時不捨、
名爲六時。
遶塔行道者、塔是身
也。當令覺惠、巡遶身
心、念念不停、名爲遶
塔。過去 諸聖 皆行此
道、得至涅槃。今時世
人、不會斯理、曾不內
行、唯執外來、將質辱

理、應不然乎。
又六時 行道者、所謂
六根之中、於一切時、
常行佛道、佛者覺也。
卽時修 諸覺行、調伏
六根、六情淸淨、長時
不捨、名爲六時行道。
塔者、身心也。常令覺
慧、巡遶身心、念念不
停、名爲遶塔。過去諸
聖曾行 此道。竊見今
時鈍根 之輩、曾不內
行、唯執外求、將質礙
身。遶世間塔、日夜走

又六時 行道者、所謂
六根之中、於一切時、
常行佛道、修諸覺行、
調伏六根、長時不捨、
名爲六時行道。
遶塔行 道者、塔者 是
身也。當修覺行、巡遶
身心、念念不停、名爲
遶塔。過去 諸聖 皆行
此道、至涅槃。時今時
世人、不會斯理、曾不
內行、唯執外求、將質

內行、唯執外求、將質
礙身、遶世間塔、日夜
走驟、徒自疲勞、而於
眞性、一無利益。迷悞
之甚誠可愍歟。

又持齋者、當須達意、
(不逹其理)其利徒爾虛功。齋者
齊也。所謂齊整身心、
不令散亂。持者護也。
所謂 戒行 如法護持。
必須禁六情、制三毒、
勤覺察 淨身心。了如
是義所名齋也。

又持齋者、有五種。一

身、遶世間塔、日夜走
驟、徒自疲勞、而於眞
性、一無利益。

(五)又持齋者、當須會意、
不達斯理、徒爾虛功。
齋者 齊也。所謂 齊正
身心、不令散亂。持者
護也。所謂 於諸 戒行
如法 護持。必須 外禁
六情、成制三毒、懃覺
察淨身心。了 如是義
名爲持齋。

又持齋者、食有五種。

驟、徒自疲癆、而於眞
性、一無利益。迷愚之
輩甚、誠可愍歟。

又持齋者、常須會意、
不達其理、徒施虛功。
齋者 齊也。所謂 勤治
身心、不令散亂。持者
護也。所謂 於諸戒行
如法護持。必須 禁六
情、制三毒、勤修覺察
清淨 身心。了如是義
可名爲齋。

又持齋者、食有五種。

碍身。遶世間塔、日夜
走驟、徒自疲勞、而於
眞性、一無利益。

又持齋者、當須會意、
不達斯理、徒爾虛功。
齋者 齊也。所謂 齊正
身心、不令散亂。持者
護也。所謂 於諸 戒行
如法護持。必須 外禁
六情、內制三毒、懃懃
覺察 清淨 身心。了如
是義名爲持齋。

食有五種。一者法喜

者法喜食、所謂依如
來正法、歡喜奉行。二
者禪悅食、所謂內外
證寂、身心悅樂。三者
念食、所謂常念諸佛、
心口相應。四者願食、
所謂行住坐臥、常求
善願。五者解脫食、所
謂心常清淨、不染俗
塵。此之淨食名爲齋
食。若復有人、不喰如
是五清淨食、外持齋
者、無有是處。
言斯食者、於無明惡業
之食、若轉讀者、破齋

一者法喜奉行、二者
禪悅食、所謂內外澄
寂、身心悅樂。三者念
食、所謂常念諸佛、心
口相應。四者願食、所
謂行住唑臥、常求善
願。五者解脫食、所謂
心常清淨、不染欲塵。
此五種食名爲齋食。
若復有人、不食如是
五種淨食、自言持齋、
無有是處。

唯斷於無明之食、若
輙觸者、名爲破齋。若

一者法喜食、所謂依
如來正法、歡喜奉行。
二者禪悅食、所謂內
外澄寂、身心悅樂。三
者念食、所謂常念諸
佛、心口相應。四者願
食。所謂行住坐臥、常
行善願。五者解脫食、
所謂心常清淨、不染
世塵、持五淨食者、名
爲齋食。若復有人、不
食如是五種淨食、自
言持齋、無有是處。
又有斷食。言斷食者、
斷無明惡業之食、若

食、所謂依持正法歡
喜奉行。二者禪悅食、
所謂內外澄寂、身心
悅樂。三者念食、所謂
常念諸佛、心口相應。
四者願食、所謂行法
住坐臥、常求善願。五
者解脫食、所謂心常
清淨、不染欲塵、此五
種食名爲持齋。若復
有人、不食如是五種
淨食、自言持齋、無有
是處。
唯斷無明之食、輙作
解者、名爲破齋。若亦

者。云何獲福。或有愚
迷、不會斯理、身心放
逸、諸惡皆爲貪欲、恣
情了無慚愧、唯斷外
食、自謂持齋。何異見
爛壞死屍、稱言有命
必無是事。
又禮拜者當如法也。
必須理體內明、隨事
推變、理恒不捨、事有
行藏。會如是義、乃名
如法。夫禮者敬也。拜
者、所爲恭敬眞性、屈
伏無明、爲禮拜也。以

有破、云何獲福。世有
迷人、不悟斯理、身心
放逸、諸皆爲貪欲、恣
情不生慚愧、唯斷外
食、自爲持齋、必無是
事。
又禮拜者當如法也。
必須理體內明、事隨
獲變、理有行藏。會如
是義、乃名依法。夫禮
者敬也、拜者伏也。所
謂恭敬眞性、屈伏無
明、名爲禮拜。若能惡

輙觸者、名爲破齋。齊
若有破、云何獲福。世
有迷愚、不悟斯理、身
心放逸、造諸惡業、貪
恣欲情、不生慚愧、唯
斷外食、自爲持齋。何
以癡兒見爛壞死屍、
稱言有命、必無是處。
又禮拜者常如法也。
必須理體內明、事相
外變、理不可捨、事有
行藏。會如是義、乃名
依法。夫禮者敬也。拜
者伏也。所謂恭敬眞
性、屈伏無明、名爲禮

有破、云何獲福。世有
迷人、不悟斯理、身心
放逸、皆爲諸惡貪欲
恣情、不生慚愧、唯斷
外食、自爲持齋、必無
是處。
又禮拜者當如法也。
必須理體內明、事隨
推變、會如是義、乃名
依法。夫禮者敬也、拜
者伏也。所謂恭敬眞
性、屈伏無明、名爲禮
拜。若能惡情永滅、善

恭敬故不敢毀傷、以屈伏故無令逸縱。若能惡情永斷、善念恒存、雖不見相、常名禮拜。其事法者卽身相也。爲欲令諸世俗表謙下心、故須屈伏外心〔身〕示恭敬相。用之則顯、捨之則藏、覺外明內以相應也。若復不行理法、唯執事門內。則〔迷？〕故縱貪癡、常爲惡業、外則空現身相、無名禮拜、無慚於聖、縱誕於凡、不

情永滅、善念恒存、雖不現相、名爲禮拜。其相法相也。世尊欲令世俗表謙下心、名爲禮拜。故須屈伏外身、示內恭敬、覺外明內、性相相應。若復不行理法、唯執外求內。則故縱貪癡、常爲惡業、外卽空勞身相、詐現威儀、無慙於聖、徒誑於凡、不免輪廻。豈成功德。

拜。以恭敬故不敢毀傷、以屈伏故無令縱逸。若能惡情永滅、善念恒存、雖不現相、常爲禮拜。其相者則身相也。欲爲令諸俗表謙下心、故須屈伏外身、視恭敬相。用之則現、捨之則藏、擧外明內、性相應也。若復不行理法、唯執外問內、則迷故、縱於貪嗔癡、常爲惡業、外則空顯身相、何名禮拜。無慙於聖、故誑凡、不免輪

念恒存、雖不現相、名爲禮拜。其相卽法相也。世尊欲令世俗表謙下心、亦爲禮拜。故須屈伏外身、示內恭敬、覺外明內、性相相應。若復不行理法、唯執外求內、則放縱貪癡、常爲惡業。外卽空勞身相、詐現威儀、無慚於聖、徒誑於凡、不免輪回。豈成功德。

免淪墜。豈成功德。既
無所得、云何求道。

13

又問。溫室經洗浴衆
僧、獲福無量。此則憑
(於)何事法、功德始成、若
唯觀心、可相應不。
答。曰衆僧者、(洗浴)非說世
間有爲事。世尊當爾
爲諸弟子、說溫室經、
欲令受持洗浴之法、
是故假諸世事、比喩
眞宗說。
七事者。第一淨水。二

14(八)

問。如溫室經說洗浴
衆僧、獲福無量。此則
憑於事法、功德始成、
若爲觀心、可相應否。
答。洗浴衆僧者、非洗
世間有爲事也。世尊
當爲諸弟子、說溫室
經、欲令受持洗浴之
法、是故假世事、比喩
眞宗、隱說七事、供養
功德。
其七事云何。一者淨

墮。豈成功德。既無所
得、云何求道。

13

又問曰。如說洗浴衆
僧、得福無量。此則憑
何事法、功德始成、若
唯觀心、可相應不。
答曰。洗浴衆僧者、非
說世間有爲事也。世
尊當爾諸弟子、說欲
令受持洗浴之法、是
故假諸世事、譬喩眞
宗、隱說七事、供養功
德。
其七事者、一者淨水。

14(八)

問。如溫室經說洗浴
衆僧、獲福無量。此則
憑於事法、功德始成、
若爲觀心、可相應乎。
答。洗浴衆僧者、非世
間有爲事也。世尊當
爲諸弟子、說溫室經、
欲令受持洗浴之法、
是故假世事、比喩眞
宗、隱說世事、供養功
德。
其事有七。云何爲七。

者然火。三者澡豆。四
者楊枝。五者純灰。六
者蘇膏。七者內衣。舉
此七事、喩於七法。一
切衆生、由此七法、洗
浴莊嚴、能除三毒、無
明垢穢。其七法者、一
爲淨戒、洗蕩身心如
清淨水、洗諸塵垢。二
謂智惠、觀察內外、猶
如然火、能溫淨水。三
謂分別、簡棄(諸惡)由如澡
豆、能除垢膩。四謂
眞實、斷諸妄語(滛慾)、如嚼
楊枝、能消口氣。五謂

水。二者燒火。三者澡
豆。四者楊枝。五者淨
灰。六者蘇膏。七者內
衣。舉此七法、喩於七
事。一切衆生、由此七
法、沐浴莊嚴、能除毒
心、無明垢穢。其七法
者、一謂淨戒、洗蕩傲
非、猶如淨水、濯諸塵
垢。二者智惠、觀察內
外、由如然火、能溫淨
水。三者分別、簡棄諸
惡、猶如澡豆、能淨垢
膩。四者眞實、斷諸妄
想、如嚼楊枝、能消口

二者燃火。三者澡豆。
四者楊枝。五者淨灰。
六者酥膏。七者內衣。
舉此七事、喩於七法。
一切衆生、用此七法、
沐浴莊嚴、能除三毒、
無明垢穢。其七法者、
一者法戒、洗溫傲非、
猶如淨水、去諸塵垢。
二者智慧、觀察內外、
猶如燃火、能溫淨水。
三者分別、揀棄諸惡、
猶如澡豆、能淨垢膩。
四者眞實、斷諸妄語、
猶如楊枝、能消口氣。

一者淨水。二者燃火。
三者澡豆。四者楊枝。
五者淨灰。六者蘇膏。
七者內衣。舉此七事、
喩於七法。一切衆生、
由此七法、沐浴莊嚴、
能除毒心、無明垢穢。
其七法者、一者淨戒、
洗蕩傲非、猶如淨水、
濯諸塵垢。二者智慧、
觀察內外、猶如燃火、
能溫淨水。三者分別、
簡棄諸惡、猶如澡豆、
能淨垢膩。四者眞實、
斷諸妄想、猶如楊枝、

正信、決無疑慮、如灰
磨身、能避諸風。六謂
柔和(覺悟伏諸剛强)諸剛强、由如蘇
膏通潤皮膚。七謂慚
愧、悔諸惡業、由如內
衣遮蔽醜形。

如上七法、並是經中
祕密之義、如來當爾
爲諸大乘利根者、非
爲小智下劣凡夫。所
以今人無能悟解。

其溫室者、卽身是也。

所以然智慧火、溫淨

氣。五者正信、決定無
礙、由如淨灰摩身、能
障諸風。六者謂柔和
忍辱、由如蘇膏通洞
皮膚。七者謂慙愧、悔
諸惡業、猶如內衣遮
醜形體。

如上七法、是經中祕
密之義、如來當爾爲(七)
諸大乘利根者說、非
爲少智下劣凡夫。所
以今人無能解悟。

其溫室者、卽身是也。

所以燃智惠火、溫淨

五者正信、決疑無慮、
猶如淨灰摩身、能辟
諸風。六者調息柔軟
伏諸剛强、猶如酥膏
通潤皮膚。七者慙愧、
悔諸惡業、猶如內衣
遮蔽醜形。

以上七事、並是經中
祕密之藏、如來當爾爲
諸大乘利根者說、非
爲小乘智淺下劣者凡
夫。所以今人無能悟
解。

其溫室者、則身是也。

所以然智慧火、溫淨

能消口氣。五者正信、
決定無疑、猶如淨灰
摩身障風。六者柔和
忍辱甘受、猶如蘇膏
通潤皮膚。七者慚愧、
諸惡業、猶如內衣遮
醜形體。

如上七法、是經中祕
密之義、皆是爲諸大
乘利根者說、非爲少
智下劣凡夫。所以今
人無能解脫。

其溫室者、卽身是也。

所以燃智慧火、溫淨、

戒湯、洗蕩身中佛性(眞如佛性)、	戒湯、沐浴 身中 眞如	戒湯。沐浴 身中 眞如	戒湯、沐浴 身中 眞如
受持七法、以自莊嚴。	佛性、受持七法、以自	佛性、受持七法、以自	佛性、受持七法、以自
當爾比丘 聰明 利智、	莊嚴。當爾 此丘 聰明	莊嚴。當爾比丘 聰明	莊嚴。當日 比丘 聰明
皆悟聖意、以此修行、	上智、皆悟聖意、如說	利智、皆悟聖意、如說	上智、乃悟聖意、如說
功德成就、倶登聖果。	修行、功德成就、倶登	修行 功德 成就、倶登	修行、功德成就、倶登
今時 衆生 愚癡鈍根、	聖果。今時 衆生 莫測	聖果。今時 衆生 愚癡	聖果。今時 衆生 莫測
莫測其事、將世間水、	其事、將世間水、洗質	鈍根、莫測斯事、將世	其事、將世間水、洗質
洗質礙身、自謂依經、	㝵身、自謂依經、豈非	間水、洗質礙身、自言	碍身、自謂依經、豈非
豈非悞也。(是眞如)且如佛性、	誤也。且眞如佛性、是	依敎豈 非誤也。且眞	誤也。且眞如佛性、非
非是凡形 煩惱 塵埃、	非凡形 煩惱 塵垢、本	如佛性、非是 凡形煩	是凡形、煩惱塵垢、本
本來 無相、豈可將有	來無相、豈可將質㝵	惱塵垢、本來無相、豈	來無相、豈可將質碍
礙水、洗無爲身。事不	水、洗無爲身。事不相	可將有礙水、洗 無明	水、洗無爲身。事不相
相應、云何可得。若言	應、云何悟道。若言身	身。事不相應、云何悟	應、云何悟道。若欲身
礙身 清淨、當觀 此身	清淨者、當觀 此身 本	道。若言 礙身得 清淨	得淨者、當觀 此身 本
無(本?)因貪欲、不淨	因貪慾 不淨 所生、臰	者、常欲不淨所生、臰	因貪欲 不淨 所生、臭

所生、臭穢駢闐、内外
充滿。若洗此身、求於
清淨者、猶如洗塹、泥
盡應停。以此驗之、明
知外洗非佛説也。

14
又問。經所説言、至心
念佛、必得(往生)解脫。(西
方淨土。此一門、卽應
成佛。何假觀心求於
解脫。)
答曰。夫念佛者、當須
正念。(了義)爲正、不了義卽
爲邪。正念必得往生
淨國、邪念云何達彼。

穢駢闐、内外充滿。若
也洗此身、求於淨者、
猶如洗塹、塹盡方淨。
以此驗之、明知洗外
非佛説也。

13㊇
問。經説言、至心念佛、
必得往生西方淨土。
以此一門、卽應成佛、
何假觀心、求於解脫。
答。夫念佛者、當須正
念。了義爲正、不了義
爲邪。正念必得往生、
邪念云何達彼岸哉。

穢駢闐、内外充塞。若
洗此身、求於淨者、猶
如洗泥、終無得淨。如
此驗之、明知外洗非
佛説也。

14
又問。經所説言、至心
念佛、必得往生西方
淨土。以此妙門、則應
成佛、如何觀心求於
解脫。
答曰。夫念佛者、當修
正念。了義爲正、不了
義爲邪。正念必得西
方、邪念云何達彼。佛

穢駢闐、内外充滿。若
洗此身、求於淨者、猶
如洗塹、塹盡方淨。以
此驗之、明知洗外非
佛説也。

13㊉
問。如經説言、至心念
佛、必得往生西方淨
土。以此一門、卽應成
佛、何假觀心、求於解
脫。
答。夫念佛者、當須正
念。了義爲正、不了義
爲邪。正念必得往生、
邪念云何到彼哉。佛

佛者覺也、所爲覺察
心源、勿令起惡。念者
憶也、謂堅持戒行、不
忘精懃(精進)、了如來(是)義、名
爲正念。故知念在於
心、不在於言。因筌求
魚、得魚妄筌、因言求
意、得意忘言。概稱念
佛之名、須行念佛之
體。若心無實、口誦空
言、徒念虛功、有何成
益。且如誦之與念、名
義縣殊。在口曰誦、在
心曰 念。故知 念從心
起、名爲覺行之門。誦

正者覺也、所謂覺察
身心、勿令起惡。念者
憶也、所謂憶持戒行、
不忘精進、了如是義、
名爲 念。故知 念在於
心、不在言。因筌求魚、
得魚忘筌、因言求意、
得意忘言。既稱 念佛
名、須知念佛之道。若
心無實、口誦空名、三
毒內臻、人我塡慮、將
無明心覔佛、徒爾虛
功。且如誦之與念、義
理懸殊。在口曰誦、在
心曰念。故知 念從心

者覺也、所謂覺察身
心、勿令起惡。念者憶
也、所謂憶持戒行、不
忘精勤、了如是義、名
爲正念。故知念在於
心、不在言也。因筌求
魚、得魚忘筌、因言得
意、得意忘言。既稱念
佛之名、須行念佛之
體。若念無實體、口誦
空名、徒自虛功、有何
成益。且如誦之與念、
名義懸殊。在口曰誦、
在心曰念。故知 念從
心起、名爲覺行之

者覺也、所謂覺察身
心、勿令起惡也。念者
憶也、所謂憶持戒行、
不忘精進、了如是義、
名之爲念。故知念在
於心、非在於言。因筌
求魚、得魚忘筌、因言
求意、得意忘言。既稱
念佛之名、須知念佛
之道。若心無實、口誦
空名、三毒內臻、人我
塡臆、將無明心向外
求佛、徒爾虛功。且如
誦之與念、義理懸殊。
在口曰誦、在心曰念。

在口中、卽是音聲之
相。執相求福、終無是
處。故經云、凡所有相
皆是虛妄。又云、若以
色見我、以音聲求我、
是人行邪道、不能見
如來。以此觀之、乃知
事相非眞正也。過去
諸佛、所修功德皆非
外說、唯正論心是衆
善之源、是萬惡之主。
涅槃常樂、由自心生。
三界輪廻、亦從心起。
心爲出世之門戶、心
是解脫之開津。知門

起、名爲覺行之門。誦
在口中、卽是音聲之
相。執相求理、終無是
處。故知過去諸聖、所
修皆非外說、只推內
心。卽心是衆善之源、
卽心爲萬德之主。涅
槃常樂、由自心生。三
界輪廻、亦從心起。心
是出世之門戶、心是
解脫之關津。知門戶
者、豈慮難入、識關津
者、何憂不達。

門。誦在口中、卽是音
聲之相。執相求福、終
無是乎。故經云、凡所
有相、皆是虛妄。又
云、若以色見我、以音
聲求我、是人行邪道、
不能見如來。以此觀
之、乃知事相、非眞相
也。故知過去諸聖所
修功德、皆非外說、唯
只論心、心是衆聖之
源、心爲萬惡之主。涅
槃常樂、由自心生、三
界輪廻亦從心起、心
爲出世之門戶、心是

故知念從心起、名爲
覺行之門。誦在口中、
卽是音聲之相。執外
求理、終無是處。故知
過去諸聖、所修念佛
皆非外說、只推內心。
心卽衆善之源、心爲
萬德之主。涅槃常樂、
由眞心生。三界輪回、
亦從心起。心是出世
之門戶、心是解脫之
開津。知門戶者、豈慮
難入、識關津者、何憂
不通。

戶者、豈慮難成。識開
津者、何憂不達。

竊見、今時淺識唯事
見相爲功、廣費財寶、
多積水陸、妄營像塔、
虛役人夫、積木疊泥、
圖丹畫綠、傾心盡力、
於已迷他、未解慚愧、
何曾覺悟。見有爲勤
勤執著、說於無相兀
兀如迷。但貪目下之
小慈、不覺當來之大
苦。此之修學徒自疲

(九)竊見、今時淺識唯知
事相爲功、廣費財寶、
多傷水陸、妄營像塔、
虛役人夫、積木壘泥、
圖青畫綠、傾心盡力、
損已迷他、未解慙愧、
何曾覺悟。見有爲則
勤勤愛著、說無相則
兀兀如迷、且貪現世
之小慈、豈覺當來之
大苦。此之修學徒自

解脫之關津。知門戶
者、豈慮難成、識關津
者何憂不達。

竊見。今時淺識唯知
立相爲功、廣費財寶、
多傷水陸、妄像塔、虛
役人功、積木壘泥、塗
青畫綠、傾心盡力、損
已迷也、未解慙愧、何
曾覺悟。見有爲則勤
愛着、說無相卽兀兀
如迷、且貪世上之小
樂、不覺當來之大苦。
此之修學徒自疲勞、

竊見、今時淺識唯知
事相爲功、廣費財寶、
多傷水陸、妄營像塔、
虛役人夫、積木疊泥、
圖青畵綠、傾心盡力、
損已迷他、未解慚愧、
何曾覺悟。見有爲則
勤勤愛著、說無爲則
兀兀如迷、但貪現世
之小慈、豈覺當來之
大苦。如此修學徒自

勞、背正歸邪、詐言獲
禍。但能攝心、內照覺
觀、常明絕三毒、永使
消亡、六賊不令侵擾、
自然恒沙功德、種種
莊嚴、無數法門、悉皆
成就、超凡證聖、目擊
非遙、悟在須臾、何煩
皓首。法門幽祕、寧可
具陳。略而論心、詳其
少分。

疲勞、背正歸邪、誑言
獲禍。但能攝心、內照
覺觀、外明絕三毒、永
使銷亡、閇六賊不令
侵擾、自然恒沙功德、
種種莊嚴、無數一一
成就、超凡證聖、目擊
非遙、悟在須臾、何煩
皓首。眞門幽祕、寧可
具陳。⊕略述觀心、詳其
少分。

16
此論乃是諸經骨體、
究竟眞門、依此敎行、
卽名頓悟。縱有退失、

背正歸邪、誑言獲禍。
但能攝心、內照覺觀、
常明絕三毒心、永使
消止。閉六賊門、不令
侵略擾、自恒沙功德、
種種莊嚴、無量法門、
一一成就、超凡證聖、
目擊非遙、悟在須臾、
何煩皓首。眞門幽祕、
寧可具陳。略說觀心、
詳其小分。

疲勞、背正歸邪、誰言
獲禍。但能攝心、內照
覺觀、外明絕三毒、永
使銷亡。閑六賊不令
侵擾、自然恒沙功德、
種種莊嚴、無數法門、
一一成就、超凡證聖、
目擊非遙、悟在須臾、
何煩皓首。眞如幽祕、
寧可具陳。略述觀心、
說其少分。

猶勝二乘、時時看之、
甚有道理。亦是默傳
心印。時大唐會昌五
年乙丑歲春二月八日
寫。遇奉傳上日本和
尙、結當來之因。
越洲判縣泼洲子龔朗
書

達磨和尙觀心破相論
一交點了
建長四年六月廿四日未
時書了　執筆夜叉王丸

註　記

（一）始め大正藏經第八十五卷古逸部中の敦煌本を寫したるが、其後龍谷大學圖書館所藏の長策子本を見るを得て、これと對照した。龍谷本の「觀心論」は五十箇條の問答から出來て居て、始めの三十六問までは、大正藏經中のもの及び他の二本（朝鮮本及び日本流布本）に欠けて居る。が、どうも此三十六問と以下の十四問とは同じ一篇の中に攝むべきものではないやうだ。內容から見ても、文體から見ても、前半と後半とは相違して居る。龍谷本には何とも共通の題目をつけてない。又後半の書き出し振りが前半と違つて居る。後半を「觀心論」又は「破相論」と云ふは、當つて居るが、前半に此題名を當てるわけに行かぬ。それから後半の文章は割合に寫誤が少ないやうにも思はれる。愚考では、始めから前半と後半とは別々のものであつたに相違ない。前半には何か別の名をつけて然るべからんか。本文中（　）中に在る文字は龍谷本によるものである。〔　〕は他の本によりて添加したもの。

（一）因此而成までは龍谷本によりて補足す。

（三）龍谷本には『貪業重者墮地獄趣、痴業重者墮畜生道、瞋業重者墮餓鬼趣』とあり。

（四）龍谷本、如是三重以下三界まで三十二字を欠く。

（五）持齋等以下豈成功德まで三百八十七字、金澤本誤つて後に入る、今訂正。爲諸大乘等以下非佛說也まで百九十六字、もと此處に在りしもの、今14に移す。他本との對照に便ならしむ。

（六）日本流布本と共に此一條の問答14は、淨土問答13と、其位置相前後す。今對照の便を圖るため、敦煌本の順序に改む。

（七）爲諸大乘利根者より以下非佛説也に至るまで百九十六字を12より此に移す。流布本には爲諸大乘利根者以下無能解悟までの二十四字は14の結尾に在り。又其溫室者等以下非佛説也までの百七十二字は14答中稍々始めの處に挿入せり。

（八）流布本と共に此一節13、卽ち淨土に關する問答は洗浴問答14の後におかる。今前後の位置を轉換して對照の便をはかる。

（九）竊見今時以下百六十四字及結語『觀心詳其少分』の六字は、明かに一篇の跋文なり。當本誤つてこれを『何憂不遂』(13)の次ぎ『持齋者當須會意云々』12の上に置く。又結語『觀心詳其少分』の六字を『是經中之祕密之義、如來當爾』(14)の後、『此論乃是諸經骨體云々』(16)と云ふ金澤文庫本だけが有する後序の上に入る。今何れも訂正してその處を得せしむ。

（一〇）略述の後持齋云々の三百八十七字を(12)に移す。觀心等の六字は(14)結尾より此に移す。

（一一）上方金澤文庫本に關する註を參看すべし。

（附記。上來四本對照校訂の上に尙不完全の所あれども、當時これを正すだけの餘暇なし。餘り長く延滯してもと思ひ、とに角未定稿のまゝ上梓す。他日機會を得ば再校すべし。昭和十年六月）

龍谷大學附屬圖書館藏敦煌本「菩提達摩觀門法大乘法論」、殊に其中の「宗修心要論」に就きて

鈴木大拙（1870—1966）

《大谷學報》16-1，1935

龍谷大學附屬圖書館藏敦煌本「菩提達摩觀門法大乘法論」、殊に其中の「宗修心要論」に就きて

鈴木大拙

龍谷大學附屬の圖書館に敦煌出土の長策子一本が近來收藏せられたことは、同大學教授禿氏祐祥氏によりて、龍谷學報三〇九號（昭和九年六月發行）に報ぜられて居る。先頃親しくこれを觀ることを得、又その撮影を許されたので、少しく研究することが出來た。固より未だ充分なるものにはあらざるも、好學者の參考にもならんかと思ふ傍、又博識の君子よりも教を受けて、自他諸共に裨益することあるべきを思ふて、此一篇を公にする。研究は上記長策子の全部分に渉るものでなくて、主として「宗修心要論」なるものにつきて、二三の發見を紹介したいのである。

一

唐代の寫本に長策子が極めて少ないとの事である。自分は書誌學上何等の知識を持たぬので、何が何やらわからぬが、何故に策子本が少いかを調べられた御方があるかしらん。巻子本よりも策子本の方が取扱上頗る便利であることは言ふを待たぬのであるが、然るに此種の册子が流行しないで、巻子本のみ盛んであつた理由は、どこにあるのか知らん。素人考には一寸わからぬ。紙質の關係でもあるのだらうか。卽ち策子本用の紙が漉きにくいとか云ふやうなことでもあるのか知らむ。また特別の地方でないと出來ぬと云ふことなのか。又外に理由があるのか。

なぜ策子本のことが氣になると云ふと、龍大所藏の此敦煌出土本の寫字が拙いのみならず、誤脱が頗る多くて、そのまゝでは到底も讀めぬのである。こんな拙い字で、こんなに誤字脱字の多いのは、その筆者の無學を告白するのであるが、もし此筆者を禪宗系の坊さんか何かであつたとすれば、その坊さんの素養がまた研究の對象になる。これが職業的筆耕者のものとすれば、こんな不都合な業績でも專門の職業として、やつて行けたのか知らんと怪まる。またこんなものを寫して貰つて、それで默して居られるかとも考へられる。或はお寺の小僧さんの手習かと云はれぬでもなからうか。こんなものでも、今日まで殘つたから、有りがたいと云はれるが、又一方では、こんなことで、歷史上、敎理上不必要の問題を持ち出したことがないかと、問ふことも出來る。これが長策子本と何の關係もないことかも知れぬが、何だか考へて見たくなつた。

手習本でないかと考へたのは、此冊子の表紙とも思はれる部分に何だか意味のわからぬことが書いてある。（「龍谷學報」第三〇九號、昭和九年六月發行所載、禿氏祐祥敎授の論文參照）此方面に自分等無知識のものが、彼是云ふべきでもなからうが、第一行は、とに角、大唐天子の功業を稱へたとしても、第二行は何の意か。此等兩行は何の必要あつて此に書せられたものか。一種の手習としての外、何かの意義あるか。內容と思はるゝものに對して何等の必然的關係を有するか。次に第三行こそは表題と思はれるが、「西天竺」とは如何、開卷第一面左方の紙面に、「南天竺」とあるに對して、何とか統一をつける考がなかつたか。「觀門法大乗法論」とは何の義か。「觀門法」と「大乗法論」との義か。成程第一面左方にまた「觀門法」とあるから、これは内容第一篇の表題と見て可ならん。そんなら「大乗法論」なるものが、第二篇以下にあるか。それはない。「觀門法」はどこまで續くのかさへが、はつきりせぬ。意味から言ふと、第三面左方の第三行の第五字目から、もはや「觀門法」でないと見られる。卽ち「大聲念佛、十種功德」なるものは、別個の思想である。既にこれに先だちて、「名禪七種觀門」と結んで居る。併し「大乗法論」はこの「念佛」から始まるとも思へぬ。（第一面と云ふは、表紙をあけた左右の頁をひつくるめてのこと。第二面以下準之。つまり面とは左右の頁を合せて云ふ也。寫眞では第一面に「二」の番號を附す。）

第四面右方は「勸々持々」で始まる。これは念佛でない、念佛は十種功德ですんで居る。「勸々持々」には何等その内容を指示すべきものがない。このわからぬものが、爾後二面半以上を塞ぐと、第六面左方の第二行の下方に「證心論一巻」と讀める。これからが所謂「大乗法論」の一部か。卽ち「大乗法論」を一般的標題と見、「證心論」以後をその細目と考ふべきか。

こんな詮索は、いらぬことのやうなれど、此長策子一本の性質を考へ、又その述者の誰たるかを決定するに大事だと信ずるのである。

二

開巻第一面（右）は四弘誓願に次いで、また多少の願望が並べられて居る。それはまづ好いとして、第一面左方の第二行は何の意義か。（上記禿氏敎授論文參照。）

『南宗頓敎最上大乘祕蜜尊經』

これは敦煌出土「六祖壇經」の表題に相應する。『祕蜜尊經』だけが違ふ。即ち「六祖壇經」の總題目は、

『南宗頓敎最上大乘摩訶般若波羅蜜經、六祖惠能大師於韶州大梵寺施法壇經一卷、兼受（授）無相戒、

弘法弟子法海集記。』

である。

長策子本は次に記して曰はく、

『要典難測諸意、摩訶般若波羅蜜者、梵音唐言、於漕溪山集』

と。何の義たるを解せぬ。殊に『梵音唐言』と續けて、『於漕溪山集』と曰ふに至りては、全くその意を得ぬ。更に進んで、

『南天竺國菩提達摩禪師觀門法』

とあるは、これから「觀門法」なるものが出るのであらうが、直ぐ次ぎに、

『往（住？）於苦行』

と云ふ一句子あり、『問曰、何名禪定』とつゞく。「觀門法」の始まりが『住於苦行』とは、前後の關係

は何處に在ると云ふべきではないか。何のためにこんな一句を此に挾んだのか。達摩の「觀門法」は『苦行に住する』か、『苦行に往く』かに在りと云ふの義か。さうすれば「觀門法」は一篇の標題でなくなる。果して然るか。

第三面左方の第三行の始までは「觀門法」のことを述べて居るらしい。それ故「觀門法」を此までの見出しとしてよい。が、それなら『南宗頓敎云々』とは如何。これは明かに六祖と稱する惠能系の主張を標榜したもので、その「壇經」には特別の義理を有つ。併しこれは達摩の「觀門」にまで溯るべきでない。『南宗云々』と云ふと、此長策子全部を惠能以後のものにもかくなる。まして『摩訶般若波羅蜜』は梵音で、唐には云々と言ひかけ、それを忘れて、『於漕溪山集』などと云ふと、達摩遺文とも見るべき此長策子本は、全く惠能系のものとなり了るやうだ。それから「觀門法」中には、

『禪定者梵音、唐言名功德聚林』

と云ふ句あり、また

『禪定門者、西域梵音、唐言淨慮』

とあり。『唐』の一字甚だ目障りなり。達摩の所述なら『此土』とか『梁』とか何とか云つて可ならんに、『唐』とは如何とも問はれもする。併し唐代に寫されたから、『梁』を『唐』に直したと云はれぬこともない。さうすると昔からの原文を其まゝに寫さずに、さして必要もない手を入れたことになる。そ

んな手を入れたものは誰か。

表紙の裏卽ち開卷第一面右方には四弘誓願を記してある。此弘願がこんな成句にいつ頃から出來上つたか、自分は充分に知悉しないが、禪宗では六祖惠能から文句になつて現れた。惠能は般若主義を鼓吹すると同時に、誓願と懺悔と授戒とにも可なり力を入れて居る。何れも唯心的立場からではあるが、とに角、說法に先ちて、四弘誓願を三唱したらしく見える。果して然りとすると、第一面の誓願——四大願並に自餘の願とを併せて、此策子本の原筆者はこれを漕溪山に集めたとも、云ひ得られないでもなからう。般若波羅蜜のやかましく云はれるやうになつたのは、惠能からだと、推定してよいと思ふ。

『願口長談波羅蜜』

と云ふ波羅蜜は度彼岸の義だけではなく、般若波羅蜜を言ふものと見たい。

第四面『勸々持々』で始まる一篇は甚だわからぬものである。「觀門法」の續きとも、「念佛功德」の連續とも見えぬ。が、その中に左の如き文字がある。

『頓教理門、直了見性、所言現性者是佛性、』

『修行般若波羅蜜多時、了達一境界、如幻如化、』

など云ふのは、惠能時代からの思想だと考へる。『見性』は「壇經」によりて力說せられ、『行般若波羅蜜多』も彼から盛んに始められたと云つてもよい。それから又第六面右方に定と惠との關係に言及して居る。誤脱が多きやうで、充分にその意味がとれぬが、これを日と光とに譬へてある。卽ち「壇經」の燈と光とに對照して見てよい。定惠の關係を體用の關係とし、日は體で、光はその用と見るのである。これらは何れも惠能思想の特點ではなからうか。して見ると、此『勸々持々』の三面ほどは、何かその時代關係の文字ではなからうか。とに角、此一篇は突如として此に出で居る。「觀門法」とは何等關聯なきものとす。

序に、矢吹博士著の「鳴沙餘韻」には、只「觀門」本文の表題に、

「南天竺國菩提達摩禪師觀門」

とあり。龍谷大學藏の長策子本と同じく、別に『製』とか、『作』とか、『述』とか云ふ字がない。「念佛功德」章が附隨して居るが、これも「觀門」に關係ないものと見てよい。『勸々持々』は此に加へられて居らぬ。

三

「證心論」は、北平國民國書館にも敦煌本一卷を藏してある。昭和九年初夏、自分はロートグラフで寫して貰つて來た。まだ充分に調べて見る閑がないので、此には其研究を缺く。

四

「證心論」と「宗修心要論」との間に、「除睡眠眞言」なるものがある。これを百八遍唱へるとよい、譯は『口無畏三藏』とあり。口は善か。これまでは好いとして、これからが不可解だ。涅槃經の引文が此に何の役に立つのかわからぬ。只何となしに書き込んだものと見える。此長策子本が一種の雜記帳的であることを、これで證することも可能ではなからうか。この次に

『鄴州忍大師是祖超凡趣聖悟解脱　　宗修心要論一卷』

とあるが、これが問題である。

補記、北平圖書館藏の「證心論」の末尾にも、「除睡眠眞言」と「涅槃經」からの文句と、忍大師云々の三項が記入せられてある。此卷子本は『……心要論一卷』で了つて居るから、それからさきが、どうなつて居たか、不明である。後でも言ふ如く、龍大本の「宗修心要論」に相當するものは別卷になつて、「證心論」との連絡は何もない。「證心論」の研究を跡に廻はすつもりで、今精しく述べないが、とに角、「證心論」に附屬して、眞言と「涅槃經」云々と忍大師云々が、此場合にも一緒に書寫せられたものと見える。何時も然りしかは固より不明であり、又何のために、何れもが一緒になつて居るかも不明だ。

『鄴州忍大師』とは禪宗の第五祖弘忍大師のことであるが、此人の名が此に何の關係で出て來たか。それからその次の九字が意味をなさぬ。それ自身でも、さうである如く、忍大師とくつゝけても義

理を通ぜぬ。『大師、是祖ハ凡ヲ超ヱ聖ニ趣ク、解脱ヲ悟レリ』と訓讀せられぬこともないが、さうしたとして、此處に前後の文句に對して何の意味を有つか。涅槃經の引文の説明にもならなければ、「宗修心要論一卷」に對して述者の關係に立つとも考へられぬ。如何にも不可解的に文字の稽古をしたものだ。

此次にすぐ左の如く書してある。

（卍字續藏中、禪宗著述部にも「最上乘論」は收められて居る。『第五祖弘忍禪師述』とある。これはやはり朝鮮本であるが、出版者は隆慶四年（西、一五七〇）、安心寺である。「禪門撮要」の如く、他の著述と一緒でなく、獨立に刊行せられたものゝやうに見える。内容は「撮要」中のものと同一である。）

『若寫者願用心、無令脱錯、恐悞後人。』

これでは大に『後人』たる吾等を悞るものではないか。

朝鮮の梵魚寺で、隆熙元年に雲門寺から移板して出版した「禪門撮要」と云ふ上下二冊の本がある。その中に、

『最上乘論　　五祖弘忍大師說』

として、今問題にして居る「宗修心要論」が收容せられて居る。この「最上乘論」の書き起しが、

『凡趣聖道悟解眞宗修心要論』

とあつて、それから『若其不護淨者云々』と、例の寫字者を誡しむるの文字がある。

この朝鮮本によれば、「宗修心要論」は「最上乘論」として『弘忍説』と認められて居るのである。それはそれとして、朝鮮本でも『凡趣聖道……修心要論』の文字は、後への聯絡をもつて居ない。『論』までの全文句を一篇の標題と見られぬこともない。『凡ソ聖道ニ趣キ、眞宗ヲ悟解センタメ、心要ヲ修スル論』とでも讀むべきか。併しお可笑いことは繞らぬ。とに角、朝鮮本でも、龍谷本でも、その原本には矢張り、今はわからぬやうになつた、是等十數の文字があつたものであらう。それを龍谷本は「宗修心要論」だけを切り離して、此篇全體の名目とし、朝鮮本ではそのまゝ篇首に据えおいたものである。

こゝで『忍大師』が問題になる。朝鮮本では、「最上乘論」と云ふ名を別につけて、一篇を忍大師説と云ふことにした。とに角忍大師の名は此論に何かの關係を有つて居たと考へなくてはならぬ。龍谷大學の長策子本は、「涅槃經」やら「除睡眠眞言」やらを、忍大師と一緒にして、その間に何等の連絡をつけずに仕舞つてあるので、忍大師は歸着を失ふの感がある。併し畢竟は何等かの歸着點を見出すのが本當かも知れぬ。

北平國民圖書館所藏の敦煌本中に「一乘顯自心論」(宇四號)と題したものがある。これも「最上乘論」や「宗修心要論」とその內容を同一にする。「一乘顯自心論」の名は、論中最後の問答からの擬題だと信ずるが、不幸にして首部を缺くので、所述者の名があつたとすれば、それも分明ならず、また頭首不可解の十數の文字の意味も解けぬ。

つまり龍谷本で「宗修心要論」として知られて居る一篇には、今日までに自分の見た限りでは、三樣の異本があることになる。

「宗修心要論」敦煌出土　龍谷大學圖書館藏

「一乘顯自心論」敦煌出土　北平國民圖書館藏

「最上乘論」板本　朝鮮梵魚寺刊行「禪門撮要」中編入、

此本は、菩提達摩の「大乘法論」中のものと見るべきか、弘忍の所述とすべきか、また他に所述者を見出すべきか、如何。內容を調べて見るより外に、今の處では、外的歷史的方法での解決がつけられぬやうである。またどこからひよつと史料の見つかることのあらんも知れず。

次へ進む前に一言する。龍谷本は長策子であるのが、その最長處で、本文の正確さは、それだけでは殆んど讀み難い處が多いほどで、大に後世を困らせる。「宗修心要論」の結末に又當初の問題になつた數字を連ねて居る。朝鮮本も北平本も『虎狼所食』で終つて居るが、龍谷本は、

『道凡趣聖悟解脫』

を附加して居る。そして「宗修心要論」の文字をすぐ横に別行にしてある。此文句は、『道』と始めても、『是祖超』と冠しても、前後に對して何等有機的な關係を保たぬのである。殊に結末に此句を見るは何としても不可解である。或は『宗修心要論』までをずつと一聯に續けて、此一篇の標題に讀むべきであらうか。

龍谷本には、まだ外に不思議な挿入がある。第十面の右方と左方との間にある『答曰』から『日爲喩』までの四十九字が、それである。これは朝鮮本にはない。北平本は此處幾字が缺けて居るが、十五字以上を容るべき餘地はないやうである。その上此四十九字は碧落からの音信のやうだ。

それから四十九字そのものゝ間にも連絡を缺いて居る。『澄心莫隨境』までは一條の意味を有つ、『客塵』以下は聯絡を缺いて居る。どうも別々のやうだ。

第二十四面左方の第二行の三字目から、第二十五面左方の第三行の八字目までは、是亦突然の挿入である。朝鮮本にも北平本にもない。

第二十八面右方第二行の終りに、左の句を挿入す。

『佛告阿難、照於何處、觀心湛然、坐禪觀心者、先順斷六賊、除六根、斷五辛、除內五毒、絕者、不在內、不在外、不在中間、身心澄淨、名之爲禪定、　　告達摩、』

と云ふのは何の義か。『告達摩』の三字に至りては、前後に向つて、何等の義をもたせ得るとすべきか。左方の頭に『答曰』として「楞伽經」斷肉品に言及ぶのは是亦不可解である。是等の挿入は固より朝鮮本にも北平本にも見當らず。

此の如き挿入につきては、どんな解釋をするのが妥當なのか知らん。自分には解釋法なし。但し他の點から見て、此本の寫字生は餘程無學のやうだから、原本に何かの考で書入れか何かしてあつたものを、そのまゝ、何の注意もせずに、本文の中へ寫し取つたものであらう。

五

まづ禪宗の第五祖として知られて居る弘忍大師に何か著述があつたかと云ふことを調べなくてはならぬ。弘忍はその弟子たりし惠能の偉名に隱されて、その傳記としては餘り記されたものがない。「楞伽師資記」は此點において吾等に對して一番多くの資料を供給してくれる。「師資記」によると弘忍は坐禪を主として、山居を好んだ人らしい。

『其忍大師、蕭然淨坐、不ㇾ出二文記一、口說二玄理一、默授二與人一、在二人間一有二禪法一本一、云是忍禪師說者、謬言也。』

果して然らんには、彼は何も書かなかつたのである。禪法に關したものありと云ふも、それは謬りなりと云ふのだ。又「師資記」は、玄賾撰述の「楞伽人法志」なる、今は亡き書物によりて、左の如く傳へてゐる。

『緘ニ口於是非之場一、融ニ心於色空之境一、……調心唯務ニ渾儀一、師獨明ニ其觀照一、……生不ㇾ矚ㇾ文、而義符ニ玄旨一。』

忍師はどうも玄默主義の人で、文筆を執らず、また說話を事とせず、それで居て澤山の弟子が集り、法化を普く施した人らしい。「師資記」は弘忍傳の終りに師の言語と思はるゝものを十四五箇條掲げて居るが、これは弟子の記憶を錄したものであらう。

既に忍大師に著述がなかつたとすると、その意見を知るに由なく、隨つて「宗修心要論」の內容を判斷して、その所述者を定めんとするに何等の規準をもたぬことになる。十四五箇條の零語のみを便とするわけにもゆかぬだらう。併し仕方なければ、それを便るが、その中に何か彼の特色をつかみ得べきものあるか。彼はたゞ閑かな處で坐禪を實修するを得意としたことの外に、その思想として見るべきものはないやうだが、坐禪實修の方法につきては、四祖道信の如く一種の指針があつたやうに考へられる。

『若初心人攀緣多、且向ニ心中一看ニ一字一。』

『爾坐時平面端身正坐、寬ニ放身心一、盡ニ空際一、遠看ニ一字一、自有ニ次第一。』

これは一種の看話禪の工夫のやうにも見ゆる。證後の消息と思はるゝものにつきては左の文句がある。

『證後坐時、狀若曠野澤中、迥處獨一高山、山上露地坐、四顧遠看、無有邊畔、坐時滿世界、寬放身心、住佛境界、清淨法身、無有邊畔、其狀亦如是。』

これだけでは、何等思想的なものがないので、今吾等に課せられた問題を解くよすがもない。五代を通じて化を施して、禪淨の融會に大に力のあつた永明寺の延壽に「宗鏡錄」百巻と云ふ大部の著述のあつたことは、人の知る所である。延壽に先つて出世して居た圭峯宗密にも、百巻の「禪源諸詮集」があつたと云ふが、今殘つて居るのは、その都序だけだ。「諸詮集」と「宗鏡錄」とは殆んど同性質の著述の如く想定せられ、これが今に殘つて居ると、支那における禪宗思想發達史の初期に關して、多くの光明を投げ與ふることゝ思ふに、惜しきかな湮滅して傳はらぬ。「宗鏡錄」だけは今猶ほ殘つて居るので、その中を渉獵すると、禪宗祖師の言語につきて時々發見することがある。その第九十七巻に弘忍大師の言として左の引文がある。

『五祖弘忍大師云、欲知法要、心是十二部經之根本、唯有一乘法、一乘者一心是、但守一心、卽心眞如門、一切法行不出自心、唯心自知、心無形色、諸祖只是以心傳心、達者印可、更無別法、　又云、一切由心、邪正在己、不思一物、卽是本心、唯智能知、更無別行、』

これに由りて見ると、弘忍は一乘主義を宣揚したものと考へられる。一乘主義は達摩以來の事で、禪徒は何れも此主義を信奉する。弘忍に限つたことはない。そうして其一乘とは何であるかと云ふに、一心是れなりと云ふのである。その一心は何かと云ふに、これは十二部經の根本で、眞如門で、一切の行、一切の法はこれから出る。この一心を守ることによりて、智者は知を得、祖師となることが出來る。諸祖は此心を傳へ、此心を印するのだと云ふのが、弘忍教の大體の意旨である。これは今言ふ如く、達摩以來の主意であるが、「宗鏡錄」の著者が特にこれを此に持ち出したのは何の理由か。彼は弘忍教の特性を此に見出さんとするものか。

そんなら「宗修心要論」、即ち「最上乘論」、即ち「一乘顯自心論」の主張はどこにあるか。本論は十四條の問答から成り立つが、大體の主旨は左の如くである。（朝鮮板本による。）

『夫修道之本體、須レ識ニ（當）身（自?）心本來淸淨ニ、不生不滅、無レ有ニ分別ニ、自性圓滿、淸淨之心此是本師、乃勝レ念ニ十方諸佛ニ』、

『知ニ法要ニ守レ心第一、此守レ心者乃是涅槃之根本、入道之要門、十二部經之宗、三世諸佛之祖、』

右の中、第二の文が「宗鏡錄」引文の大要に該當する如く見える。尙一乘と云ふことは、此論最終の問答に見ゆ。

『問曰、此論從レ首至レ末、皆顯ニ自心是道ニ、未レ知果行二門、是何門攝、答曰、此論顯ニ一乘ニ爲レ宗、然其至意、道レ迷取解、自免ニ生死ニ、乃能度レ人、直言ニ自利ニ、不レ說ニ利他ニ……』

北平本が「一乘顯自心論」の名目を擇んだのは此一項によるものと信ずる。「宗鏡錄」の大意と固より

相應すと云つてよい。

併し此論の大眼目とするところは『守心』の二字に在りと見なくてはならぬ。此意旨が全篇を通じて珠を貫く緒の如くになつて居る。『守心』又は『守一心』是果して弘忍一代の說法の骨子であつたか。

文献でたどられる限りでは、達摩は『安心』と云ひ、僧璨は『信心』を銘し、道信は『守一不移』或は『攝心』を修道の方法とするのである。惠能に至りては、大に般若を說き、頓悟を說き、見性を說き、それから『立無念爲宗、無相爲體、無住爲本』と云ふことを修禪究竟の境地となして居る。惠能になると、大分文献の上から話が可能であるが、それまでは、暗中模索の趣なきにしもあらずである。それ故、『守心』說の大立物は誰であるかと云ふことになると、見當が殆どつかなくなる。

元來『守心』義の本は「金剛三昧經」に在る。達摩は、一說によれば「楞伽經」を基としたやうであり、又一說によればそれは「金剛般若經」でもあるやに見える。が、何れにしても、達摩の二入四行說は、「金剛三昧經」に緣由して居ることは疑のない所だ。これは別處で詳しく論ずるつもりであるが、達摩の宗旨は所謂『以心傳心』で『心』と云ふことが、その中心となり、『安心』を得るが修道の眼目である。その方法として『壁觀』なるものが唱へられた。『壁觀』と云ふ文字は其後餘り用ゐられないで、『見性』とか『頓悟』とか云ふ文字がそれにおき換えられた。『守心』と云ふのも、弘忍なら弘忍、惠可なら惠可一代でのみ使はれて、他の祖師には餘り影響をもたなかつたやうである。

「金剛三昧經」は經文的と云ふよりも、寧ろ論部の一著作の如く見える本である。中々抽象的記述に富んで居る。それでも、達摩を始め禪宗の人々によりて中々に引用せられて居るのである。此經一篇でもよくわかれば大事了畢と云つてよい。『守心』の說は「入實際品」第五に出て居る。

『菩薩令彼衆生存三守一入如來禪、以禪定故、心則無喘、大力菩薩言、何謂存三守一入如來禪、佛言存三者存三解脫、守一者守一心如、入如來禪、理觀心如、入如是地、即入實際、……』

『守心』とはつまり一心の如を守るの義なること、これにて明白である。序に、三解脫とは虛空解脫、金剛解脫、般若解脫であると云ふ。これは解脫の方法を言つたものか、その相を言つたものか分明ならぬ。何れにしても、『守心』は「金剛三昧經」の所說で、これを祖述したのが、今三箇の異名で知られて居る當面の問題の本である。

序に此『守心』の成句で三異本の時代を見ることが出來る。最古のものは、どうしてもたゞ『守心』とのみ記したものに極つて居る。こんな文字に何かつけ足しがあるとすれば、それは後代の手に係るものと見るのが一番妥當だ。此標準で見ると、北平圖書館藏の「一乘顯自心論」の方が一番古く、その次が龍谷大學藏の「宗修心要論」、そして最新のものが朝鮮板本の「最上乘論」である。

精しき統計は今省くが、「顯自心論」の『守心』が、「修心要論」では『守眞心』となつて『眞』の一字が加はり、「最上乘論」では『守本眞心』となつて、『本』の字が『眞』の上に加へられて居る。後の二本で『守心』とのみある所もある、又「顯自心論」で『守眞心』となつて居る所もある。が、大體の上から見ると、龍谷本も朝鮮本も或は『眞』を加へ、或は、『本眞』を添ゆるに當りて、何れも計劃的にやつたことは疑はれぬ。只『心』とだけでは充分にその意が通せぬと見なければならぬ時代の影響があつたのである。

これは必ずしも當面の問題ではないから、この位にして、さて此「最上乘論」、「宗修心要論」、「一乘顯自心論」と知られて居る一篇十四箇の問答を内容とせる「論」は誰の作か。『守心』が「金剛三昧經」に緣故をもつて居るので達摩述とすべきか。忍大師の名が關係して出て居るので、弘忍作と見るべきか。また外に、指名して此人のと云ふべき示唆の材料が、どこかに發見せらるゝか。

六

「楞伽師資記」は神秀系の著述で、秀の嗣、玄賾、玄賾の弟子淨覺の作に係る、大抵第八世紀の始期に成る。敦煌出土の禪史類では甚だ緊要な位置を占めて居る。求那跋陀羅を支那禪の始祖として菩提達摩を第二祖とするところに、この書の特異性を認めるが、大體において依據すべき典籍の一と見たい。此書の惠可傳に左の記事がある。

『年十四、遇ニ達摩禪師、遊ニ化山高路一、奉事六年、精ニ究一乘一、附ニ於玄理一、略說ニ修道一、明ニ心要法一、直登佛果、』

『一乘を精究す』と云ふが、一乘は法華でも楞伽でも、勝鬘でも、思益でも主張するところで、敢て「金剛三昧經」には限らぬ。一乘と大乘とを同意の異語と見てよい。「最上大乘論」といふも、また「六祖壇經」の敦煌本は自ら形容詞を加へて『南宗頓教最上大乘……』と云ふも、みな一乘の義と見てよい。併し惠可傳中に『一乘を精究し』と始めて、『略ゝ修道を説く』と云ひ、次いで『心要の法を明にす』と連續させてあるのを考へて見ると、今問題の一論が、『一乘を顯にす』とか、『心要を修するの論』とか云ふと、その間に何か關係をつけたいやうな氣にもなる。

それから「師資記」の惠可傳の記事を、「宗修心要論」の所述と比べて讀んで見ると、左の如き符合の文字が三箇處ある。

「楞伽師資記」惠可傳

十地經云、衆生身中有金剛佛性、猶如日輪、體明圓滿、廣大無邊、只爲五陰重雲覆障、衆生不見、若逢智風、飄蕩五陰、重雲、滅盡、佛性圓照、煥然明淨、華嚴經云、廣大如法界、究竟

「宗修心要論」（龍大本は誤脱多くて讀めぬ故、北平本と朝鮮本による。）

十地論（經朝）云、衆生身中有金剛佛性、猶如日輪體明圓滿、廣大無邊、只爲五陰、黑雲之所覆、如瓶內燈光不能照輝、譬如世間雲霧八方俱起、天下陰闇、日豈爛也、何故無光、光元不壞、只爲

如虛空、亦如瓶內燈光、不能照外、亦如世間雲霧、八方倶起、天下陰暗、日光豈得明淨、日光不壞、只爲雲霧覆障、一切衆生清淨之性、亦復如是、只爲攀緣妄念諸見、煩惱重雲、覆障聖道、不能顯了、若妄念不生、默然淨坐、大涅槃日、自然明淨、

雲霧所映、一切衆生清淨之心、亦復如是、只爲攀緣妄念、煩惱諸見、黑雲所覆、但能凝然守心妄念不生、涅槃法、自然顯現、故知自心本來清淨、

「宗修心要論」の引文は『何知自心本來清淨』かとの第一問に對する答である。經典の引文が何處までか、本文につきてまだ調査の遑がないのであるが、上下兩欄の文句を對照すれば、如何に能く一致符合するかを判じ得る。唯偶然の符合とのみ見ることは出來ぬと思ふ。但し「師資記」には『默然淨坐』とあるに對して、下欄には『凝然守心』とあり。『妄念不生』の句に前後あれども、意味の方から言へば、「師資記」のやうに、『默然淨坐』の後におかれるよりも、前に在つた方が可なるに似る。「心要論」(宗修心要論を以下かく畧稱す。)は、それで、『凝然守心』と云つて、それから『妄念不生』と眞直につゞける。そうして斯く修正か轉補を加へるところに、「心要論」は「師資記」の記事を豫想するとも見られる。原文には『守心』よりも『淨坐』に意義を見たものであらう。「師資記」には『默然淨坐、』又は『肅然淨

坐、』又は『閑居淨坐』又は『守一不移』と云ふやうな文字は見えるが、『凝然守心』の句は見えぬ。達摩には『凝住壁觀』、「金剛三昧經」には『凝住覺觀』など云ふが見える。

「心要論」第十問『何知守心(朝鮮本云、守本眞心、)是三世諸佛之祖』に對する答の中に、左の句あり、「師資記」のと對照すれば、

「宗修心要記」(北京本による、朝鮮本參照、)

若了此心源者、一切心義無窮、一切願具足、一切行滿、一切皆辨、不受後有、會是妄念不生、我所心滅、捨此身已、定得無生、不可思議、努力、莫造大(次？)如此要門語、難可得聞、聞而能行者、恒沙衆中、莫逈有一、行而能到者、億億劫中希有一人、

「楞伽師資記」惠可傳

若了心源清淨、一切願足、一切行滿、一切皆辨、不受後有、得此法身者、恒沙衆生莫過有一仁(倫敦本、仁作行、)億億劫中、時有一人、與此相應耳、

これも偶然の暗合と見られぬ。「師資記」の原文があつて、それから「心要論」の文句が出たものと推すべきであらう。

第三の投合的文句は第十一問『何名無記心』に對する答の中に見出さる。

「楞伽師資記」惠可傳	「宗修心要論」(北京本による。)
若精誠不内發、三世中縱值恒沙諸佛、無所爲、是知衆生識心自度、佛不度衆生、佛若能度衆生、過去逢無量恒沙諸佛何故我等不成佛、只是精誠不内發、	經云、衆生若不精、誠、不内發者、於三世中縱值恒沙諸佛、無所能爲、經云、衆生識心自度佛不能度衆生者、過去諸佛恒沙無量、何故我等不成佛也、只是精誠不内發、

「心要論」は『經云』と二度繰り返してあるが、これはどの經かわからぬ、また兩經同一か否かもわからぬ。どこまでか引文がそれも、はつきりせぬ。兩箇の引文を巧みに渾用したる「心要論」は、引き續き『是故沉㆓沒苦海㆒、努力』せよと警めて居る。「師資記」は、是に反して、經文を引用すとも何とも云はず、只さきに引文した『若了心源清淨……』の直後に此文章を並べて居る。前文と必ずしも關係なきが如く、又後文にも其意を受けたと云ふ心も見えぬ。今の文句だけを獨立させて、それで充分に完結した意味を持つて居る。「師資記」では惠可傳中に、こんな鹽梅に、經文やら、又さうでないもの卽ち惠可自身の言葉と見られるやうなものを、雜文と並べてある。「續高僧傳」に惠可が向居

士に答へたとなつて居る文句なども、『大師云』として挿入してある。外の部分には必ずしも『大師云』の導き言葉がないけれども、何れも惠可の言語と見てよい。經典を引くのは、その文の特に意義多きを知らせるためであらう。所謂る「語錄」であるから、章句の切りよい處で、切つて差支あるまい。

果して然らんには、「心要論」と惠可傳と是の如く引文の吻合するのは、何と解すべきか。只短かな引文だけなら、例へばよく引用せらるゝ『遺敎經』中の、

『制二心一處一、無二事不一辨、』

と云ふ如きは、「心要論」にも「師資記」の道信傳にも見ゆるが、これはこれだけの事で、道信と「心要論」とを關係づけるわけに行かぬ。又「維摩經」なども禪典にはよく引き合に出される、特に其中の、

『豁然還得二本心一』

の一句子などは、隨分出くわすところのものである。「六祖壇經」など、これは二ケ處にもあると記憶する。「維摩經」は此の如くにして禪と可なり密接な關係をもつと信ずるが、これから推して、「維摩經」の引文を有する二個の論文の間に、何かの連絡を考へると云ふことは不必要なことだ。ところが、今の「心要論」と惠可傳との場合においては輕々に看過すべきではなからう。まして此外に猶

ほ二箇の吻合があるにおいてをやである。

「心要論」と惠可との間には果して如何なる因縁を打ち建つべきであらうか。それは又「師資記」との關係においてであるが、今度は惠可傳とでなくて、求那跋陀羅傳とである。「師資記」の求那跋陀羅傳には頗る興味に富める彼の言語を錄してある。禪宗思想の發源に對しても深く意義ある示唆を供給してくれる。それは兎に角として左の文章を對校して見る。

「宗修心要論」(第九門に對する答、北京本が主とす、)

是故如來隨其心門引入常樂、(龍大本、引入乘樂、朝鮮本、引入一乘、)既體知(龍、既體性知、朝、我既體知、)衆生佛性本來清淨、如雲底日、但了然守眞心(龍、了然身心、朝、了然守本眞心、)妄念雲盡、惠日卽現、何須更多學、知見歸生死苦、一切義理及三世之事、譬如磨鏡塵盡、自然見性(朝、明、自然現)、

「楞伽師資記」求那跋陀羅傳

大道本來廣遍、圓淨本有、不從因得、如似浮雲底日光、雲霧滅盡、日光自現、何用更多廣學知見、涉歷文字語言、覆歸生死道、用口說文、傳爲道者、此人貪求名利、自壞壞他、亦如磨銅鏡、鏡面上塵落盡、鏡自明淨、

是亦偶然の吻合と見るべきか。如何。「師資記」の文は、前に「楞伽經」を引き、後に「諸法無行經」

を引く、その間に介在する前掲の文字はこれらと沒交渉なり、全く獨立すと見るべし。「心要論」の文は、始めにより多くの關係をもち、次へ續くところには、さしたるものなしと云つて可ならん。兩個の敦煌本が『見性』の字を用ゐるに對して、朝鮮本は單に『明自然現』と云ふ。朝鮮本の方が此點においては舊原本の面影を保存すと見てよい。『了然守眞心(又は本眞心)』の一句は明かに後世の竄入ならん。「心要論」一篇が『守心』義を説くを以てその眼目としたるとき、此句を此に入れたものと考へて差支あるまい。只「心要論」の此一節が「師資記」の求那跋陀羅に負ふ所ありと云ふことは、誰も推定するところならん。

七

今の處、自分の知悉の範圍内で、「宗修心要論」、卽ち「最上乘論」、卽ち「一乘顯自心論」につきて、言ひ得るところは、大抵上述の如きものである。尙有識者の敎を待つ次第であるが、とに角、一應の決論として左の如きものを提出し能ふかと考ふ。

大體から見て、「心要論」の所述には新しい見方はない。何れも達摩以來の唱導そのまゝである。達摩の大意は、『安心の法門』を開いたところにあるので、これを裏づけて居る思想は大乘一般のものに過ぎぬ。これを「二入四行論」によりて列擧すれば、左の數點にわけて見られる。

一、凡聖を通じて同一の眞性の存在すること。

一、此眞性は無分別性のものであるから、言敎によりて說明もせられず、體得も出來ぬ。

一、此眞性を法と名づける、又理とも云ふ、本來淸淨のものである。

一、客塵卽ち煩惱妄念のために蓋覆せられて、淸淨の理が其まゝに顯はれぬ。是がわれら生死の苦の本である。

一、妄塵の汚を除き、本來の眞に歸するの途は、壁觀、卽ち今日で言へば、坐禪に由る。眞理と冥合する方法は『凝住壁觀』に外ならぬ。

一、此理を信解すると、法に稱ふところの生活が始まる。六度を行じて而かも行ずる所なしと云ふのが、それである。

一、此途が自利でまた利他である。これを菩薩行と云ふ、また菩提を莊嚴するとも云ふ。

達摩の思想的背景は大體こんなものと考へたい。『祖師西來意』を特性づけるのは、その哲學思想でなくて、『壁觀』の體驗が、『安心』と云ふ心理的效果を生ずるところに在るのである。これはまた別處で委曲をつくすつもりである。

但達摩は『含生同一眞性』を『心』なり、『自心』なりとは、明言しないやうだ。『心』と云ふ考の中には、眞妄の兩面を入れておいたと見てもよい。はつきりした區別を立てぬ、これはその必要を認めず、所敎の目標が實地にあるのだからである。併し實地々々と云つても、やはり其處に判然した概念的指標がなくては、敎化の效が薄いのみならず、人智は常に此方面への發展を要求して止まぬ。

「心要論」の特色は、それ故に、達摩の『眞性』なるものを、もつと心理的にして明かに『心』となし、『眞心』となし、『本眞心』とまで說き進んだ所に在りと云つてよい。而して此『心』を守ると云ふ點に修道の目標をおいた。『凝住壁觀』が『守心』と轉化したのだ。『守心』は「金剛三昧經」の思想で、固より達摩も知られて居たに相違ないが、彼は重點を『性淨』においた。惠可に至りて『心源清淨』となり、『自覺是眞珠』となり、道信は『守一不移』を敎へてこれを『攝心』の要道とした。道信の言說は各方面に涉つて居るやうであるが、『心更明淨』と云ふやうな所を見て、そこに『安心』の土臺を据えたことはなからうか。併しこれも因より概念的に判明したことではないのである。「心要論」の著者を假りに弘忍とすれば、『守心』の一途を說くところに、彼が概念的に劃然と一步を進めたとも云へる。

「宗修心要論」を弘忍大師の作としてよいか、どうか。固より作と云つても、自ら筆を執つたと云ふ意ではない、弟子のものが、手帳に覺書をしておいたと云ふことである。そして其覺書も書いた當時そのまゝのものが、「心要論」となつて居ると云ふのでなく、これにも後代いくらかの手が加へられて居ることは確かだ。こんな意味で、「心要論」は蘄州忍大師の所述として、いけないだらうか。

この推定に對して反對と思はれる節を數へて見る。(一)まづ「師資記」によれば弘忍は『文記を出さず』とあるが、これは如何。此反對は、今言つたやうに、弘忍自身は文記を出さぬにしても、その弟子の筆記した覺書を沒收するわけにはいかぬ。「師資記」には、尙『人間に禪法一本が傳はつて居て、それが忍禪師の說とせられるが、それは謬言なり』と書いてある。これを見ても、何か書きものがあつたのであらう。『謬言』の意味がはつきりしない。全部を否定したのか、一部をか、判定に苦しむ。又「師資記」の著者淨覺が自分の立場から、その說を肯はぬのかも知れぬ。誰も知つて居る如く、彼は神秀系の人である、神秀は弘忍下で、惠能始め色々の弟子と、派をわけて對抗した。それ故、淨覺の否認には單純性がないとも云へる。『不↘出↗文記↖』云々につきては、大に參考すべき事項ではあるが、必ずしもそれに絕對性を附するに及ばぬ。

(二)「心要論」中に、惠可の言語があり、求那跋陀羅よりの引文があるとすると、『忍大師述』としては、如何のものか。答、此點は必ずしも決定的に否定論を助けぬ。惠可や求那跋陀羅より出たと信ぜらるゝ文字三四項は、「心要論」の眼目となつて居るとは言へぬ。卽ち是等の引文をとり除いても、論は成り立つ。或る場合では、經文の句とその出處を明さずに、自分のものゝやうに利用することがある。祖師の言葉が多くの人々の記憶にあつた場合、何の斷りなしにそれが引用せられても、その引用の故に、一篇の論文の原作者を否定するわけに行くまい。これは特に禪宗の文獻において然るを見るべく、其著述そのものが、今日の如く個人的でなく、一種公共の所有物であつた時代には、古來の思想文字が雜然としてその中に盛られるのである。「心要論」一篇の宗旨は『守心』である。これを打ちたてるためには、所述者は在來の材料を勝手に利用したと見てよい。そして此所述者が弘忍其人でなくて彼の弟子であつたと見れば、利用の自由さは無限だと考へてもよい。

「心要論」第十三問答の末節に左の文あり。

『弟子上來集此論者直以信心依文取義、作如是說者、實非了了證知、若乖聖理者、願懺悔除滅、若當聖道者、廻施衆生。』

これを見れば、此論は明かに『弟子』の集めたるところである。自分等はまだ『了了證知』底ではないが、信心で『文に依り義を取らん』とするものだと云ふ。弘忍の弟子が、その師の所說の大體に併せて、古祖師の文句をも、誰彼となく書き寄せ、これを問答體の論に仕上げたのが、「心要論」であるのではないか。古は問答體の文章が多かつた。文章と云ふよりも、師資の問答を覺帳に止めておいて、それに題名を與へると、此に『論』なるものが仕上がるのであつた。

(三)弘忍は惠能の師、また神秀の師で、禪はこれから南宗、北宗と分れ、楞伽、金剛と宗を異にするやうになつた。殊に忍大師は金剛般若に肩を入れたらしく傳へられる。何れにしても、「心要論」が弘忍門下の作ならば、今少し般若の色彩があつてよい。或は惠可以來と信ぜらるゝ楞伽宗の趣もあつて差支なからう。『守心』の如き「金剛三昧經」の主張を持ち出して居るのは如何。また第十三問答の中に『諸比丘等、汝學佗出家修道、此是出家、出生死家、是出家』とあるが、これも明かに「金剛三昧經」中『雖不出家、不住在家』の意ではないか。是如何。

答、禪宗が弘忍に至りて、南北兩宗の分岐點となつたのは、事實である。達摩が支那へ來て『安心の法門』を唱へ出してから、弘忍に至るまで四世の間に、その思想は內面的に大に發展した。そして弘忍でこれが表面に出るやうになつた。今まで楞伽宗でもなく、般若宗でもなく、『達摩宗』なるものとして、潛行的、內面的に支那の佛教徒の間に、徐々に力を蓄へて來たものが、弘忍を經て、その下に惠能、神秀を先鋒として多くの巨匠を出すに及んで、その勢力は分裂せざるを得ぬ。今まで渾沌として居た思想の潮流がはつきりするやうになつた。進展の歷史は皆此の如くである。それ故弘忍自身にあつては、何れもの傾向が現はれずに、寧ろ達摩以來のものが、その面影を宿して居るわけだ。「心要論」一篇で、弘忍の全貌を讀まんとすることは、固より無法の極であるが、それでも何かの傾向を强いて認めんと思ふなら、そこには神秀系のものがあると云つては如何だらう。『譬如磨鏡塵盡、明自然現』と云ふが如きは、神秀の、

『身是菩提樹、心如明鏡臺、時々勤拂拭、莫使有塵埃』

の意を示唆するものではなからうか。『守心』の如きも「金剛三昧經」を繼承すると云つても、神秀系の思想を孕んで居ると見られないだらうか。とに角、惠能的百パーセントではないと考へてよい。

(尚禪思想に對して、「楞伽經」や「金剛經」、或は「金剛三昧經」、「維摩經」などが有する關係につきては、達摩宗の發展を論ずるとき、所見を悉くしたい。)

「心要論」は、こんなやうな關係で、弘忍大師の所述と見てよいと思ふ。勿論、大師自身が執筆したのではない。その弟子が大師の所説を覺帳に寫しておいたものが、整理せられ、添補せられて、今日吾等の眼の前に横はつて居る如き『論』に編み上げられたと推定したい。「師資記」の著者は、『禪法一本』なるものを忍禪師の説となすは謬言だと云ふ、その意義がはつきりわからぬけれども、「心要論」は「禪法論」ではないのであらう。何となれば「心要論」は弘忍の弟子が編輯したものと見れば、その弟子は寧ろ神秀その人であつたとも云ひ得られないでもないからである。

「師資記」の弘忍傳に左の如き問答一條を掲げて居るが、この記事が或る意味で、「心要論」の所述者と、どうやら何かの聯絡があるのでないかとさへ、臆測せらるゝのである。

『又問、學道何故不向城邑聚落、要在山居。』

『答曰、大厦之材、本出幽谷、不向人間有也、以遠離人故、不被刀斧損斫、一一長成大物、後、乃堪爲棟梁之用、故知栖神幽谷、遠避囂塵、養性山中、長辭俗事、目前無物、心自安寧、從此道樹花開、禪林菓出也、』

これに由ると、忍大師は隱遁生活を以て修禪の方法とせられたことがわかる。此山居主義を、どんな意味で反響するのかわからぬが、前述せる如く、龍谷大學本の「宗修心要論」の第十一面の左右にかけて、左の如き文句が挿入せられて居る。これは前後に何の關係もなく、全く突然の割込であるが、その意味から見ると、忍大師の山居主義を反映して居るのである。或は別に忍大師の「坐禪法」とも云ふべき覺帳があつて、それが偶然に此處に現はれたと見ては如何。文句は「師資記」のと全然相違するが、義理の上からは、兩者に相通のものがある。その句に曰はく、

『答曰、修眞住寂、山間勝、城隍閙亂煩多、不如勸住山中學、不來不去、永無魔、端坐澄心、莫隨境、』

勿論偶然性に富んだ挿入だが、忍大師と全然沒交渉のものであらうか。たゞ參考にまでこれを記す。

八

上來の所述をかいつまんで云へば、龍谷大學所藏の達摩本中「宗修心要論」は北平國民圖書館藏の「一乘顯自心論」で、又朝鮮刊行の「禪門撮要」中の「最上乘論」である。此「最上乘論」は、日本で卍字版藏經の續篇、第一輯第二篇、第十五套第五冊に、支那撰述、禪宗著述部として、朝鮮安心寺開板（隆慶四年春、西曆、一五七〇）のものを轉載して居る。年代から云ふと、北平藏敦煌本の方が一番古く、寫誤も少ない。龍大本は、古さでは其次であるが、誤脫頗る多くて、そのまゝでは讀下す

べからず。最新のものが朝鮮の板本である。

「心要論」の「最上乘論」は、朝鮮本では、明かに『第五祖弘忍禪師述』又は『五祖弘忍大師說』としてある。龍大本では、『鄿州忍大師』と『宗修心要論』との關係が分明になつて居ない。長策子本の表紙に『菩提達摩觀門法』と共に『大乘法論』としてあるが、此『法論』は「證心論」や「宗修心要論、」及び「觀心論」を含むものか、どうか、明白でない。「大乘法論」と銘を打つた『論』は一部も、その冊子本の內容を構成して居たい。

それで此「心要論」の內容を調べて見ると、「師資記」中の惠可傳から三箇處、求那跋陀羅傳から一箇處の文句を、大體其まゝ、何からの引文とも云はずに、挿入させてある。これだけでは何等の結論にも及ばぬが、「心要論」の宗旨が『守心』にあるところ、又大體の思想の動き方が、弘忍前の四祖のやうにも見えず、更に又其弟子の惠能のものゝやうにも見えぬ、寧ろ神秀系と見る方が穩當のやうである。

『守心』義が弘忍の宗旨を構成して居たことは、「宗鏡錄」によりて明白なりと信ずる。延壽の頃には、まだ禪宗諸祖の宗旨に關した遺文が存在して居たものであらう。宗密の「禪源諸詮集」がどこかで見つかると、唐代までの禪宗思想發展史の上に大なる光明を投下することであらうが、惜しいかな、今に見當らぬ。

大體、此見方に大差なしとすれば、「心要論」は弘忍の弟子が大師との問答を覺帳に記しておいたのが、轉々して、潤色も加へられたり、添補もせられて、今日吾等の見る如きものとなつたのでないか。これが研究の結論であり。固より博識の諸君子によりて、訂正せられんことを希ふ次第である。

★ ★ ★

餘り長くなつたので、「證心論」と「觀心論」とに關しては別に一文を草したい。「觀心論」の後半と思はるゝものにつきては、前稿「大谷學報」(昭和九年十二月發行の分、第十五卷、第四號)所掲のもの、及び次號に讓りおいた四本對校を參考せられたい。併し拙稿の其分は龍谷大學所藏の敦煌本をまだ見ぬうちに草したものである。それでは不充分故、次ぎに改めて「觀心論」考とでも云ふものを書き足すことにしたい。(昭和十年一月草。)

神會和尚の『壇語』と考ふべき敦煌出土本につきて

鈴木大拙（1870—1966）

《大谷學報》16-4，1935

神會和尚の『壇語』と考ふべき敦煌出土本につきて

鈴木大拙

昭和五年（中華民國十九年、西、一九三〇）の春、北京大學教授の胡適氏が「神會和尚遺集」を出版し、引きつゞき昭和七年の秋に東京の石井積翠居士が其春入手せられた「神會錄」を影印せられた。此の如く相次いで敦煌出土の寫本が——今まではその存在さへ知られなかつた書物が、出世するに及んで、中華民國に於ける禪宗思想史は異常な光明裡に照らし出さるゝこととなつた。昭和九年に本篇の記者は公田連太郎氏と共力して石井本「神會錄」の校訂本を出版した。精しき解說や、胡適本との比較研究及び内容思想檢討などにつきては、尚將來の努力を要するが、研究の途だけは、これによりて開かれたと見てよい。とに角、神會が慧能寂滅直後の活動の何ものなりしかは、是等の書物によりて悉知することを得るのである。隨ひて神會から馬祖や石頭の禪風に遷り行く途筋なども其髣髴を窺ひ知り得るのである。又溯りて達摩から慧能に至るまでの禪思想の展開に就いても其跡をた

北平國立圖書館藏敦煌寫本「壇語」初卷の一部(ロートグラフ版)

どり得るすべが見つかつたのである。

昭和九年の初夏、此篇の著者が北平圖書館を尋ねたとき、禪に關する三四の敦煌出土本を見るの機會を得た。それを今「少室逸書」と名づけて影印に付し、併せて解說を書きつゝあるが、その刊行に先ち、其中の第三篇に「和尚頓敎解脫禪門直了性壇語」との題名を有する一卷子につきて愚見を此に開陳したいと思ふ。その故は此『壇語』なるものと「神會錄」との關係が如何にも密接なるところから、自分は一箇の臆見を有するに至つたからである。

此一卷子は、此に見る如く、大體において讀みにくゝないとも云へる。書志學的には別に記すべきほどの事實を知らぬが、その內容と述者について、興味ある觀察が出來る。禪思想史の上に新材料を供給するものである。

結論を劈頭に出せば、此一卷は慧能の所述であるとまでは云へぬかも知れぬが、慧能の直弟子のものであるに相違ない。その直弟子と云ふのは荷澤神會以外の人でないと考へられる。これを結論にして、推斷の過程をたどる。

題名に『和尙』とだけで何の誰であるかゞわからぬが、此一聯中に示唆に富める文字が含まれて居る。『頓敎』と『壇語』がそれである。『眞了性』も特別な文字であるが、餘り他に關係をもたないやうだ。併し『眞了性』の眞が直の誤寫であるとすると、——どうもさうらしいが、さうすると、面白いこともある。卽ち『直了性』となれば、興聖寺本の「六祖壇經」第一節に、『大師是日說頓敎法直了見性無礙』とあり、又胡適編「神會和尙遺集」(一七五頁)に『我六代大師ニ皆言單刀直入、直了見性、不言階漸』……とあるのに聯關して來る。後述の所で、此一卷を慧能系に關係したものと見るが、この愚意を介ける餘事にもなるであらう。(本篇には「直了性」と訂正しておいた。)まづ『壇語』から始める。

壇の字がいつも氣に懸つて居た。「六祖壇經」の本當の意義がどうも判然せぬ。壇は檀波羅蜜の檀でないかとも考へた。敦煌本には『法施壇經』と記してある。慧能の得度に戒壇の關係が出るので、其壇が何かの意味で加へられたのかとも思つた。何れにしても、きちんとした字義がつきとめられぬので、困つて居た。處が、今問題の巻子に「壇經」ではないが、「壇語」とある。慧能の説法と何かの點で交渉があるのではなからうか。所で、此「壇語」を神會和尚の説法だとすると、壇の義がわかる。これから推して、慧能の説法もどんな臙梅に行はれたかを想像し得る。

「歴代法寶記」に左の記事がある。（金九經板、巻中、十頁。）

『東京荷澤寺神會和上、毎月作壇場、爲人説法、破清淨禪、立如來禪……』

これによりて觀ると、神會は壇を作つて、その上で説法をやつたのだ。特に壇場と書いてあるからには、從來はそんな風にして説法をやらなかつたのか知らん。これが神會の師慧能によりて始めて作られたのではなからうか。敦煌本の「施法壇經」に（外の「壇經」には『施法』の二字は見えぬが）

『慧能大師、於大梵寺講堂中、昇高坐、説摩訶波羅蜜法、授無相戒……』

とある。此文中『昇高坐』の三字は此處では特外の意味を持つたものではなからうか。其後高坐の意味が平凡になつて、卽ち普通なものになつて、わざ〱これを記す必要なく、單に『升坐以』とか『升坐已』とかで濟んだものでなからうか。法師又は禪師が一般的講座を開くことは今までになかつたものと見て可いと思ふ。神會が『毎月壇場を作りて』と特書するには、それだけ其當時希有の事件であつたに相違ない。慧能の『高坐』が卽ち是『壇場』と同一義なのではなからうか。

こんな壇場、高坐から説法せられたので、此一巻子は「壇語」と呼ばれて、慧能の「壇經」から區別せられたのではあるまいか。同じく壇上の獅子吼であつても、神會のは、その師の經に對して語と云つて謙下の心持が出て居るのであらうか。かう考へると、慧能の説法に殊に壇の字や經の字があるのが分明になる。

次ぎに『頓教』、これは慧能の宗旨を特性づけて居る、彼及び弟子達は此旗印で法戰に從事したものと考へられる。頓教は時に頓悟ともなる。その意には變りなし。敦煌本の「壇經」には『南宗頓教』の四字が題名として第一に掲げられ、興聖寺本には、『頓教の法を説く』と、殊にその日の説法を色づけて居る。それから『大乘頓教』、『頓悟大乘』、『頓法』、『頓教法』、『頓教法門』など云ふ文字が、「壇經」を通じて讀まれる。それ故、『頓教』の文字があるところ、特にそれが表題の重心をなして居る場合には、その巻子は慧能系、特にその直系に關聯して居ることを證據立てるのである。

後述の所見が既にわかつて居るものとして、「和尚頓教解脱禪門直了性壇語」の意味を解すれば、『和尚』は神會和尚で『頓教』は慧能の宗旨、此によりて『解脱』を教へる『禪門』は、自己本來の性を直ちに了悟することである。これを壇上から説話した、その記録がこれであると云ふことになる。

二

全體から見て、此「壇語」は一場の説法であつたと見られる。いつも『知識』、『知識』と言ひかけて居るところは、「六祖壇經」の『善知識』と云ふのに似て居る。その頃は大衆に對して此の如き呼掛けが流行して居たものか。

說法の始まりに、無上法の遭遇し難きを說き、正因正緣がないと此機會が獲られぬと云ふ。それには菩提心を發して、至心に懺悔し、一切佛を敬禮しなくてはならぬ。また法寶、僧寶をも敬禮すべきであると敎へる。これは「六祖壇經」中に、傳香、懺悔、發願門（敦煌本第二十節より第二十三節）と稱せらるゝ一部分に相當する。思ふに慧能時代頃から說法の順序は、懺悔、歸依、發願と云ふやうなことになつたのであらう。（敦煌本には傳香の一章を缺く。）「壇經」には無相戒と云ふものを別に授受したやうにも見えるが、此『無相』なるものは、三歸戒に對する禪獨特の態度を示したものかも知れぬ。

「壇語」の末文には、『有疑來相問.好去』とあつて、說法の結びがこれでついて居る。

說法の主體は「七佛偈」と稱せらるゝもので始まる。これが直ちに戒定慧と結び付く。此結びつきが示唆に富んで居る。それは、「六祖壇經」（敦煌本）第四十一節に、神秀から來參した志誠のために、慧能がなした一場の說話がある、それと對照して見ると面白い。表詮の形においては多少違つて居るが、內面の意味は同一傾向をたどつて居る。兩者何れも神秀の戒定慧觀と對峙する。「壇語」は「壇經」を祖述したと見るべきであらう。

稍進んで左の句に撞着する。

『六代祖師、以心傳心、離文字故、從來相承復如是』

と。此に特に『六代』と云ふところに着目すべし。「神會錄」(鈴木、公田校)第五十三頁に、神會が遠法師の達摩以來宗旨の相傳付囑を問ふに對して『經今六代』と云ふ、これに照らし合して見ると、「壇語」の『六代祖師』は直ちに神會の繼承を意味するものでなくてはならぬ。卽ち「壇語」の主人公は神會其人であると云ふことでなくてはならぬ。

三

慧能の一派は『起心看淨』と云ふことに大に反對して、これを妄心とし、直心に背くものとする。妄心とは一にまた用心であり、起心であり、作意である、法縛、住縛、淨縛、寂縛など云ふ各種の縛を生ずるところのものである。「壇語」も亦これを道ふ。「神會錄」の第十一節及び「壇經」の第十四節や第十八節などを參照すれば、此事明白となる。「壇語」に曰はく、

『知識諦聽。爲說妄心。何者是妄心。仁者等。(原本仁作人。)今既來此問。貪愛財色男女等。及念園林屋宅。此是麁妄。應無此心。爲有細妄心。聞說菩提。起心取菩提。聞說涅槃。起心取涅槃。聞說空。起心取空。聞說淨。起心取淨。聞說定。起心取定。此皆妄心。亦是法縛。亦是法見。心若作此心用心。不得解脫。非本自寂靜。心作住涅槃。被涅槃縛。住空被空縛。住定被定縛。作此用心。皆鄣菩提道。般若經云。(原本般作槃。)

若心取相。卽著我人衆生壽者。離一切諸相。卽名諸佛。離其法相。（原本相作想。）維摩經云。何爲病本。爲有攀緣。云何斷攀緣。以無所得故。則無病本。學道若不識細妄。（原本學作覺。）如何得離生死大海。」「壇語」（S16）

『知識。各用心諦聽。聊簡自本淸淨心。聞說菩提。不作意取菩提。聞說涅槃。不作意取涅槃。聞說淨不作意取淨。聞說空不作意取空。聞說定不作意取定。如是用心。卽最靜涅槃。云斷煩惱者。不名涅槃。煩惱不生。乃名涅槃。譬如鳥飛虛空。若住於空。必有墮落之患。（原本落作洛。）如學道人。修無住心。心住於法。卽是住著。不得解脫。經云。更無餘病。唯有空病。空病亦空。又復經云。常求無念實相智惠。若以法界證法界者。卽是增上慢人。』「壇語」（S17）

それから次の對照二三項を見ると、「壇語」と神會との接觸を認めることが出來る。

「壇語」	「神會錄」
〔一九〕問、心有是非、不。答、無。問、心有去來處、不。答、無。問、心有青黃赤白、不。答、無。問、心有住、不。答、心無住處。	〔二一〕諸學道者、心無青黃赤白黑、亦無出入去來、遠近前後、亦無作意、亦不作意、若得如是者、名爲相應也。（第二十七頁。）
〔一九〕問、和尚言、心既無住、知心無住、不。答、知。問、知、不、知。答、今推到無住處、立知。〔二〇〕	〔一五〕又問、無住若爲知無住。答、曰、無住體上、自有本智、以本智能知、常令本智而生其心。（第十八頁。）

問、作沒無住。答、是寂靜體卽名定、體上有自然知、能知本寂靜體、名爲惠、此是定惠等。

〔二一〕 今推知識無住心、〔如〕是而生其心者、知心無住、是本體眞寂、從空寂體上起知。

〔二六〕 爲知識、聊簡煩惱卽菩提義、擧虛空爲喩、如虛空本無動靜、明來是明家空、暗來是暗家空、〔明空〕不異暗空、明暗自來去、虛空本無動靜、煩惱與菩提、其義亦然、迷悟雖別有殊、菩提性元不異。

（本性自有般若之智、自用智惠觀照、不假文字。「壇經」第二十八節。）

〔六〕 本空寂體上、自有般若智能知、不假緣起。（第九頁。）

〔三五〕 給事中房綰問煩惱卽菩提義。答曰、今借虛空爲喩、如虛空本來無動靜、不以明來卽明、暗來卽暗、此暗空不異明〔空〕明空不異暗空、明暗自有去來、虛空元無動靜、煩惱卽菩提、其義亦然、迷悟雖卽有殊菩提心元來不動。

四

定と慧の相關問題は淸淨禪と般若禪とを區別する大切な問題である。其れ故、神秀派と慧能派との爭の一角は自ら此處に集注せられざるを得ぬ。今「壇語」を神會の所述と見るときには、此にも其跡を認めなくてはならぬ。果然「壇經」においてもこれが取扱はれ、神會によりても然かせられた。「壇語」と定慧の同一なることに說き及ぼして居る。見性を說くものは、智慧を說かざるを得ず、而して此智慧は識上又は分別上の智でなくて、無分別の眞只中から出るものでなくてはならぬ。此無分別底を寂靜の體とも、清淨の本性とも、眞如とも云ふのである。併し此無分別智の働きは體用同時のものである。先づ體ありて後に用が出るのでもなく、又用を見て而る後體を探がし當てるのでもない。卽ち定と云ふ體がきまつてそれから慧が動き出るのではない。體用の同一は定慧の同一を意味する。『定慧等』とも云ひ（第二十節）、『戒定慧學、一時齊等』とも云ひ（第二十二節）、『定不異慧、慧不異定』（第二十三節）、『惠時則無定、定時則無惠、如是解者、皆不離煩惱』とも云ひ（第二十五節）『此卽、定慧双修、不相去離』（第二十五節）とも云ふのである。燈光の喩は最もよく定慧の同異的關係を明にするものとして、「壇經」にも「壇語」にも出て來る。「神會錄」には少し異つた方面から鏡と像との相關を擧げて居る（第八節）。

まづ「壇經」を擧ぐれば第十三節に曰はく、

『善知識。我此法門。以二定惠一爲レ本。第一勿二迷言一定惠別。（原本定惠作二惠定一）定惠體一不二。卽定是惠體。卽惠是定用。卽レ惠之時定在レ惠。卽レ定之時惠在レ定。善知識。此義卽是定惠等。（原本無二定字一。）學道之人作レ意。莫レ言二先レ定發レ惠。先レ惠發レ定。定惠各別一。作二此見一者。法有二二相一。口說レ善心不レ善。定惠不レ等。（原本定惠作二惠定一。）心口倶善。內外一種。（原本一下有二衆字一。）定惠卽等。自悟修行。不レ在二口諍一。若諍二先後一。卽是迷レ人。（原本無二迷字一。）不レ斷二勝負一。却生二我一不レ離二四相一。』「壇經」（§13）

次ぎに燈光の喩は左の如くである（第十五節）。

『善知識。定惠猶如何等。如燈光。有燈卽有光。無燈卽無光。燈是光之體。（原本無燈字。之作知。）光是燈之用。名卽有二。（原本無名字。）體無兩般。此定惠法。亦復如是。』「壇經」（§15）

「神會錄」によれば（第十九節）、

『悊法師問。云何是定慧等義。　答曰。念不起。空無所有。卽名正定。以能見念不起。空無所有。卽名正慧。若得如是。卽定之時。名爲慧體。卽慧之時。卽是定用。卽定之時不異慧。卽慧之時。不異定。卽定之時卽是慧。卽慧之時卽是定。卽定之時無有定。卽慧之時無有慧。何以故。性自如故。是名定慧等學。』「神會錄」（§19）

『澄禪師先修定得定已後發慧。會卽不然。正共侍御語時。卽定慧俱等。是以不同。　侍御言。闍梨。只沒道不同。　答。一纖毫不得容。　又問。何故不得容。　答。今實不可同。若許道同。卽是容語。』「神會錄」（§29）

上來の引文を通讀して、それから「壇語」を見ると、その思想がどの邊から來て居て、その述者の誰たるかも、略々見當をつけ得る。第三十五節に曰はく

『如世間燈光不相去離。定不異惠。惠不異定。如世間燈光不相去離。卽燈之時光家體。卽光之時燈家用。卽光之時不異燈。卽燈之時不異光。卽光之時不離燈。卽燈之時不離光。卽光之時卽是燈。

卽燈之時卽是光。定惠亦然。卽定之時是惠體。卽惠之時是定用。卽惠之時不異定。卽定之時不異惠。卽惠之時卽是定。卽定之時卽是惠。卽惠之時無有惠。卽定之時無有定。此卽定惠雙修。不相去離。』

「壇語」(§25)

五

「壇經」及びこれを繼ぐものゝ宗旨は『無念』である。『無念、無相、無住』(「壇經」一四頁)と續き、或は『無念、無憶、無著』(同二六頁)と續き、或は『無念、無爲、無所得』(「歷法」下一オ)或は『無憶、無念、無忘』(同下土ウ)などとなることもあるが、無念は、いつも中心の思想となつて居る。無念又は無心となることもある。何れにても可なりである。「壇語」の無念論は如何にかと云ふに、

『眞如是無念之體、以是義故、立無念爲宗、若無念者雖具見聞覺知而常空寂』(第二十三節)

と敎ゆ。これに對して「壇經」では、

『眞如是念之體、念是眞如之用、自性起念、雖卽見聞覺知、不染萬境、而常自在』(第十五頁)

と云ひ、神會は

『所言念者、是眞如之用、眞如者卽是念之體、以是義故、立無念爲宗、若言無念者、雖有見聞覺知而常空寂。』(第二十三頁)

これで見ると、無念と眞如との關係が「壇語」と「壇經」及び「神會錄」との間において、相違して居

るやに一讀思はれる。併し前後の關係や全體の意義から推して見ると、無念を以て眞如の體となすも、念を以て眞如の體となすも、兩者畢竟じて同一義を指して居るのである。然らざれば兩者倶に『無念を立して宗となす』となすとは云へぬのだ。また『見聞覺知すと雖常自在なり』とか、『常に空寂なり』とかは云へぬのだ。時間的に云へば無念、空間的に云へば無住、物理學的に云へば無相、心理學的に云へば無心、何の方面から說明しても、其體とする所は眞如と云ふより外ないのである。

慧能は

『無念者於念而不念』（第十六頁）。

『於一切境上不染名、爲無念』（第十四頁）。

『無念法者、見一切法、不著一切法、遍一切處、不著一切處、常淨自性、便六識從六門走出、於六塵中不離不染來去自由、卽是般若三昧、自在解脫、名無念行』（第三十頁）。

神會は

『所謂不念有無、不念善惡、不念有邊際、無邊際、不念有限量、無限量、不念菩提、不以菩提爲念、不念涅槃、不以涅槃爲念、是爲無念、無念者卽是般若波羅蜜……、若也起心卽滅、覺照自亡、卽是無念、是無念者無一切境界、有一切境界卽與無念不相應故』（第十六頁）。

「壇語」には曰ふ、

『譬如鳥飛於虚空、若住於空、必有墮落之患、如學道人、修無住心、心住於法、卽是住着、不得解脱』(§17)。

『定慧等者、明見佛性、今推心到無住處便立知、知心空寂、卽是用處。』(§20)。

『若入定、一切諸波羅蜜不知故、但自知本體寂靜、空無所有、亦無住者、等同虚空、無處不遍、卽是諸佛眞如身』(§23)。

『但不作意、心無有起、是無念』(§30)。

是等の諸引文を對照すれば、何れも同一思想の言詮に過ぎないことが判然とする。「壇經」、「神會錄」、「壇語」、此間には、一貫した精神がある。單に同じ佛教とか、南宗とか云ふ廣い意味のものでなく、もつと緊密な、殆んど人格的な連鎖さへ見られる。「壇經」を「六祖壇經」と云ふなら、「和尚頓教解脱禪門直了性壇語」を「神會壇語」と云つてよい。

六

尚參考までに無住和上の無念説の一部を紹介しおく。無住は弘忍—智詵—處寂—無相—無住と傳承した人で、神會と同時代である、神會より十五年ほど遲れて示寂す。それ故、其頃には神秀一派の『淸淨禪』と云ふべきものが流行して居た。無住は慧能會下ではないが、その無念説が垢淨を超越して『不染於一切法』的なものであつた點では、南宗と同じ。神秀—老福(義福？慧福？)—知一とつづく此知一なる人が無住を訪ねて道を問ふ。如何なる修行をやつて居るかと問はれて、本師の教をそのまゝにして、『淨を看る』修行をやると答ふ。無住の説法に曰ふ。

『法無垢淨、云何看淨、此間淨由不立、因何有垢、看淨卽是垢、看垢卽是淨、妄想是垢、無妄想是淨、取我是垢、不取我是淨、無念卽無垢、無念卽無淨、無念卽無是、無念卽無非、無念卽無自、無念卽無他、自他俱離、成佛菩提、正自之時、自亦不自』（歷、法、下二十丁）

七

「壇語」中で最も示唆に富むと思はるは左の一節である。これでその當時の禪法が如何なる傾向を帶びて居て、これに對する「壇語」の態度が、どんなものであるかが、よくわかる。而して又此「壇語」は「壇經」や「神會錄」に對して如何なる關係を有つものかと云ふことも、よくわかる。

住心看淨、起心外照、攝心內澄、非解脫心、亦是法縛心、不中用。（「壇語」§22）。

若有坐者、凝心入定、住心看淨、起心外照、攝心內澄者、此是障菩提、未與菩提相應、何由可得解脫、（「神會錄」第二十七頁）。

和尚答曰、若教人凝心入定、住心看淨、起心外照、攝心內證者、此是障菩提（胡適、「神」第一七五頁）。

答曰、今言不同者、凝心取定、或有住心看淨、或有起心外照、或有攝心內澄、或有起心觀心而取於空、或有覺妄俱滅、不了本性、住無記空、如此之輩、不可具說（『神會錄』第一九頁）。

神會が極力此種の禪法を排したのは、慧能以來の傳承である。慧能の「壇經」に曰はく、

『善知識、又見有人敎人坐、看心看淨、不動不起、從此置切、迷人不悟、便執成顚、卽有數百般以如此敎道者、故知大錯。』（第十四節）。

又曰はく、

『善知識、此法門中、坐禪元不著心、亦不著淨、亦不言不動。若言看心、心元是妄、妄如幻故無所看也。……不見自性本淨、起心看淨、却生淨妄……迷人自身不重、開口卽說人是非、與道違背、看心看、却是障道因緣。』（第十八節）。

言葉の遣ひ方には多少の相違はあるが、意圖の傾向は同一である。思ふに、これは神秀派の禪法に對してなされたのである。慧能時代には神會時代のやうにまだ『凝心入定』云々と固定した思想に、成つて居なかつたかも知れぬ、因に、「臨濟錄示衆中に『祖師云、儞若住心看靜（淨）、擧心對照、攝心內證、凝心入定、如是之流、皆是造作』と云ふ文字がある。『皆是造作』は臨濟自身の句であらうが、住、擧、攝、凝の成句は、明白に神會所述中のものである。臨濟の頃までも北宗神秀派の禪法が殘つて

居たか知らむ。崇岳の普寂及び東岳の降魔、此兩禪師——何れも神秀の資によりて、主として此禪法が唱へられたと云ふのであるが、（胡適編「神會和尚遺集」百七十五頁）その由て起るところは、遠く弘忍に在りと見るべきだ。尚「壇語」と「神會集」とを對照せんに、

知識、一切善惡惣莫思量、不得凝心住、亦不得將心直視、心墮直視住、不中用、不得睡眼向下、便墮（睡）眼住、不中用、不得作意攝心、亦復（不得）遠看近看、皆不中用、經云、不觀是菩提、無憶念故、卽是自性空寂。（「壇語」第一八節）。

答大乘定者、不用心、（不看心、不看靜、不觀空、不住心、不澄心、不遠看、不近看、無十方、不降伏、無怖畏、無分別、不沉空、不住寂、一切妄想不生、是大乘禪定。（胡適校、「神會集」第一五一頁。）

此對比によりて「壇語」と「神會録」とが俱に同一事を語るものであることが分明になる。それだけでなく、何れもの作者が同一の人物であることも認めなくてはならぬ。否らざれば此くまで同一の氣分、思想傾向の現はれることはない。序に、『遠看』、『近看』の意味は、「楞伽師資記」弘忍傳によりて判じ得ると思ふ。金九經校刊本、（二十六丁ゥ）に『儞坐時平面端身正坐、寬放身心、盡空際、遠看一字、自有次第、若初心人攀緣多、且向心中看一字』云々の聯句がある。神會は此種の禪法を固執して移ることを知らざる神秀一派に對して、般若禪を鼓吹したのである。

八

「壇語」には經典よりの文がその數三十を超えて居る。一卷子の說法としては割合に多く引かれたものである。只『經云』としたところもあるが、わかつて居るところでは、「維摩經」が一番多く、それから「涅槃經」、「金剛般若經」、「勝天王般若經」、「法華經」、「華嚴經」、「起信論」、其他と云ふことになつて居る。「維摩經」は禪宗の成立に多大の影響を及ぼした如く見ゆる。「楞伽經」と禪とは特別の關係あるのであるが、それで居て、「楞伽」からの引文は、達摩から慧能、神會に至るまで、寥々たるものである。『佛語心を宗となす』の一句子が主として目立つのみだ。達摩宗は心の一字によりて建立せられ、それから慧能に至りて般若の智慧が高調せられた。さういふ次第で、神會などは「金剛般若」の外に經典はないやうにさへ云ふ。併し引文は「維摩」から多く取られる。「維摩」が支那及び日本の佛敎に及ぼせる影響は、實に深大なるものがある。

「壇語」と「神會錄」に共通して見える經典の引文は、ざつと十箇ある。列擧するとかうである。

一、「維摩經」、『不於三界現身意、是爲宴坐。』(「壇」§13;「神」pp. 14, 28)

(この種の宴坐は慧能にも喜ばれた、慧能は維摩を引いて不動主義の坐禪を痛擊する。)

二、「涅槃經」、『定多惠少、增長無明。惠多定少、增長邪見、定惠等者明見佛性。』(「壇」§20.「神」p. 31.)

三、「金剛般若經」、『若心取相、卽著我、人、衆生、壽者。』(「壇」§16.「神」p. 14.)

四、「金剛般若經」、『菩薩摩訶薩、應生淸淨心、不應住色生心、不應住聲香味觸法生心。』(「壇」§21.「神」p. 18.)

五、「維摩經」、『我觀如來、前際不來、後際不去、今則無住。』(「壇」§ 27.「神」p. 46.)

六、「維摩經」、『如自觀身實相、觀佛亦然。』(「壇」§ 27.「神」p. 46.)

七、經、『虛空無中邊、諸佛身亦然。』(「壇」§ 32.「神」p. 35.)

八、「法華經」、『卽同如來知見廣大深遠、心無邊際、同佛廣大、心限量同深遠、更無差別。』(「壇」§ 21.「神」p. 36.)

九、經、『諸法無來去、法性遍一切處、故法無去來。』(「壇」§ 36.「神」p. 43. には經云、菩提無去來今とあり。)

一〇、「勝天王般若經」、『大王卽是如實、大王不變異。世尊、云何不變異。大王、所謂如如。世尊、云何如如。大王、此可智知、非言說能、離相無相、遠離思量、過覺觀境。是爲菩薩了達甚深法。』(「壇」§ 28.「神」p. 51.)

同一の引文が此く多數に「神會錄」と「壇語」によりて使はれて居るところを見ると、どうしても、兩者の間に述作者の同一と云ふことを考へなくてはならぬ。

九

一切の衆生は本來涅槃に入つて居るので、此上工夫をして涅槃に入る必要がないこと、無漏の智性は本自具足のもので何等作意を用ゐるに及ばぬこと、これは何れも大乘の定說であるが、そんなら今衆生は現に生死に流浪して、解脫を得ぬのは何故かと云ふに、それは煩惱に覆はれて居るからだ。これも一般に禪者の敎ゆる所であるが、そんならどうしたら好いかと云ふに、それには善知識の指導が必要であると。「壇語」はさう敎へる(§ 14.)。神會(pp. 28—9)も亦然りである。

善知識に教へられて發心することになる。これが發菩提心と云はれて、「般若經」などには最も大切なことゝせられて居る。「壇語」もこれを以て佛法成就の正因正縁として頗る重きを置いて居る。曰く

是故敬禮初發心、初發心爲天人師、勝出聲聞及縁覺、如是發心過三界、是故得名最無上。(§ 37)

答、大乘言下悟道、初發心時、便登佛地、無去來今、畢竟解脫。(胡適、「神會遺集」p. 151)

神會又曰ふ、『但遇眞正善知識、一念相應、便成正覺、豈不是出世不可思議事、又經云、衆生見性成佛道、龍女須臾頓發菩提心、便成正覺』と。(鈴、公、校「神會録」第二五頁)

併し分別事實の上では、此の如きは上根機の衆生で始めて可能なことである。中下の根機に至りては必ず如聾如啞でなくとも、領解は中々容易ならぬ。「壇語」に曰ふ(§ 38)

『佛在日、亦有上中下衆生、投佛出家、過去諸佛說法、皆對八部衆說、不私說、不偷說、譬如日午時無處不照、如龍王降雨、平等無二、一切草木、隨類受潤、諸佛說法、亦復如是、皆平等心說、無分別心說、上中下衆、各自領解、經云、佛以一章演說法、衆生隨[機]各得解。』

「壇經」(p. 26)の意も亦同じ、曰はく、『此是最上乘法、爲大智上根人說、少根智人、若聞法心不生信、何以故、譬如大龍若下大雨、雨於閻浮提、城邑聚落、悉皆漂流、如漂草葉、若下大雨雨於大海、不增不減、若大乘者、聞說金剛經心開悟解、……少根之人聞說此頓教、猶如大地草木根性自小者、若被大雨一沃、悉皆

自倒、不能增長。』

一〇

此で結論に云はく、「壇語」の一巻子は慧能の「壇經」と、その内容において、思想一般の傾向において、酷似して居る、その接近の度は極めて近い。『六代祖師、以心傳心』の句より見て慧能その人の所述とは云へぬが、その直弟子、神會のものであると云ふことは可能である。同じく燉煌出土の「神會錄」(胡適本及び石井本)と如上對照の跡を點檢すれば、讀者は必ず予と同意見を有するに至るものと信ずる。禪思想史の研究に此新資料の發見せられたるは喜ばしい事である。

(本篇中引用の書は、

胡適校、燉煌唐寫本、「神會和尚遺集」、上海、亞東圖書館發行、昭和五年版。

金九經校、燉煌本、「歷代法寶記」、滿洲奉天、校訂者發行、昭和八年版。

鈴木大拙・公田連太郎校、燉煌本、「神會錄」及び「六祖壇經」、東京、森江書店發行、昭和九年版

鈴木大拙校、燉煌本、「少室逸書」、京都、鈴木發行、昭和十年版。)

和尚頓教解脱禪門直了性壇語（原本直作眞。）

〔一〕 無上菩提法。諸佛深歎不思議。知識既今能來各各發無上菩提心。諸佛菩薩。眞正善知識。極甚難遇。昔未曾聞。今日得聞。昔未得遇。今日得遇。佛告迦葉。從兜率天。放一顆芥子投閻浮提一針鋒。是爲難不。迦葉菩薩言。甚難世尊。佛告迦葉。此未爲難。正因正緣得相値遇。此是爲難。

〔二〕 云何正因正緣。知識發無上菩提心。是正因。諸佛菩薩。眞正善知識。心得究解脱。是正緣。得相値遇。爲善知識。

〔三〕 是凡夫口有無量惡念。（口上恐脱心字。）久輪轉生死。不得解脱。口自發菩提心。爲知識懺悔。各各禮佛。敬禮過去際一切佛。敬禮未來際一切諸佛。（原本諸作識）敬禮現在際一切諸佛。敬禮般若尊法修多羅藏。敬禮諸大菩薩一切賢聖僧。各各至心懺悔。（原本至作志。）

〔四〕 今知識三業清淨。過去未來及現在。身口意業四重罪。我今至心盡懺悔。願罪消滅永不起。過去未來及現在。身口意業七逆罪。我今至心盡懺悔。願罪消滅永不起。過去未來及現在。身口意業五逆罪。我今至心盡懺悔。願罪消滅永不起。過去未來及現在。身口意業十惡罪。我今至心盡懺悔。願罪消滅永不起。過去未來及現在。身口意業鄣重罪。我今至心盡懺悔。願罪消滅永不起。

〔五〕現在知識等。今者已能來此道場。各各發無上菩提心。求無[上]菩提法。若求無上菩提。須信佛語。依佛教。

〔六〕佛道沒語。經云。諸惡莫作。諸善奉行。自淨其意。是諸佛教。過去一切諸佛。皆作是說。諸惡莫作是戒。諸善奉行是惠。自淨其意是定。知識要須三學。始名佛教。何者三學等。戒定惠是。妄心不起名爲戒。無妄心名定。知心無妄名惠。是名三學等。

〔七〕各須護持齋戒。若不能齋戒。一切善法。終不能生。（原本終作修）若不求無上菩提。（不字疑衍）要須護持齋戒。乃可得入。若不持齋戒。疥癩野干之身。尚自不得。豈獲如來功德法身。知識。學無上菩提。不淨三業。不持齋戒。言其得者。無有是處。（原本無作得）

〔八〕要藉有作戒有作惠顯無作惠。定則不然。若修有作定。則是人天因果。不與無上菩提相應。（原本缺菩字）

〔九〕知識。久流浪生死。經恆沙大劫。不解脫者。（原本經作遇）爲不曾發無上菩提心。卽不値遇諸佛菩薩眞正善知識。縱値遇諸佛菩薩眞正善知識。又復不能發無上菩提心。流轉生死。經無量恆沙大劫。不解脫者。總緣此。

〔一〇〕又縱發心者。只發二種家人天心。人天福盡。不免還墮。諸佛出世。如恆河沙。諸大菩薩出世。如恆河沙。一一諸佛菩薩善知識出度人。皆如恆河沙。諸佛菩薩善知識。（原本無善字）何不値遇。今流浪生死。不得解脫。良爲與過去諸佛菩薩眞正善知識。無一念無上菩提緣。來或有知識。不了無上菩提法。儻將二家

聲聞及人天法。教知識。喩如穢食置於寶器。知識。發無上菩提心是寶器。何者是穢食。二家人天法是穢
食。雖獲少善生天。天福若盡。還同今日凡夫。

〔一一〕 知識。今發心學波羅密相應之法。超(原本超作起)過聲聞緣覺等。同釋迦牟尼佛授彌勒記。亦更無別。如
二家人。執定經歷劫數。如須陁洹在定八萬劫。斯陁含在定六萬劫。阿那含在定十千劫。何以故。住此
定中劫數滿足。菩薩訶薩方乃投機說法。然始發菩提心。同今日知識發菩提心不別。

〔一二〕 當二家在定時。縱爲說無上菩提法。終不肯領受。經云。天女語舍利弗云。凡夫有返覆。而聲聞
無也。己來登此壇場學修般若波羅密時。願知識各各心口發無上菩提心。不離坐下。信中道第一義
諦。

〔一三〕 夫求解脫者。離身意識。五法。三自性。八識。二無我。離內見外見。亦不於三界現身意。是爲宴
坐。如此坐者。佛卽印可。六代祖師以心傳心。離文字。故從相承。復如是。

〔一四〕 知識。一一身具有佛性。善知識不將佛菩提法與仁者(原本仁作人)。亦不爲仁者安心(原本仁作人)。何以故。涅
槃經云。早已授仁者記(原本仁作人)。一切衆生。本來涅槃無漏智性。本自具足。何爲不見。今流浪生死。不得解
脫。爲被煩惱覆故。不能見。要因善知識指授。方乃得見故。卽離流浪生死。使得解脫。

〔一五〕 知識。永前所有學處。且除卻莫看。知識。學禪已來。經五十年者。廿年者。今聞深生驚怪。所言
除者。但除妄心。不除其法。若是正法。十方諸佛未除不得說。今善知識能除得。猶如人於虛空中行住

坐臥不離虛空。無上菩提法。亦復如是。不可除得。一切施爲運用。皆不離法界。經云。但除其病。不除其法。

〔一六〕 知識諦聽。爲說妄心。何者是妄心。仁者等。(原本仁作人)今既來此間。貪愛財色男女等。及念園林屋宅。此是麁妄。應無此心。爲有細妄心。聞說菩提。心取菩提。聞說涅槃。起心取涅槃。聞說空起心取空。聞說淨起心取淨。聞說定起心取定。此皆妄心。亦是法縛。亦是法見。心若作此心用心。不得解脫。非本自寂靜。心作住涅槃。被涅槃縛。住空被空縛。住定被定縛。作此用心。皆鄣菩提道。般若經云。(原本般作槃)若心取相。卽著我人衆生壽者。離一切諸相。卽名諸佛。離其法相。(原本相作想) 維摩經云。何爲病本。爲有攀緣。云何斷攀緣。以無所得故。則無病本。學道若不識細妄。(原本學作覺)

〔一七〕 知識。各用心諦聽。聊簡自本清淨心。聞說菩提。不作意取菩提。聞說涅槃。不作意取涅槃。聞說淨不作意取淨。聞說空不作意取空。聞說定不作意取定。如是用心。卽最靜涅槃。云斷煩惱者。不名涅槃。煩惱不生。乃名涅槃。譬如鳥飛於虛空。若住於空。必有墮落之患。(原本落作洛) 如學道人。修無住心。心住於法。卽是住著。不得解脫。經云。更無餘病。唯有空病。空病亦空。又復經云。常求無念實相智惠。若以法界證法界者。卽是增上慢人。

〔一八〕 知識。一切善惡。總莫意量。不得凝心住。亦不得將心直視心。墮直視住。不中用。不得睡眼向不。便墮睡眼住。不中用。不待作意攝心。亦不得遠看近看。(原本得作復)皆不中用。經云。不觀是菩提。無憶念故。卽是自性空寂。

〔一九〕 問。心有非。不。答。無。 問。心有去來處。不。答。無。 問。心有靑黃赤白。不。答。無 問。心有住不。答。心無住處。 問。和尚言。心卽無住。知心無住。不。答。知。 問。知不知。答。今推到無住處立知。

〔二〇〕 作沒無住。是寂靜體。卽名定。體上有自然知。能知本寂靜體。名爲惠。此是定惠等。經云。寂上起照。此義如是。無住心不離知。知不離無心。卽無住。更無餘知。涅槃經云。定多惠少。增長無明。惠多定少。增長耶見。定惠等者。明見佛性。今推心到無住處便立知。知心空寂。卽是用處。

〔二一〕 法華經云。卽同如來。知見廣大深遠。心無邊際。同佛廣大。心無限量。同深遠更無差別者。諸菩薩行深般若波羅密多。佛推諸菩薩病處如何。般若經云。菩薩摩訶薩。應生淸淨心。不應住色生心。不應住聲香味觸法生心。應此並用無所住者。今推知識無住心。[如]是而生其心。

〔二二〕 知心無住。是本體空寂。從空寂體上起知。善分別世間靑黃赤白。是惠。不隨分別起[心]。是定。只疑如心入定墮無記空。(原本墮作隨。記作既。)出定已後起心分別一切世間。有喚此爲妄心。此則惠時則無定。定時則無惠。如是解者。皆不離煩惱。住看淨。起心外照。攝心內證。非解脫心。亦是法縛心。不中用。

〔二三〕 涅槃經云。佛告琉璃光佛。(下佛字恐衍。)善男子。汝莫作入甚深。何以故。令大衆鈍故。若入定一切諸波羅密不知。(原本密作客。)故但自知木體寂靜。空無所有。亦無住著。等同虛空。無處不遍。卽是諸佛眞如是無念之體。以是義故。立無念爲宗。若無念者。雖具見聞覺知。而常空寂。卽戒定惠學。一時齊等。萬行俱備。卽同如來。知見廣大深遠。云何深遠。以不見性故言深遠。若了見性。卽無深遠。

〔二四〕各各至心。令知識得頓悟解脫。若眼見色。善分別一切色。不隨分別起[心]。色中得自在。色中得解脫。色塵三昧足。耳聞聲。善分別一切聲。不隨分別起[心]。聲中得自在。（原本重聲中得自在五字。）聲中得解脫。聲塵三昧足。鼻聞香。善分別一切香。不隨分別起[心]。心香中得自在。香中得解脫。香塵三昧足。舌嘗味。（原本味下衍不隨二字。）善能分別種種味。不隨分別起[心]。味中得自在。味中得解脫。味塵三昧足。身覺種種觸。善能分別觸。不隨分別起[心]。觸中得解脫。觸中得自在。（原本無得字。）觸中三昧足。意分別一切法。不隨分別起[心]。法中得自在。法中得解脫。法塵三昧足。如是諸根善分別是本惠。不隨分別起[心]是本定。

〔二五〕經中不捨道法。而現凡夫事。種種運爲世間。不於事上生念。是定惠雙修。不相去離。定不異惠。惠不異定。如世間燈光不相去離。定不異惠。惠不異定。如世間燈光不相去離。卽燈之時光家體。卽光之時燈家用。卽光之時不異燈。卽燈之時不異光。卽光之時不離燈。卽燈之時不離光。卽光之時卽是燈。卽燈之時卽是光。定惠亦然。卽定[之]時是惠體。卽惠之時是定用。卽惠之時不異定。卽定之時不異惠。卽惠之時卽是定。卽定之時卽是惠。卽惠之時無有惠。卽定之時無有定。此卽定惠雙修。不相去離。後二句者。是維摩詰默然直入不二法門處。（原本直入作入直。）

〔二六〕爲知識聊簡煩惱卽菩提義。擧虛空爲喩。（原本虛作處。）如虛空本無動靜。明來是明家空。暗來是暗家空。[明][空]不異暗空。明暗自來去。虛空本無動靜。煩惱與菩提。其義亦然。迷悟雖別有殊。菩提性元不異。

〔二七〕 經云。如自觀身實相。觀佛亦然。知心無住。是觀過去諸佛心亦同。知識。今日無住心無別。經云。我觀如來。前際不來。後際不去。今則無住。

〔二八〕 夫求法者。（未恐當作夫。） 不著佛求。不著法求。不著衆求。何以故。爲衆生心中各自有佛性故。若起心外求者。卽名耶求。勝天王般若經言。大王。卽是如實。大王不變異。世尊。云何不變異。大王。所謂如如。世尊。云何如如。大王。此可智知。非言能說。（原本能說作說能。） 離相無相。遠離思量。過覺觀境。是爲菩薩甚深法。卽同佛知見。

〔二九〕 知識。自身中有佛性。未能了了見。何以故。喩如此處各各思量家中宅住衣服臥具及一切等物具知有。更不生疑。此名爲知。不名爲見。若行致宅中。具知上說之物。卽名爲見。不名爲知。

〔三〇〕 今所覺者。具依他說。知身中有佛性。未能了了見。但不作意。心無有起。是眞無念。畢竟不離知。知不離見。一切衆生。本來無相。今言相者。並是妄心。心若無相。卽是佛心。若作心不起是識定。亦名法見。心自性定。

〔三一〕 馬鳴云。若有衆生觀無念者。則爲佛智。故今所說般若波羅密。從生滅門。頓入眞如門。更無前照後照遠看近看。都無此心。乃至七地以前菩薩。都總驀過。唯指佛心。卽心是佛。經云。當如法說。口說菩薩。心無住處。口說涅槃。心說寂滅。（說字可疑。） 口說解脫。心無繫縛。向來指知識無住心知不知。答知。

〔三二〕 涅槃云。此是第一義空。若三處俱空寂。唯有中道。亦不在其中。中道義因邊立。（原本無中字。） 猶如三指並同。要因兩邊始立。指。若無兩邊。中指亦無。原本亦作上。經云。虛空無中邊。諸佛身亦然。諸解脱法身。亦如虛空無中邊。

〔三三〕 知識。常須作如是解。今將無上道法分付知識。引經。若領此語。六波羅密。恆沙諸佛八萬四千諸三昧門。一時灌入知識身心。維摩經云。菩提不可以身得。不可以心得。寂滅是菩提。滅諸相故。不可以身得。心不在外。不可以心得。不在內。寂滅是菩提。中間無處所。滅諸相故。一切妄念不生。此照體獨立。神無方所。知識。當如是用。

〔三四〕 上根上智人。見說般若波羅密。便能領受。如說修行。如中根人。雖未得。若懃諮問亦得入。下根人。但至信不退。當來亦能入大家十信位中。

〔三五〕 只如學道人撥妄取靜。是恬靜非本身淨。花嚴經云。譬如拭巾有垢。先著灰汁。然用淨水洗之。此雖得淨。未名爲淨。何以故。此淨爲因垢得淨。猶故不淨。維摩經云。非垢行非淨行。是菩薩行。

〔三六〕 知識。非用心時。若有妄起。思憶遠近。不須攝來。何以故。去心既是病。攝來還是病。去來皆是病。經云。諸法無來去。法性遍一切處。故法無去來。若有妄起。卽覺。覺滅卽是本性無住心。有無雙遣。境智俱亡。俱莫作意。卽自性菩提。若微細心卽用不著。本體空寂。無有一物可得。是名阿耨菩提。無維摩經云。從無住本立一切法。涅槃光戒光。亦復如是。

〔三七〕 自性空寂。無有形相。發心畢竟亦不別。如是二心先心難。自未得度先度他。是故敬禮初發心。

以爲天人師。勝出聲聞皮緣覺。如是發心過三界。是故得名最無上。

〔三八〕 諸家借間隱而不說。我於此門都不如是。多人少人。並皆普說。若於師處受得禪法。所學各自平章。唯通其心。若心得通。一切經論義無不通者。佛在日。亦有上中下衆生投佛出家。過去諸佛說法。皆對八部衆說。不私說。不偷說。譬如日午時無處不照。如龍王降雨平等無二。一切草木。隨類受潤。諸佛說法。亦復如是。皆平等心說。無分別心說上中下衆。各自領解。經云。佛以一音演說法。衆生隨類各得解。

〔三九〕 知識。若學般若波羅密。須廣讀大乘經典。見諸教禪者。不許頓語。要須隨方便始悟。此是大下品之見。明鏡可以監容。(原本容作客。) 大家經可以正心。第一莫疑。依佛語。當淨三業。方能入得。大家此頓門一依如來說修行。必不相悟。勤作功夫。有疑來相問。好去。

敦煌出土『達摩和尚絶観論』につきて

鈴木大拙（1870—1966）

《佛教研究》1-1，1937

敦煌出土『達摩和尚絶観論』につきて

鈴　木　大　拙

敦煌出土本の中に禪宗に關したものが可なり存在する事實は今や衆知のことである。が、何れもまだ研究されて居ない。僅かに胡適氏の『神會集』と拙著の『少室逸書』解説及び附錄位のものだと信ずる。禪宗の初祖と見られる達摩の遺文につきては、是から續々學者が出て來て、研究の筆を進められんことを冀ふ。

達摩自身は固より何も著述して居なかつたらうが、彼の所述を、その弟子達が書き覺に殘したものは、可なりあつたと考へてよい。道宣の頃にはまだ澤山あつたことは、彼の著述『唐高僧傳』を見てもわかる。又『楞伽師資記』でもわかる。殊に『傳法寳紀』には左の記事がある。

『今人間或有二文字一、稱二達摩論一者、蓋是當時學人、隨二自得語一以爲二眞論一書而寳レ之、亦多謬也、若夫超悟相承者、既得二之於心一、則無レ所レ容レ聲矣、何言語文字措二其間一哉』云々

『自得語』の意義尚明白を欠くが、かういふ意味に見てもよからうかと思ふ。卽ち師匠の達摩の說教なり、問答なりを聞いたものが、各々その所得によりて、師の意見と解したものを書きつけたと、かういふ風に見てよからう。『多く謬れり』と云ふのは『傳法寳紀』の述者から見た意見である。其次に『超悟相承』と云ひ『既得二之於心一』など云ふところから察すれば、『自得語』の文字に囚はれて心にそれを解することの出來ぬものを、『多く謬れり』として、排斥したのであらう。

それから撰者の杜朏字方明と云ふのは、『六祖』慧能系の人でなく、五祖『弘忍—法如—神秀下』である。神秀を弘忍から直傳しないで、その間に法如を介在させるのは、一般の傳へ方でないが、杜朏はさう記して居る。何れにしても、彼は神秀の會下に集まつたものの一人であらう。さうすると自然、慧能・神會系に反對するものと見てよい。所謂『達摩論』即ち達摩の所述として傳へられて居た諸種の文獻は多く慧能系に保存せられ、或は祖述せられて居て、杜朏はそれで反對したと考へられぬこともない。『楞伽師資記』の淨覺も神秀系であるので、三巻の『僞造』せられた『達摩論』のあることを云ふ。此『僞造』も黨派的意味を持つかも知れない。もつと譯山の資料がないと『達摩論』の眞僞論は中々結着がつかぬ。が、とに角、達摩所述のもの、即ちその弟子が自分自分に記して覺えておいたものが、唐代に可なりあつたと見える。道宣の頃、慧能・神秀の頃、杜朏・淨覺・僧懐生・法成（後の二人のことは次ぎに述べる）の頃——即ち唐の中葉、西歴第八・九世紀に渉りて、可なりあつたものと見える。

敦煌出土本の中で、明かに達摩所述として傳つて居たものが少なくとも二部ある（もう一つあることは次にしるす）。一を『釋菩提達磨製』の『無心論一巻』と云ひ、一を『達摩和尚絶對論一巻』と云ふ。第一は大藏博物館所藏でS五六一九號、第二は巴里國立圖書館所藏で二八八五號である。第二は二八八五號の外にまだ二部ある、二七三二號と二〇七九號、是れ。

『無心論』と『絶觀論』が、傳へらるる如く、達摩所述かと云ふことを決するには、色々研究せねばなるまいが眞僞は、畢竟するに何れとも決しられぬと考へる。自分にも自分の說があるが、それも『說』以上に出ないとして可い。併し兩論を比較して見ると面白い。

『無心論』は三千餘字、『絶觀論』は五千字位か。第一に構造の上から云ふと、兩者何れも一問一答、對話篇である。初めの書き出しが、眞理は元來が言語文字以上のものであると云ふのである。それで、まづ二人を假りに立てて、問答をさせて、眞義をその中に發揚しやうと云ふのだ。『無心論』では、一人が弟子で、一人が和尚である。『絶觀論』では緣門と入理と云ふが、其實は弟子と和尚と云つても更に差支ない。ところが、此固有名詞の選び方が面白と思ふ。達摩『二入四行論』と云ふのがある、二入とは理入と行入である。この理入から先生入理が出で、行入が弟子緣門となつたものに相違ない。此に『絶對論』の述者を髣髴させて居る。

兩論の内容を見ると、同一であると云つてもよい。どつちか一を通讀すると、他の一は自ら示唆せられる。内容の主なるものは、『心』である、それが『心無心』なのである。それと『見聞覺知』との關係が問題になる。つまり無と有との問題である。對立を表はす文字は樣々であるが、根本の對立は變らぬ。此對立を解消させぬと安心が出來ぬので、問答往復大につとめる。弟子も和尚も、緣門も入理も、大童になつて一所懸命である。ところが遂に『忽然大悟』するところがあつて、『無心論』では『心外に物なく、物外に心なし』と云ふことに落付く。『絶對觀』では、『寂然無レ音』の後、『豁然大悟』するところがあつて、緣門は高聲に歎じて曰ふ、『善哉善哉、如二先生一無語而語、我實無聞而聞、聞說一合、而寂實無語』と。根本の對立は此の如くにして解消する。

『無心論』は解消の端的を天鼓に譬へる。曰く、

『譬如二天鼓一、雖レ伏、無心自然出二種種妙法、敎化衆生一。又如二如意寶珠一、雖二復無心一、自然能作二種種變現一』

云々。

『絶觀論』の譬喩に至りては、頗る猛烈なものがあり、天鼓、如意珠の如き詩的な上品なものでなく、如何にも

現實性を帶びて、白刃を以て人に逼るが如きものがある。左の問答を見よ。

『又問曰、忽有二因緣一、得レ煞レ生、不、答曰、野火燒レ山、猛風折レ樹、崩崖壓レ獸、汎水漂レ蟲。心同如レ此、合二人亦併償得一。若有二猶豫一、見レ生見レ煞、中有二心不レ盡者一、乃至、煞二蟻子一、亦結二干會業一。』

これに匹敵すべきは神會（錄、二十七頁）の宣言であらう。達摩以來禪者の立場は、抽象的概念論ではなく、日常經驗そのものの上にあつたことを思ひ合させられる。後來一棒一喝の禪機が闘はされるやうになる所以の心理も、その淵源實に遠きに在りと云ふべきだ。

『若其決二心證一者、臨二於三軍際一、白刃相向下、逢二刀解一レ身、日見二無念一、堅如二金剛一、毫微不レ動。縱使恒沙佛來、亦無二一念喜心一、縱見二恒沙衆生一時俱滅一、亦不レ起二一念悲心一者、此是大丈夫得二空平等心一。』

（今思ひ出すが、達摩の銘のついた敦煌本に前述の二論の外に『觀門』と云ふのがある。これは極めて短いもの。『絕觀論』だけは、まだ大正藏經に揭げられて居ない。）

『無神論』及び『絕觀論』の內容を詳しく詮索し、もしこれが達摩の所見を披瀝したものだとすると、その後の禪意識及び禪思想の發展にどんな影響を及ぼしたかなどに說き進むことは、興味ある企だ。が、今回は『絕觀論』の本文を紹介するに止める。

『絕觀論』の又の名は『菩薩心境相融一合論』である。又、『入理緣門論』でもある。巴里國立圖書館に三部ある。復寫が面白く行かなかつたので、今、日本で檢すると、讀めぬところが多いのもある。一番完全なのが法成の寫したとの奧書がある『絕觀論』である。これを底本として他二部と校合したものが、次の本文である。煩を省くため、今一一異同を指示せぬ、これは他日別刊の時に讓る。二七三二號の『入理緣門論』には、貞元甲戌の年號があり、甘州大寧寺で落藩僧懷生により校訂せられた旨が朱書せられてある。貞元甲戌は西曆七百九十四年、沙門寶珍が神會錄を校勘した年に後れること二年、それから法成の『辛巳年三月六日寫記』を唐德宗、貞元十七年即ち西曆八百一年とすると、八世紀の末頃には、禪錄が敦煌附近で頻りに書寫せりれたと考ふべきであらう。神會などの獅子吼が此邊までも響き渡つたのである。

先年北平國立圖書館で敦煌本を檢索し、そのとき『觀行法無名上士集』と云ふのを見た。それが此の『絕觀論』であると云ふことを知らなかつた。『少室逸書』には神會系のものと見ておいた。無名も八世紀の末葉の人らしいから、『觀行法』と云ふ名で、其頃傳はつて居た『傳達摩』の問答を集めたものであらう。今此集錄を「絕對論」と比較して見ると、いくらかの書志學的發見もある。その一は、無名上士集のものと、『絕觀論』とは同一の底本から寫されたものでない。無名集には後者に見える問答が見當らぬ。また同じ問答でも文字の並べ方が違ふ、その意を取つて文學に拘泥せぬ跡がある。これで見ると、達摩の弟子——もし此本を達摩のものとすると、——彼等の間には一種類以上の寫本が流布して居たと考へたい。一ゝの例證はまた他日に讓る。左に本文を揭ぐることを急ぐ。

註

1、大正大藏經、第八十五卷、古逸部に敦煌出土の禪書數部を收む。胡適が校訂、解說し、尙此外に史的觀察を記した本に『神會和尙遺集』一卷がある。西曆千九百三十一年の刊行。鈴木貞太郎・公田連太郎兩人の校訂して出版したものに『荷澤神會禪師語錄』一卷あり、昭和九年の出版。これは敦煌本の『六祖壇經』と興聖寺本の『六祖壇經』と、同一帙中に收藏す。『小室逸書、解說』及附錄論文と云ふのが、鈴木大拙によりて昨年刊行せらる。以上の諸書は、此に揭ぐる『絕觀論』及び拙稿を、十分に了解するに必要である。尙此外に滿洲在留の金九經によりて校訂出版せられた敦煌本がある。『楞伽師資記、』『歷代法寶記、』『觀心論、頓悟眞宗論』の四部三冊である。

2、傳敎大師將來、越州錄の中に『絕觀論一卷』あり。大師は貞元二十年に入唐、丁度僧懷生、法成、寶珍（神會錄箪寫者）などと同時代。神會寂後間もない。無名も尚生存したであらう。傳敎大師の『絶觀論』は此に掲載のものと同本なるべし。

達𡖊和尚絶觀論一卷

（1）□□□□□□〔六(?)字缺〕寂莫、不レ可三以レ心會一、不レ可三以レ言詮一、今直假立三二人一、共談□□□□□□□□〔八(?)字缺〕門、於是入理先生寂先二言說一、時乃緣門忽起□□□□〔四(?)字缺〕先曰、云何名レ心、云何安心。入理答曰、汝不レ須レ立レ心、亦不レ須二强安一、可□□□〔三(?)字缺〕。

（2）又問曰、若有レ心、云何學レ道。答曰、非レ心、念何在二於心一。

（3）又問曰、若非レ心、念當二何念一。答曰、有レ念卽有レ心、有レ心卽乖レ道、無念卽無心、無心卽眞道。

（4）又問曰、一切衆生實有レ心、不。答曰、若一切衆生實（無）?心者、卽無二顚倒一、只爲下於二無心中一而立上レ心故、乃生二妄想一。

（5）又問曰、無レ心有二何物一。答曰、無レ心無レ物、無レ物卽天眞、天眞卽大道。

（6）又問曰、衆生妄想、云何可レ滅。答曰、若見二妄想及可レ滅者一、皆不レ離二妄想一。

（7）又問曰、不レ道者合二道理一、不。答曰、若言二合與二不合一、亦不レ離二妄想一。

（8）又問、若爲時是。答曰、一不レ爲時是。

（9）於レ是緣門復起問曰、夫言二聖人一者、當斯何法、當下得二何法一而云上レ聖也。答曰、一法不レ斷、法不レ得此謂二聖人一。

(10)又問曰、若不レ斷不レ得者、與レ凡何異。答曰、不レ同、何以故、一切凡夫妄有レ所レ斷、妄有レ所レ得故。

(11)又問曰、今言レ凡有二所得一、聖無二所得一、然得與二不得一有二何異一。答曰、凡有二所得一卽有二虛妄一、無二所得一無二虛妄一、有二虛妄一者卽有三同與二不同一、無二虛妄一者卽無三異與二非異一。

(12)又問曰、若無レ異者聖名何云。答曰、凡之與レ聖二俱是名、名中無レ二卽無二差別一、如レ說二龜毛兎角一也。

(13)又問曰、若聖人同二龜毛一者、卽應二是畢竟無一、令三人學二何物一。答曰、我說二龜毛無一、不レ說二龜無一、汝何以誤二此難一。

(14)又問、無レ毛喩レ何也。答曰、龜喩二於道一、毛喩二於我一、故聖人無レ我而道也俱、彼凡夫而有レ我有レ名者、如下橫執上有二龜毛兎角一也。

(15)又問曰、者如レ此者、道應二是有一、我應二是無一、若是有無、豈非二有無之見一。答曰、道非二是有一、我非二是無一、何以故、龜非二先無今有一故、不レ可レ言レ有、毛非二先有今無一故、不レ可レ言レ無、道之與レ我、群類可レ知。

(16)又問曰、夫道者〔爲〕三一人得一レ之、爲二衆人得一レ之、爲二各有一レ之、爲二惣共有一レ之、爲二本來有一レ之、爲二脩成有一レ之。答曰、皆不レ如二汝所說一、何以故、若一人得者、道卽不レ遍、若有二衆人得一者、道卽有レ窮、若各得者、道卽有レ數、若惣共有者、方便卽空、若本來有者、萬行虛設、若脩成得者、造作非レ眞。

(17)又問曰、究竟云何。答曰、離二一切限量分別一。

(18)於レ是緣門復起問曰、凡夫有レ身、亦有二見聞覺知一、聖人有レ身、亦有二見聞覺知一、中有二何異一也。答曰、凡夫眼〔見〕、耳聞、身覺、意知、聖人卽不レ〔爾〕、見非二眼見一、乃至意知一、何以故、過二限量一故。

(19)又問曰、何故經中復說聖人無見聞覺知者、何也。答曰、聖人無凡夫見聞覺知、非無聖境、聖境界非有無所攝、離分別也。

(20)又問曰、凡夫實有凡境界耶。答曰、實無妄有、本來寂滅、但虛妄計着、生於顚倒。

(21)又問曰、我不解若爲聖見非眼見聖知非意知。答曰、法體難見譬況可知、如彼玄光監物、如照所照、非有能照之眼、又如陰陽候物、似知所知、非有能知之意。

(22)於是緣門復起問曰、道究竟屬誰。答曰、究竟無一所屬、如空無所依、道有所繫屬者、即有遮有開、有主有宰。

(23)又問曰、云何爲道本、云何爲法用。答曰、虛空爲通本、參羅爲法用。

(24)又問曰、於中誰爲造作者。答曰、中實無造作者、法界性自然。

(25)又問曰、可不是衆生業力所爲耶。答曰、夫受業者而爲業繫所纏、自困無由、何暇鑿海墳山委天置地。

(26)又問曰、蓋聞菩薩有意生身、豈有神通之力耶。答曰、凡夫有有漏之業、聖人有無漏之業、彼雖勝劣有殊由、未是自然之道、故經云、種々意生身、我說爲心量。

(27)又問曰、既言空爲道本者、空是佛、不。答曰、如是。

(28)又問曰、若空是道本者、聖人不令衆生念空、而令念佛。答曰、爲愚癡衆生教令念佛、若有道心之士、〔念空亦得〕、即令觀身實相、觀佛亦然、夫言實相者、即是空無相也。

(29)於是緣門復起、問曰、蓋聞、外道亦得五通、菩薩亦得 彼何有異也。入理答曰、不同、何以故、彼外道謂有二能〔我心一故〕、菩薩卽不レ爾、了二達無我一故。

(30)又問曰、自二有始一凡初學入レ理未レ圓、微證眞如一、薄知二妙理一、與二彼外道五通一何者勝也。答曰、先取二入理微證一者、何用三彼迷事二五通一乎。

(31)又問曰、若得二五通一者、交爲二世所一レ尊、交爲二世所一レ重、前知二未然一、却知二過事一、自防二愆犯一、豈不レ勝哉。答曰、不レ然、何以故、一切世間人心多著レ相貪レ緣、事業假僞、亂レ眞、彼雖レ有二勝意之通、善星之辨一、若不レ知二實相之理一者、皆不レ兎レ沒二魂於裂地之患一。

(32)於レ是緣門復起、問曰、道者爲レ獨在於形器之中一耶、亦在二於草木之中一耶。入理答曰、大道無レ所レ不レ遍。

(33)又問曰、若道遍者、何故、煞レ人有レ罪、煞二草木一無レ罪。答曰、夫言レ罪者、皆是就レ法、約レ事非二正道一也、但爲二人不レ達レ理者、妄立二我身一、然卽有レ心、心結二於業一、卽云レ罪也、草木無情、本來合二道理一、無レ我故、煞者不レ計、卽不レ論三罪與二非罪一。夫無我合レ道者、視レ形如二草木一、被レ斫如二樹林一、故文珠執二劒於瞿曇一、鴦掘持二刀於釋氏一、此皆合レ道同證二无生一、了二知幻化虛無一、故卽不レ論三罪與二非罪一。

(34)又問曰、若木亦合レ道者、經中何故、不レ記二草木成佛一、乃偏記レ人也、答曰、非二獨記一レ人、草木亦記、經云、於二一微塵中一、具含二一切法一、又云一切亦一也、一切衆生亦如也、如无レ二无二差別一也。

(35)於レ是緣門復起問曰、如レ是畢竟空理、當二於レ何求當於レ何證一。入理答曰、當下於二一切色中一求上、當下於二自語中一證上。

(36)又問曰、云何色中求レ空、語中求レ證。答曰、空色一合、語證不二。

(37)又問曰、若一切法空者何爲聖通凡擁。答曰、妄動故擁、眞淨故通。

(38)又問曰、旣實空者、何爲受レ熏。若旣受レ熏、豈成レ空也。答曰、夫言レ妄者、不覺不知忽而起、不覺忽而言、其實空中體無レ有二一法而受レ熏者一。

(39)又問曰、若實空者、一切衆生、卽不レ脩レ道、何以故、自然性是故、答曰、一切衆生、若解二空理一者、實不レ假レ脩道、只爲下於二空不空一生中於有惑上。

(40)又問曰、若如レ此者、應レ離レ惑有レ道、云何言一切非(是?)道。答曰、不レ然、非二惑卽是道一、非二離レ惑是道一、何以故、如下人醉時非レ醒醒時非上レ醉然不二離レ醉有一レ醒亦非二醉卽是醒一。

(41)又問曰、若人醒時致レ醉何在。答曰、如二手翻覆一、若手飜時不レ應二更問二覆手何在一。

(42)於レ是緣門復起、問曰、若人不レ達二此理一者、得レ說二化衆生一不。入理答曰、不レ得、何以故、自眼未レ開、焉治二他目一。

(43)又問曰、隨二其智力一方便化レ之、豈不レ得耶。答曰、若達二道理一者、可レ名二智力一、若不レ達二道理一者、名爲二無明力一何以故、助二已煩惱一起レ力故。

(44)又問曰、雖レ不レ能二如レ是化一レ人、不レ能三以レ理導二遼人一、且敎二衆生一、行二十善五戒一、安二處人天一、豈不レ益哉。答曰、至理无レ益、更招二一損一、何以故、自陷陷レ他故、自陷者、所謂自妨二於道一、陷レ他者所謂不レ免レ受二輪二廻六趣一。

(45)又問曰、聖人豈不レ說二五乘有差別一耶。答曰、聖人無心說二差別法一、但彼衆生自心怖望現故。經云、若彼心滅盡、無二乘及乘者一、我說爲二一乘一。

(46)於レ此緣門復起、問曰、何爲眞學道人、不レ爲二他所一レ知、不レ爲二他所一レ識、何爲也。答曰、如下奇珍非レ爲二貧窮之所一レ識、眞人非上レ群僞之所一レ知。

(47)問曰、世有二僞人一、不レ関二正理一、外現二威儀一專精二事業一、多爲二男女所一親近一者何也。答曰、如下婬女招二羣男一

毙宍來中衆蠅上、此爲二名相之所一レ致。

(48)於レ是緣門復起、問曰、云何菩薩行二於非道一、通二達佛道一。答曰、善惡無二分別一。

(49)又問曰、何謂二無分別一。答曰、於レ法不レ生レ心。

(50)又問曰、可レ無二作者一乎。答曰、非二有無作者一。

(51)又問曰、可レ不二覺如一乎。答曰、雖レ知無レ我也。

(52)又問曰、無レ我何有レ知。答曰、知亦自無レ性。

(53)又問曰、道二我有一何妨。答曰、知レ名亦不レ妨、只恐無心中有レ事。

(54)又問曰、有レ事有二何妨一。答曰、無妨卽無事、無事問二何妨一。

(55)又問曰、若箇二有事一取二無事一者、又云何名レ行二非道一耶。答曰、其實無事、汝强遣二他生一レ事作二何物一。

(56)又問曰、叵レ有二因緣一得レ煞レ生、不。答曰、野火燒レ山、猛風折レ樹、崩崖壓レ獸、汎水漂レ虫。心同如レ此、

合二人亦併儅得一、若有二猶豫一、見レ生見レ煞、中有二心不一レ盡一者、乃至煞二蟻子一、亦結二干命業一。

(57)又問曰、叵レ有二因緣一得二偷盜一、不。答曰、蜂採二池蓮一、雀銜二庭粟一、牛飡二澤豆一、馬啖二蘭禾一、畢竟不レ作 他物

解一者、合二山岳亦攀取得一、若不レ如レ此者、乃至針鋒縷縱業、亦槃レ儞須レ作二奴婢一。

(58)又問曰、叵レ有二因緣一得レ行レ婬、不。答曰、天覆二於地一、陽合二於陰一、廁承二上漏一、泉澍二於溝一。心同如レ此、一

切無二障礙一、若生二情分別者、乃至、自家婦亦汚二儞心一。

(59)又問曰、叵レ有二因緣一得二妄語一、不。答曰、語而無主、言而無心、聲同二鐘響一、氣類二風音一。心同如レ此、罵レ佛

亦无レ事、若不レ知レ如レ此者、乃至、稱レ佛亦是妄語。

(60)於レ是緣門復起、問曰、若不レ存ニ身見一、云何行住坐臥耶。答曰、但行住坐臥、何須レ立ニ身見一。

(61)又問曰、既不レ存レ心者、得レ思ニ惟義理一不。答曰、若計ニ有心一者、不ニ思惟一亦有心、若了ニ無心一者、設思惟亦無レ妨、何以故、譬如ニ禪師靜坐而興レ慮、猛風亂動而無レ心。

(62)於レ是緣門復起、問曰、若有ニ初學道人一、忽過ニ因緣一、他欲ニ來害一、云何對治、而合レ道乎。答曰、一箇不レ須ニ對治一、何以故、可レ避避レ之、不レ可レ避任レ之、可レ忍忍レ之、不レ可レ忍哭レ之。

(63)又問曰、若哭者與下他有ニ我見一人上何別。答曰、如ニ杵扣一レ鐘、其聲自然出也、何必卽有レ我乎、汝若強死捉レ心、齧レ齒噤レ口忍、此乃存ニ大大我一也。

(64)又問曰、人之哀哭中、有ニ情動一、豈同ニ鐘響一也。答曰、言ニ同與ニ不同一者、但是汝多事、妄想思量、作ニ是問一、若無心分別者、體レ道自然。

(65)又問曰、吾聞、聖人兵不レ傷、苦不レ哭、色不レ受、心不レ動、此何物也。答曰、若了ニ一切法无我一者、聲與ニ不聲一、動與ニ不動一、俱合レ理无ニ妨礙一。

(66)於レ是緣門復起、問曰、我見ニ有學道人一、不ニ多專ニ精持戒一、不レ護ニ威儀一、不ニ勤懃一、不レ化ニ衆生一、騰騰任運者、何意也。答曰、欲レ亡ニ一切分別心一、欲レ滅ニ一切諸有見一、雖レ似ニ騰騰任運一而內行无レ間。

(67)問曰、此行者乃更生ニ他小兒之見一、云何言ニ能滅一レ見也。答曰、但滅ニ汝見一、何慮ニ他生一、辟如ニ魚脫ニ深淵一、何慮ニ捕者嫌一レ爾。

(68)問曰、若レ此卽益レ己損レ他、何名ニ大士一。答曰、汝見ニ若不生一、彼卽不生、汝今云レ慮ニ他生一者、乃是自生、非ニ他生二也。

(69) 又問曰、內通二大理一、外現二小儀一於レ法何損。答曰、汝今强欲レ要三他大老子作二小兒戲一、於レ理何益。

(70) 問曰、如レ是見二大士一、何人能知。答曰、證者了知、悟者能識。

(71) 問曰、如レ此大士亦能化レ生、不。答曰、何有二日月出不レ照燈擧不一レ明。

(72) 問曰、作二何方便一。答曰、正眞无二方便一。

(73) 問曰、若无二方便一、云何利益。答曰、物來而名、事至而應、无心計校、有二(?)預算之緣一。

(74) 問曰、我聞、如來七日思惟起二乎方便一、云何而言レ无二計校之心一。答曰、諸佛境界非二思量覺觀所一レ知。

(75) 問曰、佛豈妄語耶。答曰、眞實非二虛妄一。

(76) 問曰、云何經說二思惟一、今言レ不二思惟一。答曰、化門方便也。

(77) 問曰、諸佛方便從レ何而生。答、諸佛不生、組從レ(?)心生レ緣、化二萬有一、法本无レ名。

(78) 於レ是緣門復起。問曰、我不レ知、云何名爲レ佛、云何名爲レ道、云何名爲二變化一、云何名爲二常住一。入理答曰、覺二了无物一謂二之佛一、通二彼一切一謂二之道一、法界出生爲二變化一、究竟寂滅爲二常住一。

(79) 問曰、云何名二一切法悉是佛法一。答曰、非レ法非二非法一是一切佛法。

(80) 問曰、何名爲レ法、何名爲二非法一、何名二爲二非非法一。答曰、是法名二是法一、非レ名、非レ法、是非非二所量一、故名二非法非非法一。

(81) 問曰、此說誰證。答曰、此說非レ誰云何言證。

(82) 問曰、无レ誰何說。答曰、无レ誰无レ說卽正說。

(83)問曰、計有二說者一、云何无レ計。答曰、計者但語、語中无レ語、計者亦无。

(84)問曰、若レ此者卽一切衆生本來解脫。答曰、尙无二繫縛者一、何有二解脫人一。

(85)問曰、此法何名。答曰、尙无レ有レ法何況有レ名。

(86)問曰、若レ此說者、我轉々不レ解。答曰、實无二解法一、汝勿レ求レ解。

(87)問曰、云何至二究竟一。答曰、无二始終一。

(88)問曰、可レ无二因果一耶。答曰、无レ本卽无レ未。

(89)問曰、云何說レ證。答曰、眞實无二證說一。

(90)問曰、佛云何知見。答曰、知二一切法如一、見二一切法等一。

(91)問曰、何心之知、何目之見。答曰、无知之知、无見之見。

(92)問曰、誰說二是言一。答曰、如二汝所レ問。

(93)問曰、云何如二我所レ問。答曰、汝身觀レ身、問答亦可レ知。

(94)於レ是緣門再思再審、寂然无レ言。

(95)於レ是入理反問二第子一、汝何以不レ所レ言。緣門答曰、我不レ見下一切法如二微塵許一而可中對說上、

(96)爾時入理先生卽語二緣門一曰、汝今似レ見二眞實理一也。

(67)緣門復問曰、云何似レ見非二正見一乎。入理答曰、汝今所見无レ有二一法一者、如二彼外道一、雖レ學レ隱レ形、而未レ能二滅レ影亡一レ跡。

(98)於レ是緣門問曰、云何形影雙滅。入理答曰、本无二心境一、汝莫レ起二生滅之見一。

(99) 問曰、凡夫所ニ以問一、聖人所ニ以說一。答曰、有レ疑故問、爲レ決故說。

(100) 問曰、吾聞聖人无レ問而自說者、何決也、爲ニ是有ニ法可一レ說耶、爲ニ是玄見ニ他疑一耶。答曰、皆是對レ病施レ藥也。

(101) 問曰、他既未レ言、聖人玄說、其病未レ發、藥治何也。答曰、如ニ天雷聲動一、必有レ所レ應。

(102) 問曰、大聖如來既无レ有レ心ニ出緣一、何現レ世。答曰、夫太平之年、瑞草緣生。

(103) 問曰、如來卽非ニ命盡一云何現レ滅。答曰、飢荒之世、五穀緣滅。

(104) 問曰、吾聞、聖人哀從レ定起、悲ニ化群生一、无礙大通、豈同ニ瑞草生一也。答曰、定謂ニ法身一、報身四大宍身是也、分別削レ境應起、謂ニ化身一、法无ニ因繫一、化无ニ緣留一、出沒虛通、故曰ニ无礙一也。

(105) 問曰、云何言レ悲。答曰、但以化ニ身无レ慮體合ニ眞空一(?)、仁レ物无心、彼强謂ニ之悲一也。

(106) 問曰、衆生何時脩學得レ似ニ如來一。答曰、若不レ了者、於ニ恒沙劫一循レ道轉〻不レ及、若了者、衆生當身卽是如來、何論ニ得似不似一。

(107) 問曰、若如レ說者、如來卽是易レ得、云何言ニ三大劫循一也。答曰、甚非レ易。

(108) 問曰、既道卽身是、云何反說レ難。答曰、起ニ心〻一易、滅ニ心〻一難、有レ作有レ身易、无レ身无レ作難、故知、玄功難レ會、妙理難レ合、不動卽眞、三聖希レ及。

(109) 於レ是緣門長歎、聲滿ニ十方一、寂然无レ音、豁然大悟、玄淨智光、反ニ蕩先疑一、无始是非、因レ玆永息、始知學道奇難、徒興ニ夢慮一、而卽高聲歎曰、善哉善哉、如ニ先生无說而說一、我實无聞而聞、聞說一合、而寂莫无語、不レ知、先生、向來問答、名ニ誰何法一。

(110) 於レ是入理先生、身安不レ動、自槃無レ言、觀ニ視四方一、呵〻卿〻、而謂ニ緣門一曰、夫至理幽微、无レ有ニ文字一、汝向來所レ聞、皆是量起心生、夢謂ニ多端一、覺已旡レ物、汝欲レ流ニ通於世一、寄レ問假レ名、請若收レ蹤、故言ニ絶觀論一。

(111) 問曰、人皆作ニ何方便一得ニ旡生心一。答曰、下中上、修能見ニ自心妄一、知ニ三界如レ幻實空一始可レ得レ兔。

(112) 問曰、一切衆生如レ幻如レ夢、弟子煞レ之有レ罪、不。答曰、若見ニ衆生一、煞レ之得レ罪、不レ見ニ衆生是衆生一、即旡レ可レ煞夢中煞レ人、寤時畢竟旡レ物。

(113) 問曰、云何入レ道答。答曰、心非ニ有無一、何問レ入レ道、欲レ識レ入レ道者、不出入心是也。

(114) 問曰、有レ人飲レ酒食レ宍、行ニ五欲一、作ニ佛法一耶。答曰、心上不レ有、誰作ニ是非一。

(115) 問曰、何名ニ佛法一。答曰、知ニ心法旡一、是佛法。

(116) 問曰、何名ニ旡分別知一。答曰、現識不レ生、覺不レ起是。

(117) 問曰、何名ニ妄想一。答曰、想念心是。

(118) 問曰、云何息ニ妄想一。答曰、知ニ妄不生一旡ニ妄可一レ息、知レ心旡ニ心可一レ息是也。

(119) 問曰、何名ニ如來藏一。答曰、覺ニ知色塵是自心現一想、即不生故、即是如來藏。

(120) 問曰、世人修學得道、不。答曰、脩道實行不レ可レ成、世人皆初時有レ心、久後即慢、故曰、實行者不可說覆(?)道也。又云、兵怯不レ可レ擬レ敵、馬劣不レ能レ代レ步。

(121) 問曰、云何旡想法。答曰、心裏所レ求、證レ旡ニ人我一、說即假名、言即假相、見聞知覺、有ニ何名相一。

(122) 問曰、作ニ何行一、即生ニ死色界一。答曰、此人不レ知ニ方便一、皆是息レ妄見レ心、雖レ得レ久復還發、經云、當來比丘、如ニ犬逐レ塊不レ逐レ人、如ニ師子逐レ人不レ逐レ塊、塊自息、修道之人、若不レ了レ心、亦復如レ是、更增ニ生死一。

(123) 問曰、佛誓度ニ衆生一盡、然後成佛、衆生未レ度佛已成佛。答曰、佛自有レ解、詳如ニ有レ客坐在ニ於闇室一、主人吹レ火意欲ニ元照一客、但火著時、主人先照。菩薩意レ度レ生、然功德具足、在レ前成佛。

(124)問曰、衆生本法云何。答曰、无レ佛无ニ衆生一、不レ見ニ人我相一、卽是本法。譬如下鑛中雖レ有ニ眞金一、若不レ施レ功終不上レ可レ得、用功之者乃獲レ金矣。心亦如レ是、雖レ知ニ本來常寂一、若不ニ觀察一不レ得レ定也、是故勸ニ諸學者一、一切時處恒向レ內照、物得報足捨、若有レ人求レ道、不レ習ニ此法一、千劫萬劫、枉功夫、徒自疲勞、忍ニ辛苦一、究竟不レ免レ墮ニ三塗一。譬如ニ求レ蘓鑽搖不レ致レ力、盡不レ能レ獲、寔由レ愚、智者求レ心不レ求レ佛、了ニ本心源一者、卽无餘、亦如下求レ蘓鑽レ乳濃上、不レ費ニ其功一成レ蘓。

(125)問曰、諸佛聖人、說ニ青黃赤白觀法一何意。答曰、此約ニ衆生一使レ住レ此、是住心法、亦合ニ人識知一、所見皆不實、若爲知、一切物上、或見レ青、或見レ黃、卽一切所見、皆无レ實、如下今人將施ニ光明一作上レ聖、大誤也。

(126)問曰、作觀亦知ニ過去未來一、若爲。答曰、猶ニ心靜知一、縱使知亦是不實。

(127)又問曰、佛得ニ他智一、如ニ過去未來等事一、亦可ニ是不實一。答曰、亦不ニ是實一。經云、菩薩无ニ來去今一、云何見ニ過去未來等事一、說下佛見ニ過去未來一得中他心智上、是(不)了經說。

(128)問曰、如來藏是衆生、云何。答曰、如來藏者爲レ見レ身、是人說レ有ニ如來藏一、若不レ見レ身者、卽不レ說レ有ニ如來藏一。

(129)又問曰、如來藏量、說ニ始有一、若爲。答曰、如下人若見ニ身實一者上、卽說レ有ニ父母所生一、若不ニ自見上レ身、亦不レ得レ論ニ父母一。佛就ニ衆生見上レ實、卽說ニ如來藏一、衆生根本、皆如來藏造業、但造業卽受レ報、說ニ如來藏一者、是不了教說。又知、如來藏是无我之異名、亦是盡レ義也。

達摩和尚絕觀論一卷

辛巳年三月六日寫記僧法成

六祖壇經に關する二三の意見

鈴木大拙（1870—1966）

《大谷學報》19-1，1938

六祖壇經に關する二三の意見

鈴木大拙

（壇經につき少し纏つたものを書きたいと思つて居るが、どうもその餘裕がないので、今はこれに關して二三の鄙見を無秩序に且つ斷片的に述べることにする。）

一、壇經は傳授本なること

流布本の壇經では壇經そのものの本來の意味がわからぬが、敦煌本又は興聖寺本又は「道元書」本になるとそれが讀める。壇經は一時に出來たものでなく、敦煌本になるまでにも、既に多少の變化を經過して居るのである。それは内容をよく檢査するとわかる。『法海集』とあるのは、その全部でなくて、惠能の說教と云ふ部分だけであらうと考へられる。惠能自身の傳記を語るところでは、後代の竄入が頗る多い。それは何れにしても此書は師資間に傳授せられたものであることは、最後の處に、

『此壇經、法海上座集、上座無常付ニ同學道漈一、道漈無常付ニ門人悟眞一、悟眞在ニ嶺南漕溪山法興寺一、見今傳ニ授此法一。（鈴木、公田校訂本、敦煌出土六祖壇經、第五五節。）』

とあるを見て明かである。興本（興聖寺本略稱）及び道本（道元書本略稱）では傳授の順序が少し違ひ、又悟眞の後に圓會なる人を添加して居る。それで此二本は敦本（敦煌出土本略稱）よりも後れて居ると云ふわけに見える。何れにしても、『付囑』と云ふことであれば傳授に外ならぬ。

それから本文中でも、（今は敦本を主として引用するが）第一節に『遞相傳授』とか『稟承』とか云ふことがあり、第三十二節の半ば以後の文句も亦どうも傳授の意をほのめかす如く見ゆ。而して是は惠能自身の言葉であつたかも疑はれる。それから第三十八節には明白に壇經を以て傳授本とする。曰はく。

『若論ニ宗旨一、傳ニ授壇經一、以レ此爲ニ依約一、若不レ得ニ壇經一、卽無ニ稟受一、須レ知ニ去處年月日姓名、遞相付囑一、無ニ壇經稟受一、非ニ南宗弟子一也。』

これに由れば壇經は南宗の弟子の間に傳へられたのである。而して南宗北宗の差違は惠能以後、その弟子達の間に稱へ出されたことであるから、敦本もその頃出來たものであらう。卽ち北秀南能の軋轢――主として何れもの弟子達の間の軋轢がひどくなつたとき、壇經が出來、惠能の傳記も神秀をめあてにして書かれた。壇經傳授もそのときからである。

更に第四十七節を見よ。

『大師言。十弟子。已後傳レ法。遞相敎ニ授一卷壇經一。不レ失ニ本宗一。不レ稟ニ授壇經一。非ニ我宗旨一。如今得了。遞代流

行。得ㇾ遇二壇經一者。如ㇾ見二吾親授一。拾僧得二教授一已。寫二爲壇經一。遞代流行。得者必當二見性一。』

興本、道本何れに在りても傳授の義は明かに跡づけ得られるが、流布本に至りては、僅かに一箇處しか見えず、外は悉く删除せられてある。この一箇處と云ふも一般化して居て、師資授受の樣子は見えぬ。

『法海上座。再拜問曰。和尚入滅之後。衣法當ㇾ付二何人一。師曰。吾於二大梵寺一説法。以至二於今一。抄錄流行。目曰二法寶壇經一。汝等守護。遞相傳授。度二諸羣生一。但依ㇾ此説。是名二正法一。』

壇經が傳授本であつたことは疑ふ餘地がないと思ふが、此傳授は惠能の弟子中でも何んな人々の間に行はれたであらうか。これは研究して面白い問題である。はつきりは固より何とも云へぬが、此法海と云ふ人が何如なる系統に屬して居たか知りたい。

胡適は壇經を神會の作にして仕舞ふのであるが、どうもさう一概に結論出來ぬ。なるほど神會錄とよほど似た文句もあるにはあるが、神會錄も自身の著作でなく、その弟子が書いたものである。其故、神會錄と壇經との關係を説くに當りて此點を考へて見なくてはならぬ。そして壇經は明かに『法海集』とある。もし同じ課題が論ぜられて同じ意見があり、筆法も似て居るので、所與の兩書は同一人の手に出ると云ふなら、神會錄と大珠慧海の「頓悟要門論」とを關係づけることも可能である。胡適の所論は少し早く結論に進んだと見てよからう。

法海と神會の關係が知りたいのである。敦、興、道の各本には、弟子錄中に、南岳懷讓も青原行思もはいつて居ない。これが吾等をして考へしめるのである。南嶽は臨濟宗の先祖、青原は曹洞宗の先祖で、この二人をうつちやるわけに行かぬ。それが壇經にないとすると、壇經は此二派の弟子達の間には、行はれて居なかつたのであらうか。法海編纂の頃には南嶽も青原も大した弟子の中に數へられずに居たものであらうか。馬祖、石頭に至つて、兩人は大に芽を出したわけであるが、その頃には壇經は出來上つて居て、さうしてそれは南嶽、青原の弟子達のうちには行はれて居なかつたものであらうか。惠能の十大弟子は

『法海、志誠、法達、智常、志通、志徹、志道、法珍、法如、神會』

であつて、その中機緣に載せられてあるのは、法海、志誠、法達、智常、神會の五人だけだ。流布本には此外に智通(志通?)、志道此二人が擧げられる。青原行思も南嶽懷讓もあるが、此事は今論ぜぬ。敦本には神會が二度まで出て居るので、殊に重んぜられたかの如く見える。それから胡適の所論も出ると云へる。法海と神會は此點で大分關係の深いものがあつたのか。

惠能歿後、禪界の形勢は北秀派が有力であつたらしい、それに對して神會は敢然と砲門を開き、自ら北上してまでも、北宗と戰を交へた。而して一時は南宗のために頽勢を挽回したらしい。神會は實に南宗の大宗師であつた。併し考へて見ると、北宗は神秀の弟子で固められ、南宗は惠能のすべての弟子を以て出來たとは云へないらしい。惠能の弟子でも必ずしも南宗の旗幟下に集まらず、それかとて固より北宗にも屬せぬ一部の人々があつたと推せられる。その中には南嶽の如き青原の如きもあつたのではないか。つまり南宗には神會とか法海とか云ふ一派が中堅となつて居て、その旗印は壇經であつたのではないか。而して此の南宗神會の會下から後に圭峯・宗密の如き驍將が出て、神會派の『知之一字衆妙之門』主義を宣傳するやうになつたのではなからうか。南嶽の下に馬祖が出るやうになつて、惠能宗の『全體作用』的方面が特に高調せられた。此派を洪州宗と云つて、神會、宗密などの荷澤宗と區別した。法海はまだ

荷澤宗と云ふものの中にはいらないが、荷澤宗は壇經を南宗のものとして取入れたとき、法海もその中に入れて仕舞つたのであらう。つまり『法海集』の壇經を南宗のものとして仕舞つた。その南宗から宗密の頃には荷澤宗が出來上るほどに、禪界の趨勢が進んだものらしい。壇經と南宗、南宗と法海、法海と神會——相互間の關係はこんな工合で出來たものと推定せられぬだらうか。

この關係からして、南嶽派とでも云ふべき『全體作用』を主張するやうになつた洪州宗の方面では、南宗の中心勢力の人々の間でのやうに、必ずしも壇經をそんなに重用しなかつたと見られぬか知らん。壇經の中には神會に關する記事が二度も出て居て、南嶽や青原の記事は一行もない、その名さへも出て居ない。

所謂南宗なるものは、惠能の弟子中でも法海とか神會とか云ふものを主成分子として居て、その人々の間に壇經を傳授本として付囑禀承したのであらう。それが時代を經るに從つて、傳授本の性質がなくなつて、一般化するに到つたとき、壇經は流布本となるべき最初の型をとつたものであらう。そのときは宋初であつて、多分契嵩の刊本、郎簡の序を有するものではなかつたか。興本、道本はそれ以前に屬するものである。契嵩の刊本で、始めて南嶽や青原その外の人々の機緣も蒐集せられ、又神會に關する第二の記事が删除せられ、第一の記事も添加が出來たのであらう。その頃は荷澤宗の力も次第に弱り、洪州宗の『全體作用』派又は『大機大用』派と云ふべきものが、禪宗の正脈として大に興起した時分であつた。宗密は洪州宗の外に石頭派とか青原派とか云ふべきを少しも認めて居ないのは、何れをも洪州宗中に攝したものであらうか。その頃は曹洞宗の先祖として殊に馬祖派から目立つたやうな行動を、青原、石頭の系統に見出さなかつたものか。

荷澤宗の『知』に對抗するものは洪州宗の『作用』であつた。『知』も固より『作用』に過ぎぬのだから必ずしも兩者を分つ要もないが、個人としては自ら何れかに偏することあるを免かれぬ。定慧不二が南宗で唱へられ、而して此點が最も北宗と相異するところなので、「神會錄」などには、このあたりが目につく。見性と云ひ、頓悟と云ふも亦此等に外ならぬ。見と悟と何れも知に屬する。但しこれをその作用するところから見て、馬祖系の禪が成立する、而してそれが黃蘗、臨濟に到りて遺憾なく發揮せらるるやうになつた。何れも惠能が神秀系の『看心』に對して『見性』を主張したところから、支那禪の眞面目が芽ばえたのである。

流布本によると神會に關する第一の記事の終りに左の添加がある。

『一日師告レ衆曰。吾有二一物一。無レ頭無レ尾。無レ名無レ字。無レ背無レ面。諸人還識否。神會出曰。是諸佛之本源。神會之佛性。師曰。向レ汝道二無名無字一。汝便喚作二本源佛性一。汝向去有二把茆蓋レ頭也。只成二箇知解宗徒一。』

始の文句は「別傳」からとつたものであるが、最後の『只成二箇知解宗徒一』の一句は明かに神會派に加へられた痛棒である。神會は必ずしも知解一邊の人ではなかつた。が、流布本の出來上つた頃には、神會派の勢力も衰へ、一方には『全體作用』宗の旺盛を見て居たので、自然こんな記事も附加せられたのであらう。また第二の記事も删除せられたのであらう。第二の記事には幼稚なところもあつて、或る意味では『なくもがな』である。（第二の記事と云ふのは、惠能示寂のとき神會だけが涕を流さなかつたと云ふところを指す。）

何れにしても壇經は南宗の傳授本で、その南宗と云ふのは、惠能の弟子全部を含むものでなく、法海、神會など敦本、興本、道本に列擧してある十名の大弟子などを入れた一部の人々、その外特に北宗の宗旨と見えるものに對して强固な反對意見を有して居た人々を含むものである。惠能の弟子であつても、必ずしも南宗と云ふ名の下に馳せ集らず、自分自らの立場を密々に開拓して居たものもあつたであらう。南嶽、青原などは此密々底に屬したと考へてよい。

二、壇經中惠能傳の成立因緣

壇經は惠能の數次の說法の要旨を書き集めたものに相違なからうが、最初の惠能傳と見るべきものは、南能北秀の意識が強くなつてから殊に書き足され、時を經るに從ひて潤色が加へられたものである。敦本も既にその痕跡を見せて居るが、興本、道本になるとそれが著しくなつて來る。敦本と此二本との間に經過した年月を百五十年から二百年位と見ると、此間にそれぐ\の添加が行はれたのである。

流布本の惠能傳は敦本などの記事に「曹溪別傳」を加味したものであるが、南北對抗の意識は遺憾なく盛られて居る。敦本よりも興本、道本、この二本よりも流布本と、その意識が次第に昂進して居るが、此の昂進の最高度は興本、道本の頃に現はれた。興本、道本の出來上つた頃は恐らくは南北對抗戰の絕頂であつたと見える。法海、神會の一派が盛んに活動して、その弟子等の間に對北の戰爭氣分が橫溢したので、惠能歿後百年間ほどは、左の記事のやうに、神秀を抑下したものと見ゆる。弘忍の弟子は大勢で、その中に優秀なものは神秀、惠能の外にまだ幾人も居たことは、「楞伽師資記」などでもわかる。何も秀と能とだけを選び出して、弘忍の弟子はこれだけであつたかの如くに書き立てる必要はない。惠能の在世中は諸方に弘忍の弟子達も居て化を施したことであつたらうが、その中で惠能と神秀とが次第に頭を上げて來たから、自然にその弟子の間に競爭氣分をかもした。秀と能とはそんなに喧嘩腰にならなかつたと思ふが、此種の喧嘩は大抵かれの弟子とこれの弟子との間に持ち上るものである。左の記事を見よ。

『神秀作レ偈成已。數度欲レ呈。行至二堂前一。心中恍惚。遍身汗流。擬レ呈不レ得。前後經二四日一。一十三度。呈レ偈不レ得。秀乃思惟。不レ如下向二廊下一書著。從中他和尙看見上。忽若道レ好。卽出頂禮云二是秀作一。若道レ不レ堪。枉向二山中一。數年受二人禮拜一。更修二何道一。』（興本第十頁。）

此くまで深刻に神秀の心中を描寫する必要は何にもないのだ。又曰はく。

『神秀思惟。五祖明日見レ偈歡喜。出見二和尙一。卽言二秀作一。若言レ不レ堪。自是我迷。宿業障重。不レ合レ得レ法。聖意難レ測。房中思想。坐臥不レ安。直至二五更一。』（同上第十一頁。）

南北の對抗意識に煽がれて、何でも矢鱈に敵をけなせばよいと云ふ氣分が如何にも見苦しきまでに見える。近代語で云へば抗北宣傳である。如上は何れも興本、道本に在る文句で、敦本にはない。

次に弘忍が神秀の偈に不滿足を生じて、更に一偈を要求したとき、敦本では『秀上座去數日作不レ得』だけであるが、興、道本では更に辛辣な心理描寫をやつて居る。

『心中恍惚、神思不レ安、猶如二夢中一、行坐不レ樂。』

これまで神秀を惡型にしなくてもよさそうに思はれる。

積極的方面では、左掲兩項の記事を比較して見よ。始のは敦本から、次は興本、（道本は興本と同じ、少し文字の差はあれど）。

『五祖言。惠能。自レ古傳レ法。氣如二懸絲一。若住二此間一。有レ人害レ汝。汝卽須二速去一。能得二衣法一。三更發去。五祖自送能於九江驛。登時便悟祖處分。汝去努力將法向南。三年勿弘。此法難起。在後弘化。善誘迷人。若得心開。與吾無別。辭違已了。便發向南。』（第九頁—第十頁。）

この記事が興本に到りて如何に添加せらるるかを見よ、

『五祖言。自古傳法。命似懸絲。若住此間。有人害汝。汝須速去。惠能言。本是南中人。久不知此山路。如何出得江口。五祖言。汝不須憂。吾自送汝。其時領得衣鉢。三更便發南歸。五祖相送。直至九江驛邊。有一隻舡子。五祖令惠能上舡。五祖把艣自搖。惠能言。請和尚坐。弟子合搖艣。五祖言。只合是吾度汝。不可汝却度吾。無有是處。惠能言。弟子迷時。和尚須度。今吾悟矣。過江搖艣。合是弟子度之。度名雖一。用處不同。惠能生在邊方。語又不正。蒙師教旨付法。今已得悟。卽合自性自度。五祖言。如是如是。但依此見。已後佛法大行矣。汝去後一年。吾卽前逝。五祖言。汝今好去。努力向南。五年勿說。佛法難起。已後行化。善誘迷人。若得心開。與吾無別。辭退已了。便發向南。』（第十五頁—第十七頁。）

流布本に至りては此以上の發展がない。つまりその必要がなくなつたのだ。

あまり無理からぬ想像を許すなら、自分はかう言ふ。『惠能傳と見らるべき壇經の始めの部分の細部は全く作り事だ。有名な「本來無一物」の偈も亦神秀のと共に後世の作であらう。大體の事實、卽ち惠能の故貫とか弘忍との相見とか云ふことは、歷史的であつたと見てよい。「金剛經」をきいて悟つたとか、弘忍と神秀との經緯などは、餘程後人の作意に待つものがあるではなからうか。流布本にある如き明上座との問答、衣鉢のとりやり、こんな事にも傳說がよほど織りこまれて居やう。「風幡心動」の話は「別傳」にあるので、事實ならんと推定する。』

尚詳しく是等の想像を裏付ける事情の記述につきては他日を待つ。

三、壇經と金剛經

壇經中の惠能傳に惠能が金剛經をきいて『心便開悟』と云ふことがあり、それから五祖が惠能のために金剛經を說き『應無所住而生其心』に至りて『言下便悟』ると云ふ記事がある。これに依りて見ると、惠能と金剛經との關係が餘程に緊密のやうである。これは果して事實であつたか。少しくこれにつきて愚見を陳べる。

惠能の實傳とも云ふべきは、大體傳教大師將來の所謂る「曹溪大師別傳」なるものに盡きて居ると思ふ。壇經はこれを潤飾したものではなからうか。直ちに「別傳」を材料に使つたものとは見えぬ。「別傳」にあると似たやうな材料を使つたものだらう。「別傳」には金剛經がなくて涅槃經がある。金剛經と思はれるところは、『如來臨ニ般涅槃一、以ニ甚深般若波羅密法一、付ニ囑摩訶迦葉一……吾今欲レ逝法囑ニ於汝一、汝可ニ守護一、無レ令ニ斷絕一』と云ふところに在る。此『甚深般若波羅密法』と云ふのが金剛般若經と關係ありと云へば云へるやうだが、必ずしもさうと限らぬ。壇經では金剛經で一貫した筋の立つた記事が出來て居る、「別傳」とは大にその趣を異にする。金剛經に關するものは、後日此經が八釜しくなつてから、惠能の弟子等によりて加入せられたものではあるまいか。此點では神會の手が大に加はつて居ると云ふ胡適の意見に贊成できる。

惠能と弘忍との問答にどこまで金剛經がはいつて居たかは疑問だ。惠能は弘忍のところへ來る前に金剛經よりも涅槃經の方を知つて居たと考へられる。佛性の有無の問答は明かにこれを證して居る。金剛經を『一聞心明便悟』の惠能ならば佛性の問答をするわけがない。弘忍との出合頭にこれを云ふのは、涅槃經に關して豫備知識を持つて居た惠能だからである。惠能が金剛經につきての知識は弘忍の會下で勉强してからだ。それ故弘忍の付囑には般若に言及し、涅槃經と金剛經との宗旨が合揉するやうになつた。『若知二般若空寂無住一、卽而了二法身一、見二佛性空寂無住一、是眞解脫』と、「別傳」にあるのは、これを證する。弘忍は金剛經を專としたと云ふわけではなからうが、金剛經につきて大に了解があつたのだらう。それで惠能の佛性論をとりて金剛經の般若無住と一致させて敎へた。惠能の弟子は惠能が『定慧等』を說くところ、それから頓悟を稱へたところに警發せられて、禪の宗をその邊に集めた。それで涅槃經は金剛經に一轉して惠能以後、神會の如く說かれるやうになつたと信ずる。『應無所住而生其心』の見解も自然惠能の悟りの上に持つて行かれたのであらう。

壇經の惠能傳は金剛經で一貫するやうで、佛性の問答に涅槃經の悟りを閃めかして、一寸破綻を示して居る。それで傳燈錄では惠能をして弘忍相見以前に金剛經も涅槃經も知つて居ることにしてある。傳燈錄は壇經と「別傳」とを兩方とも取り入れて調和を計つたのであらう。

金剛經は弘忍から惠能時代、卽ち唐初において餘程流行したものと見えて、敦煌出土のものに多部の金剛經があり、またその註疏がある。金剛經は恰好の經文で、長短その宜しきを得、又文字の解し易い點においてもその要を得て居る。一般に流行するには最好のものと云つて可い。弘忍がこれを取り込んで布敎の資料にするのも尤もな次第だ。而して弘忍は實に支那初期の禪宗史において頗る光彩を放つた人である。

『應無所住而生其心』と惠能との關係は流布本に至りて始めて現はれて來たので、それ以前にはない。それから此句を惠能が聞いたと云ふ時が、弘忍と會見の前であつたか、後であつたか。流布本では後になつて居る。郎簡の序を有する明本及び高麗版の一本では、買柴の客が讀經のときとなつて居り、それから弘忍と三更相見のときにも出て居る。『應無』の一句は般若經中心思想の一であり、それから惠能宗の樞軸にもなつて居る。禪宗では頗る大切な一句である。が、壇經の惠能傳に現はれて居る限り、後世の附加、卽ち北宋時代(西、千五十六年)以後に加へられたものである。金剛經の一件は、兎に角、敦本成立時代既に惠能傳中にはいつたものだが、『應無所住』の一句子は、どうしても其後何かの都合で入れておかぬと工合がわるくなつたものであらうか。

『摩訶般若波羅蜜法』と云ふが、「別傳」にも、敦、興、道三本にも見える。特に三本では無相戒と連絡して見える。然るに此句は流布本にはない。併し明本と朝鮮本にはある。何が故に此が流布本から消えたか。此に何やら大に考へさせられるものがある。とに角、『摩訶般若波羅蜜法』が金剛經となり、金剛經が『應無所住而生其心』となり、而して此句のおき場處が、前となり、後となり、何だか落付かぬものになつたのであらう。

神秀との對抗の結果、惠能は無學な百姓の息子とならなくてはならぬやうになつた。固より此方がよいのだ。惠能の獨創性を彌が上に發揮せんとするには、無學の方が自然である。餘り學問を持つて居たり、敎典に明るいと、それに囚へられて、註釋家にはなり得るが、禪宗の第六祖にはなれぬ。「別傳」には薪賣りの話はないが、友人のために力役して知識の交換をしたことはある、それから弘忍の下で大石を腰につけて碓を踏んだと云ふこともある。薪賣りの話がないから、隨つて金剛經の話もない。力役の代償は涅槃經をきくことであつて、而してその經義には、文字に拘はらずして『佛性之理』を解いたと書いてある。これでこそ弘忍との問答に『佛性』のことを言ふのがわかる。金剛經では木に竹だとも考へてよい。金剛經をどうしても入れなければ工合が悪いので、入れはしたが、これと佛性の關係については考へなかつたらしい。

惠能が物知りでなかつたとして、而かも何かお經の知識をつけなくてはならぬとしたら、其頃非常な勢で流行した金剛經——一寸讀んでも餘り術語もない、言はゞ解し易いと思へる金剛經を、惠能に結び付けるが最好の趣向であらう。まして『甚深般若波羅蜜多法』なるものが、惠能の説法中に出で來るにおいてをやである。實は金剛經の代りに維摩經をもつて來ても好いと思ふ。惠能の説法にも維摩經を引用して居る。殊に『卽時豁然、還得二本心一』は二度も引いてある。ここに頓悟の宗旨が讀めるのである。或る意味では、維摩經を以て惠能宗所依の經典としても可いと考へるが、それが傳中に出て來なかつたのは、矢張り金剛經の方が一層通俗的であつたからであらう。所が、惠能は必ずしもさう無學な禪者ではなかつたと自分は考へる。

神秀は惠能に對して、どれ程の學者であつたかわからぬが、敦煌出土の「北宗五方便」なるものを見ると、惠能よりは教學の知識があつたかに見える。學者らしい煩瑣な言ひ方をやる。惠能の説法は自己の體驗より割り出して經典を自家の藥籠裡に收めんとして居る。兩者の説法利他の方面における差違はこれでわかる。個人としての見解の深淺は必ずしも問はずとしても、化他の上にその方法を異にしたことは分明で、此に南北二宗の分岐がある。

彼の有名な『菩提本無樹』と『身是菩提樹』との兩偈の對照は、必ずしも弘忍下で出來たのではなかつたかとも考へて見たい。或は惠能の弟子間で作られたものでなからうか。第三句の『本來無一物』が敦本になくて興本、道本によつて始めて現はれたところを見ると、それから又敦本には惠能の偈が二つあつて、第三句は一つでは『佛性常清淨』とあり、今一つでは『明鏡本清淨』となつて居るところを見ると、惠能の偈なるものには始めから一定のものがなかつたではないかと想像し得られる。『菩提本無樹』の偈の方では『佛性常清淨』と續いては甚だ力ない、『本來無一物』となくてはならぬ。黄蘗の「宛陵錄」には『本來無一物、何處有塵埃』と第三、四句だけあつて、第一、第二句がないが、而して又これが必ずしも惠能の偈となつて居ない。只これだけでは何とも云へないが、こんなやうな偈文がどこかにあつて、それから惠能の偈、神秀の偈が出來上つたものではあるまいか。どうも此邊の惠能の傳記は何か種があつて、北秀南能の對抗意識の緊張したとき、出來たものではなからうか。少し行きすぎた想像か知らむ。

それから流布本に在る『不思善、不思惡、正與麼時、那箇是明上座本來面目』も矢張り後人の竄入に係ると信じたい。是は敦本にはない、興本にはその項の終りの處に細字で註のやうにはいつて居る。道本にはない。郎簡本にはある。此に由りて觀ると、宋代の添加だと云ふことが明かになる。これを想ひ出さする文句は「別傳」に在る。『一切善惡都無㆓思量㆒』とか、『不㆑念㆓善惡㆒、無㆑思、無㆑念……』など云ふのである。「傳心法要」にもこれに似たのがあつたやうに思ふ。敦本始め興、道二本にないのを、後に添加せんとすれば、自ら上揭の如き句を持つて來べきであらうか。

こんな隨梅に見て行くと壇經における惠能傳には尾がつき鰭がついて行つて居ることがわかる。大體のところは、「別傳」が最も事實に近い記述であつて、壇經の惠能自叙傳もそれに似たものを本として居たであらう。北秀南能の對立が昂じて來てから、原(ウーア)「自叙傳」が敦本になり、興、道本になり、それから契嵩本(郎簡本)となり、流布本の基礎はここで全くなり上つたのであらう。

尙附け加へて曰へば、弘忍と惠能との別れは、「別傳」によれば、

『忍大師告レ能曰。汝速去。吾當二相送一。隨至二蘄州九江驛一。忍大師告レ能曰。汝傳法之人。後多二留難一。能問二大師一曰。何以多レ難。忍曰。後有二邪法競興一親二附國王大臣一。蔽二我正法一。汝可二好去一。能遂禮辭南行。』

此記事を前揭の敦本及び興本よりのに比較して見よ。惠能を只管に持ち上げんとする下心、如何にも露骨に見ゆる。

四、惠能の主張

惠能宗の中心點となるべき主張を詳しく論じたいと思ふが、それは他日に讓つて、これだけをかきつける。

惠能が主として反對したのは、從來からもあつた修禪の傾向であつて、これに對して彼は分明な態度をとつて居る。

卽ち第十九節に、

『善知識。此門坐禪。元不レ看レ心。亦不レ看レ淨。亦不二是不動一。若言レ看レ心。心元是妄。知二心如レ幻故。無レ所レ看也。若言レ看レ淨。人性本淨。由二妄念一故。蓋二覆眞如一。但元無想。性自淸淨。起レ心看レ淨。却生二淨妄一。妄無二處所一。看者是妄。淨無二形相一。却立二淨相一。言二是功夫一。作二此見一者。障二自本性一。却被二淨縛一。善知識。若修二不動一者。但見二一切人一時。不レ見二人之是非善惡過患一。卽是自性不レ動。善知識。迷人身雖レ不レ動。開レ口便說二他人是非長短好惡一。與レ道違背也。若看レ心看レ淨者。却障レ道也。』

『不レ看レ心、亦不レ看レ淨亦不二是不動一』と云ふのが惠能の主張であつた。卽ち其頌には『心を守る』とか、『心を看る』とか云ふ修禪法があつた。本文に『著』とあるが、此は『看』と讀むのが本當である。つまり字形が似て居るから寫誤を生じ易い。卽ち敦本第十五節には

『善知識、又見下有レ人敎レ坐、看レ心看レ淨不レ動不レ起、從レ此置上レ功。迷人不レ會、便執成レ顚。如レ此者衆矣。如レ是相敎、故知二大錯一。』

とあり。知るべし、神秀などの一派、或はその外にも、只『看心』的工夫をやつて居たものの多かつたことを、惠能は此工夫を以てしては本當に禪旨を得るものとしなかつた。神秀の偈として『身是菩提樹』云々と傳はつて居るのも、此間の消息を洩らすものと認める。

自性又は佛性の清淨を看たり、それに著したりしては、清淨縛を受けて、性の本當の姿、卽ち働きがわからぬ。性は看によりて會得せられず、まして著においてをやだ。それで惠能は見の一字を點出した。これは惠能の體驗そのものから來たのである。『見性』をその宗旨の眼目としたのは惠能からだと思ふ。もしその以前に此字があつても、惠能ほどに其處に中心がおかれなかつたと思ふ。壇經は實に見性にその重點をおいて居る。見と看との相違を知らなくてはならぬ。看は守るのであつて、所謂る清淨なる自性又は佛性をぢつと見つめて居る、又は見つめんとするのである。これに反して見は見とめるのである。見とめると見つめるとの間に品種上の差隔があることに注意しなければならぬ。見とめるは働きで、見つめるは停滯である。淨と云ふ靜態に膠著して動きのとれぬ姿である。見とめるは物の動き行くこつに撞着して、そこに一種の般若智的の閃きがあるのである。これは動きにつれて動くものを見るのである。看るは止まること又は止めることであり、見るは動くことである。靜と動との區別を知らなくてはならぬ。

『善知識。我於二忍和尚處一、一聞言下便悟、頓見二眞如本性一。是故將二此敎法一流二行後代一、令下學道者頓悟二菩提一令二自本性頓悟一。若不レ能二自悟一者、須覓二大善知識一示二道見性一。』(敦本、第三十節。)

本性又は自性又は佛性を見ると云ふこと、卽ち『見性』が惠能宗を貫く字眼であると認めてよい。見であるからまた頓でなくてはならぬ。看とか守とか云へば頓機の發しようがない、停止の狀態では、どうしても見性の機會がない、頓悟の經驗のしようがない。それ故、見性は必ず頓悟である。敦本の表題は『南宗頓教……』である。此に惠能敎旨の骨子が標榜せられて居る。

『見性』と云ひ『頓悟』と云ふときは、自ら『定慧不二』となる。惠能以外の人々は定から慧に入ると云ふやうに敎へて、看、守、不動など云ふ修行工夫を專とした。まづ定を得て、それから慧の煥發を待つた。定と慧とを二分して見た。修行の次第を此に據ゑて弟子を導いた。惠能はこれに反して『定慧等』を主張した。定のときが慧で、慧のときが定だ。これを分別して見るとき、道の『通流』が却つて滯るのだと、惠能は敎へた。燈光の喩がよく利用せられて居る。

見性と定慧との關係は、「神會禪師語錄」中によく說かれて居る。神會は此點及び他の點において惠能の眞意を發揮することをわすれぬ。左記(第十節)、和上とあるは神會自身のことで、此問答では神會が澄禪師と云ふのを難詰して居るのである。その心で讀むべし。

『和上、澄禪師に問ふ、何法を修して見性を得るか。

澄禪師答へて曰く、先づ坐を學んで定を修し、定を得てから、それから定に因りて慧を發する。此智慧の故に見性を得るのである。

問曰、定を修するときには、作意を須るるではないか。

答言、然り。

問、既に是れ作意あらば卽ち是れ識定である。若爲んぞ見性することを得んや。

答、今、見性と云ふときには、定を修しなくてはならぬ、若し定を修せぬなら、若爲して見性することを爲さんや。

問曰、今、定を修すると云へば、元是れ妄心上の話だ、妄心で定を修するとも、如何で定を得べきか。

答曰、今、定を修して定を得ると云ふのは、自ら内外照のときがある。内外照の故に淨を見ることが出來る、心淨なるが故に卽ち是れ見性である。

問曰、今、見性と云ふときには、性に内外がないのであるから、内外照など云ひ得るものでない、云ひ得るとすれば、それは元と妄心を見て居るからだ、若爲んぞ見性とすべき。經に云はく、若し諸三昧を學ぶと云へば、是れ動にして、坐禪ではない、心は境界に隨つて流れる。云何んぞ定と名づくべき。若しこの定を是とするなら、維摩詰卽ち舍利弗の宴坐を訶することあるまじ。』

此所見によると、何でも作意、用心の所があれば、それは識の上の話で、見性ではない、その心を調伏したと云ふまでのこと。見性とは云はれぬ。見性ならば定慧不二、内外不二。

惠能はここから今一歩進んで『無念、無相、無住』とも云ひ、『無念、無憶、無著』とも云ふ。これが『般若之智』―本性又は自性が自ら有するところの般若の智である。

(尙、惠能の宗旨につきては、機會を待つて詳說したいと思ふ。)

紙の歴史

桑原隲藏（1871—1931）

《藝文》2-9、10、1911

紙の歴史

桑原隲藏

(一)先秦時代の書寫の材料　(二)紙の發明
(三)摩訶末敎國に於ける紙の傳播(上)　(四)摩訶末敎國に於ける紙の傳播(下)
(五)墺太利のライネル大公爵の古紙蒐集　(六)西本願寺所藏の古文書

一

紙の發明は世界の文化に多大の貢献をした。人智の開發と文化の促進とに大關係ある印刷術が發明されても、紙の發明が之に伴はなかつたらば、其効用の大半を沒了したであらう。紙の需要は年一年と增加して行く。紙の消費高によつて幾分その國の文化の程度が推測される。現時代を指して「紙の時代」と稱する學者もあるが、強ち不當なる Beiname であるまい。かく人文に關係深き紙の製法は、最初支那で發明せられ、摩訶末(ムハメツト)敎國に傳つて改良せられ、最後に歐洲に入つて大に發達した事實は、最早今日では殆ど疑ふ餘地がなくなつて居る。こは格別耳新しい事ではないが、斯に前賢の所説を補綴して、紙の歴史の大要を紹介いたし、聊か『藝文』寄稿の責を塞がうと思ふ。

支那の古代では書寫の材料として、竹と木とを使用した。竹で作つたのが簡である。簡の長さは必しも一定はして居らぬが、經書などは多く二尺四寸位から八寸位までの簡を使用した。之に普通一行に八字から三十字位の文字を書いた(一)。木で作つたのを版とも牘ともいふ。普通三尺位の大さで、形が四角であるから方とも名づけた。この版には三十字から百字位までの文字を書く。百字以上となると嚢に述べた簡を幾個となく韋で編み連らねて用を辨じた。之は簡を韋で編み連らねた形に象つた字で、許愼の『説文解字』には正しく冊に作る。之を策といふ。策は冊と同じ。唐の孔穎達の『左傳正義』に

簡之所レ容一行字耳。牘乃方版。版廣二於簡一。可三以並二容數行一。凡爲二書字一。有レ多有レ少。數行可レ盡者。書二之於方一。方所レ不レ容者。乃書二於策一(二)

とあるのが即ち是である。先秦時代には、字數の僅なる事柄は簡に書き、法律の箇條などは版に書き、書籍は大抵策に書いた。今も一篇二篇といふて書籍を數へるのは

その名殘である。戰國時代から、帛も間々書寫の材料として使用さるゝことゝなつたが、帛に書いた書籍は一卷二卷と數へた。兎も角も先秦時代では、書籍は大抵策に寫されたもので、重量容積多大にして不便極り、費用も嵩み、縱令帛を使用しても、費用は一層であるから、中々一個人では書籍を所有することが出來ぬ。淸の阮元も

古人簡策繁重、以₂口耳₁相傳者多、以₂目相傳者少₁(三)。

と申して居る。『書經』や『周禮』や其他の古書に、一般に數目を擧ぐる場合が多い。例せば三德とか、三友とか三樂とか、四敎とか、四維とか、四載とか、五福とか、五行とか、五敎とか、六言六蔽とか、六官とか、七政とか、七祀とか、八蠻とか、八元八愷とか、九思とか、九疇とか、此等は皆諳記を容易にする手段である。東漢の末に出た蔡文姬が、その亡父蔡邕の著書四百篇餘を諳記して居つたのは、當時でも幾分古の諳誦風の存して居つた證據である。

二

東漢の和帝の元興元年(西暦一〇五)に蔡倫といふ宦者か始めて紙を發明した。蔡

倫は桂陽(湖北省桂陽州)の人で、尤も工藝思想に富み、尙方の令となつた。尙方とは少府の管下の、宮中の御用品を制作することを掌どる官省で、令はその長官である。蔡倫はこゝで寶劍其他の宮中御用の諸器を作つたが、皆精工堅緻にして、後世の法となすに足つたと傳へられて居る。『後漢書』に彼が紙を發明した事蹟を下の如く記してある。

自古書契多編以竹簡。其用縑帛者。謂之爲紙。縑貴而簡重。並不便於人。倫(蔡倫)乃造意用樹膚、麻頭及敝布魚網以爲紙。元興元年奏上之。帝(和帝)善其能。自是莫不從用焉。故天下咸稱蔡侯紙(蔡倫のち龍亭侯に封ぜらる。故に蔡侯といふ)(四)。

『後漢書』より遙か以前に、東漢時代に出來た『東觀漢記』にも、亦同一の記事がある(五)。范曄の『後漢書』の記事は、大體『東觀漢記』のそれを襲踏したものと見える。『東觀漢記』載する所の蔡倫の傳は、桓帝の元嘉年間(西曆一五一―一五三)即ち紙の發明時代を去る僅に四十餘年の後に編纂されたものであるから(六)、その記事は信憑して差支ない。紙といふ名稱は蔡倫以前も以後も同一ではあるが、實質は相違して、蔡倫以後は、紙といへば、專ら樹皮麻頭、敝布、古網等を材料として製造した書寫の材料を意味することゝなつた。

許愼の『説文解字』は東漢の和帝の永元十二年(西暦一〇〇)から安帝の建光元年(西暦一二一)にかけての作で(十九)、即ち大體蔡倫の在世時代に作られたもので、殊に蔡倫と許愼とは若干知り合ひの間柄であらうと想像さるべき餘地さへある。その『説文解字』に紙の字を絮一箈也と解説して居る。清の段玉裁は更に之に注して、

按造紙昉於漂絮。其初絲絮爲之。以箈荐而成之。今用竹質木皮爲之。亦有緻密竹簾荐之是也(七)。

といふ。許愼の絮一箈也といふ解説のうちには、製紙の原料と方法とか含まれて居る。

さて製紙の原料として絮を使用したのは何時代のことか、許愼の解説は勿論、段玉裁の注釋を見ても不明瞭である。『説文解字』に絮敝緜也といふ。蔡倫が製紙の原料として使用せし敝布を廣義に解釋すると、その中に絮をも包括し得べきやうに思はれる。併し清の方以智などは之とは反對で、絮を擣き之を荐きて紙を製造したのは、西漢時代若くはその以前からのことである。蔡倫は絮に代へるに樹皮、麻頭、敝布、魚網等を以てしたのみであると主張して居る(八)。Hirth 氏の『支那に於ける紙の發明』

といふ論文も此點に關しては、方以智と畧同様な考を持つて居るやうに見える(九)。Hoernle氏や(十)Jacob氏などは(十一)、更に一歩を進めて、古代土耳古種族の使用した氈の製法は、紙のそれと同様である。多分古代の支那人は北狄の氈の製法に傚ひ、毛に絮を代へて紙を製造したものであらうと考へて居るが、これは想像に過ぎて、頗る信用し難い。

Hoernle氏やJacob氏の説は姑く措き、『説文解字』は大體永元十二年即ち蔡倫が紙を製出した以前に編纂されたもので、許愼の紙の字の解説が其時の儘とすると、方以智等の説に可なりの根據が出來、從つて蔡倫はたゞ製紙の新原料を發見したのみで、製紙の方法を發明したものでなく、發明者としての蔡倫の聲價は幾分低落すべきこととなるが、縦令蔡倫以前に絮を製紙の原料として、今日の様な紙を作つたことを事實としても、植物纖維を製紙の原料に利用したのは蔡倫の功で、植物纖維を原料として作つた紙、例せば麻紙、穀紙、襤褸紙Rag-Paperなどが古今を通じて、尤も人文の發達に貢献したのであるから蔡倫の功績はやはり廣大無邊といはねばならぬ。斯には兎角の議論を避け、姑く『後漢書』の記事を素直に解釋して、蔡倫を製紙の發明者として置かう。

三

支那の製紙法が摩訶末敎國へ傳つたのは、唐の玄宗時代のことである。當時西域に石國といふのがあつた。今の Tashkend (元時代の塔什元)が即ち唐代の石國である。Tashkend といふ名自身が土耳古語で石國の意味である。西曆八世紀の初頃から、石國を始め其附近の諸胡國は、或時は唐に或時は大食に、國威の盛なる方に羈縻される姿となつた。玄宗の天寶九載(西曆七五〇)に安西四鎮の節度使の高仙芝が、或る事情の下に石國を征伐した。高仙芝はもと高麗人で唐に仕へ、當時に聞えた名將であつたが、僞つて石國王に和を許しながら、其不意を襲うて之を擒にし、大虐殺、大掠奪をやつたのみならず、石國王を遠く都の長安に送つて、闕下に斬り捨てた。この不埒の行爲に石國の王子は非常に憤慨いたし、四隣の諸胡國も之に同情を寄せ、相倶に大食國の援兵を乞うて、唐軍に復仇せん計畫をした。

この時大食國(多氏國又は大寔國)即ち摩訶末敎國では Ommeya 王家已に倒れて、Abbâs王家が方に興つて來て居る。この大革命の舞臺に立つて、尤も主要なる役目を務めたのは、有名な Abû Muslim 即ち『唐書』の並波悉林その人である。彼は Abbâs 王家の

Abul Abbâs(『唐書』の阿蒲羅拔)を擁して Ommeya 王家の王 Merwân(『唐書』の末換)を殺したのは、西暦七百五十年に當る。かくて所謂黒衣大食が白衣大食に代つて間もなく、石國以下の諸胡國との交渉が開始された。

Abû Muslim は當時 Khorâsân(『唐書』の呼羅珊)地方の總督であつたが、野心滿々たる彼は、大支那の威力を摧くは是時こそと、直に部將 Ziyâd ibn Sâlih を派遣して石國を助けることゝなつた。之に對して高仙芝は天寶十載(西暦七五一)に葛邏祿 Karluk 拔汗那 Ferghâna 以下諸國の援兵を併せて、怛羅斯川(今の中央亞細亞の Tarâz 川)の附近に大食を擊つたが、反つて Ziyâd ibn Sâlih の爲に大敗を蒙つた。この時の戰況は、支那方面の材料では『資治通鑑』が尤も詳細で、次の如く記載してある。

高仙芝(中畧)擊大食。深入七百餘里。至恒羅斯城。與大食相持五日。葛羅祿部衆叛。與大食夾攻唐軍。仙芝大敗。士卒死亡略盡。所餘纔數千人。右威衛將軍李嗣業。勸仙芝宵遁。道路阻隘。拔汗那部衆在前。人畜塞路。嗣業前驅奮大梃擊之。人馬俱斃。仙芝乃得過(十二)。

この本文に恒羅斯城とあるのは、勿論怛羅斯城の誤である。怛羅斯城は怛羅斯川の畔で、大抵今の Aulieh-Ata に當る(十三)。唐の杜佑の傳ふる所に据ると、この時高仙芝の軍はすべて七萬人を失つた(十四)。尤もその多數は捕虜となつたものと見える。『經行記』の作者の杜環の如きも、この時捕虜となつた一人で、彼は約十年間大食國に拘留せられ、代宗の寶應元年(西曆七六二)に南海を經て、廣東に歸着いたし、その見聞に本づきて『經行記』を作つた(十五)。『經行記』その物は今日已に佚亡したけれども、その幾分は杜佑の『通典』以下に引用されて今日に傳はり、唐代の西域研究に必要なる材料を供給して居る。

恒羅斯城の戰のことは勿論摩訶末敎國の記錄にも載せられて、よく支那の史料と一致して居る(十六)。摩訶末敎國の材料では、この戰を回曆百三十三年の十二月(Dsû-l-Hiddscha)月に繫けてある。西曆に換算すると七百五十一年の六月三十日から七月二十九日に當る(十七)。支那の史料では『唐書』の玄宗本紀の天寶十載の條に、

七月高仙芝及大食戰于恒(怛の誤)邏斯城敗績。

とあるのみで、『舊唐書』始め何れも月を記してない。天寶十載七月は西曆で七百五十一年の七月二十七日から八月二十五日に當る(十八)。即ち東西の史料は年月に於て一致せしめ得べき望がある。東西の史料が正しく會戰の月を傳へたものとすれば、怛羅斯城の戰は回曆百三十三年十二月の末、天寶十載七月の初の出來事と認定

せなければならぬ。

摩訶末教國の慣習で、戰場の捕虜となつて異教徒は皆奴隷にする。この時奴隷となつた支那兵士の中に、もと紙漉職工のものがあつたから、Ziyâd はこれを使役して Samarkand 市(『唐書』の薩末鞬又は颯秣建)に製紙所を創設した。之が摩訶末教國に於ける製紙の起源である。

參照

(一)清の李惇の『群經識小』(『皇清經解』卷七百二十三)

(二)晉の杜預の『春秋左氏傳』序の註

(三)清の劉寶楠の『論語正義』卷一所引

(四)『後漢書』卷一百八、宦者列傳

(五)『東觀漢記』卷二十、(『武英殿聚珍版全書』所收)

(六)『欽定四庫全書總目提要』卷五十

(七)『段注說文解字』第十三篇上、

(八)『通雅』卷之三十二

(九)"Die Erfindūng des Papiers in China " S. 7, (Toung Pao, 1890).

(十)"Who was the Inventor of Rag-Paper ?" p. 680(J. R. A. S. 1903)

(十一)"Oriental Elements of Culture in the Occident" p. 522

(十二)『資治通鑑』卷二百十六

(十三)Le Strange, "The Lands of the Eastern Caliphate" p. 436.

(十四)『通典』卷一百八十五、

(十五)Hirth; "Nachworte zur geschrift des Tonjukuk,, S. 3

(十六)Hoernle ; " Who was the Inventor of Rag-paper' ?" P. 668
Chavannes, " Documents sur lesTou-Kiue Occidentaux " P. 297

(十七)Wüstenfeld; " Vergleichungs-Tabellen der m. ünd ch. Zeitrechnung" S. 6
『三正綜覽』九十七丁(但しヴユステンフエルド氏と一日の相違あり。姑くウ氏に從ふ)

(十八)『三正綜覽』九十七丁
Brumsen; " Japanese Chronological Tablls " P. 57

(十九)許愼の『說文解字』敍及びその子、許沖の『進說文解字上書』

紙の歴史（承前）

桑原隲藏

四

摩訶末敎國の勃興以前は勿論、その初起時代でも、葱嶺以西の諸國では、書寫の材料として、普通にカヤツリ紙即ち Papyrus 殊に革紙即ち Parchment を使用した。『史記』の大宛傳及び『漢書』西域傳に安息國 Parthia のことを記して、畫革旁行爲書記といひ、『梁書』諸夷傳に滑國即ち厭帶夷栗陁 Ephthalites のことを記して、羊皮爲紙とあるのは當時革紙の使用された證據である。便利で德用な支那紙が使用され始めてから、カヤツリ紙も革紙も次第にその影を潛むるに至つた。

摩訶末敎國の製紙法は支那のそれを傳へたものであるといふことは、可なり以前から知られて居つたが、その製紙法傳來の年代はやゝ不明瞭であつた。Casiri 氏は回曆の三十年（西曆六五〇―六五一）を、Hammer-Purgstall, 氏は回曆の五十六年（西曆六七五一六七六)を製紙法傳來の年代に當てゝ居る。(二)其他西曆七百四年傳來說も普通であつた。(三)墺太利のKarabacek教授は始めて摩訶末教國の材料により、Hirth氏は支那の史料によつて之を助け、Ziyâdが支那の捕虜を使役して、薩末鞬に製紙工場を起したのは、西曆の七百五十一年に當ることを確實にした。(十五)。

Karabacek教授の著書にはTaâlibiやQazwiniなどいふ摩訶末教徒の記錄を引用して、薩末鞬に製紙工場の創設された當時の有様を述べて居る。今その著書を參考することが出來ぬけれども、その大要は他に引用されて居るから、之を抄譯すると次の如くである。

薩末鞬市に就いては、特に紙を記載せねばならぬ。薩末鞬の紙はその美麗と便利と廉價の諸點で、遙に從來のカヤツリ紙及び革紙に優つたから、容易に後者を市場より驅逐した。この紙はたゞ薩末鞬及び支那に於てのみ產出される。『國及び路』の著者に据ると、紙は戰爭の捕虜によつて、支那から薩末鞬へ傳へられたもので、かく支那人を捕虜となし、その捕虜の中より經驗ある者を求めて、製紙業に從事せしめたのはSâlihの子なるZiyâd其人である。かくて紙の製造は次第に發達し、遂に薩末鞬の重要なる產物となつた。又之によつて世界の國々の人

類に利益を與へた。(三)

一體支那紙は後くも回暦三十年(西暦六五〇―六五一)の頃から摩訶末敎國へ輸入されて居る。(四) 曩に製紙法傳來の年代に關する一說として紹介した Casiri 氏の說は實は、支那紙輸入の年代と見るべきものであらう。薩末鞑の製紙業が發達すると共に、摩訶末敎國への支那紙の輸入は次第に杜絕せられ、薩末鞑製の紙を以てその需要を充たすことゝなり、薩末鞑は紙の產地として全摩訶末敎國に聞えた。西暦十世紀の初に出た Ibn Haukal なども薩末鞑の紙は世界無比と賞讃して居る。(五) Al Fazl 始め Abbâs 家第五の哈利發 Hârun al Rashid (『唐書』の訶論)の時、呼羅珊の總督 Al Fazl 始めて薩末鞑の製紙業を摩訶末敎國の首都 Baghdad (『唐書』の縛達)に傳へ、回暦百七十八年(西暦七九四―七九五)こゝに新に製紙工場を建てた。引き續きて波斯、アラビア、エヂプト、シリア、スペイン等當時摩訶末敎の勢力範圍であつた國々に、到る處製紙工場が建設せられ、製紙業の隆興と共にカヤツリ紙や革紙の需要は減じ、西暦十世紀の半頃となると、摩訶末敎國では殆どカヤツリ紙の使用を絕つに至つた。

歐洲諸國も西暦十二三世紀の頃迄は西方亞細亞と同樣で、普通にカヤツリ紙や革紙を書寫の材料としたが、(六) 摩訶末敎國に製紙業が隆興するに從ひ、その製紙は歐洲諸國へ輸入された。佛蘭西、以太利等の南歐諸國は十二世紀の頃から、獨逸はやゝ後くれて何れも摩訶末敎徒から紙の製造を傳へたといふ。(七)歐洲の中世紀に紙は普通にバンビク紙 Charta Bambycina 若くはダマスク紙 Charta Damascus と呼ばれて居る。Bambyce とは Euphrates 河(『唐書』の弗利剌河)の右岸にあつた一都會である。Damascus(元代の的迷失吉)は申す迄もなく Syria 地方の名都會である。當時摩訶末敎國から歐洲へ輸入した紙は多くこの地方の產であることが察知される。今日歐洲諸國の紙に關係ある言葉で、阿剌比語から派生して居るものもある。一例を擧げると、英語で紙一束を Ream といふが、之は西班牙語の Resma 以太利語の Risma 獨逸語の Ries 佛蘭西語の Rame と等しく、何れもその語源を阿剌比語の Rezma に求むべきである。(八)Rezma とは元來小包の意味である。

五

墺太利の維納に Rainer 太公といふ貴族があつて、古紙の蒐集で世間に聞えて居る。今より三十餘年前慥か西曆千八百七十七八年の交に、埃及の Faiyûm 地方其他二三の地方で、澤山の古文書が發掘された。この古文書の大部は千八百八十四年以來 Rainer 太公の所有に歸した。その古文書の總數は十萬以上に達し、その年代古きは西暦前十四世紀より、新しきは西暦後十四世紀まで、約二千七百年間に跨つて居る。中にはカヤツリ紙もあれば革紙もあるが、併し襤褸紙 Rag-paper も中々多い。Rainer 太公は啻に古紙を蒐集するのみでは滿足せず、蒐集した古紙を科學的に研究することを企てた。この研究の爲に多くの學者を依賴したが、その中で特別にこの研究に深き關係を有つた學者が二人ある。一人は維納大學の Karabacck 敎授で主として古文書の調査と紙の歷史の研究を擔當して居る。一人は同じく維納大學の Wiesner 敎授で專ら顯微鏡調査と化學試驗とで、古代の紙の成分及びその製法などを研究して居る。此等の人々の研究調査の結果は數回の報告書となつて世に公にされた。(九)この報告書が公にされてから世界の紙の歷史は始めて明瞭となつたのである。吾が輩は直接その報告書を見たことはないが、その大要は Hoernle 氏の論文(十)に引用されてあるから、Hoernle 氏のを更に節約して古紙研究の結果の概畧を下に紹介いたさう。

Rainer 太公の手許に蒐集された古紙のうちには、薩末鞬(サマルカンド)を始め摩訶末敎國で製造された紙が澤山ある。年代が古くて確實な方では、西暦八百七十四年、九百年、九百九年代は明記されてないけれども、他の理由によつて、西暦七百九十一年若くば二年と認定すべき文書もある。この最後の文書は薩末鞬(サマルカンド)で支那人の捕虜が紙を製造し始めてから、丁度四十年許に當つて居る。Wiesner敎授はこの摩訶末敎國製造の古紙に就いて顯微鏡調査を試みた結果、此等の古紙は何れも純然たるリンネンの敝布(フルギレ)を原料として、決して樹皮などの生纖維を混和して居らぬことが判明した。

併し一方では摩訶末敎國の史家等は、最初薩末鞬(サマルカンド)で紙を製造した時に、草木即ち生の植物纖維を原料としたと傳へて居る。尚ほ又、波斯語及び阿剌比語で紙をKâghaz又はKâghadといふ。之は印度のKâghazといふ言葉と同じく、何れも支那の穀紙(Ku-chih 古音 Kok-dz)を訛つたものである。(十二) 古傳說が草木を製紙の原料としたと傳へて居り、また摩訶末敎國へ最初輸入された紙が、穀紙を訛つたKâghaz又はKâghadといふ名稱で知られて居る事實を併せ考へると、當初薩末鞬(サマルカンド)で支那人の捕虜によつて製造された紙は、主として樹皮を原料に用ひたであらうといふことは、殆ど疑ふ餘地がないやうに思はれる。

支那の新疆の探檢が行はれると共に、この地方から古文書が發掘された。英國の

Stein氏が天山南路で發掘した古文書は隨分あるが、その中に唐の代宗から德宗時代にかけての古文書で、年代の明記されて居るものが都合七種ほどある。即ち代宗の大曆三年(西曆七六八)德宗の大曆十六年(實は建中二年西曆七八一)大曆十七年(實は建中三年西曆七八二)建中三年(西曆七八二)建中七年(實は貞元二年西曆七八六)建中八年(實は貞元三年西曆七八七)貞元六年(西曆七九〇)の古文書である。(十三) 此等の古文書は何れも薩末鞬で製紙工場が創設された時代から、Rainer 太公所藏の摩訶末教國產の尤も古き紙の時代にかけて、約四十年間に當つて居る。此等の古文書はその紙質調查の爲め、大抵 Wiesner 教授の手許に送られ、例の顯微鏡調查の結果、此等の古文書の紙には、幾分の敝布も混じて居るが、その大部分は桑、桂及びラミイ即ち China-grass 等の皮を原料として居ることが判明した。唐の中世に西域地方で使用されて居つた紙の主要成分が、桑其他の草木の皮であるとすると、薩末鞬で支那人の手によつて始めて製造された摩訶末教國の紙も亦同樣であつたであらうと想像すべき餘地が甚だ多い。摩訶末教國の史家が薩末鞬の產紙は最初草木を原料としたと傳へて居るのは、此點から推しても、大體上信憑すべきやうに思はれる。

以上叙述した要點を約すると、西曆七百五十一年薩末鞬で製紙工場の創設された當時は、製紙の原料として草木を使用したといふ傳説は疑ふべき餘地がないが、同時に西暦七百九十一二年の交の薩末鞬産の紙を調査すると、純然たる襤褸紙で、樹皮などの生纖緯は毫も混和されて居らぬ事實も亦信用せねばならぬといふに歸着する從つて製紙の原料にかく顯著なる相違のある原因は、西暦七百五十一年から七百九十一二年にかけて約四十年間に、摩訶末敎國内に起つたものと認定せなければならぬ。

Wiesner 敎授は摩訶末敎國の産紙と天山南路で發掘されたれ支那紙とに對して綿密なる化學試驗、顯微鏡調査を行ひ、この二國の紙を比較して、大要次の如き斷案を下して居る。

唐時代の支那紙は幾分の敝布を混じて居るけれども、その主要なる原料は桑其他の雙子葉植物の皮である。支那人は製紙法を摩訶末敎國に傳へたが、薩末鞬附近には第一の原料ともいふべき桑樹が缺乏して居るから、必要上次第に敝布の分量を增加し、それでも製紙の目的を達し得ることを經驗すると、最後には敝布―摩訶末敎國に豐富なるリンネン襤褸―のみで紙を製造することゝなつた。紙は支那から傳つたが、その原料を變へて今日一般に使用さるゝ純粹の襤褸紙 Pure Rag-paper

を産出するに至つたのは、摩訶末教徒の功といはねばならぬ。

支那紙の原料の樹皮は、最初は石臼にて人力で擣き砕いたものであるが、これでは纖維組織を損すること多く、從つて出來上つた紙質も粗鬆で、字を書くと滲る恐がある。やゝ後世—西暦七八世紀頃—となると、化學作用で樹皮の纖維組織を餘り損せぬやうになつた。從つて紙質も一段改良された。併し敝布は依然石臼で擣き砕いた儘である。所が摩訶末教國の産紙を調査するとその原料たる敝布から化學作用で、手際よく纖維を抽出した痕が歴々として認められる。摩訶末教徒は原料取扱について、支那人よりも一層の改良進歩を遂げたといはねばならぬ。

原料の變更原料取扱の改良この二點を除くと、摩訶末教徒の製紙の方法は—原料に糊を混加し、又は紙面に澱粉末を塗布して紙質を良好にする方法まで—大體支那人のそれと同一である。

以上の斷案が今日の學界に證典として公認されて居る。併し多少の疑惑を挾むべき餘地がないでもない。第一 Wiesner 教授の調査した支那紙の數は決して多くない。年代の確實なるものは僅か六七種に過ぎぬ筈である。然も此等は多く唐代のもので、何れも和闐の東北約百英里許の Wandân-Uiliq 地方から發掘されたものである。一地方から發掘された少數の支那紙の調査のみでは、決して支那紙全般の原料や製法を確實に推斷する譯にはいかぬ。

第二に東漢時代から已に麻紙、穀紙、網紙の區別があつた。『東観漢記』の一本に

倫(蔡倫)典』尙方』作』紙。用』故麻』名』麻紙』、木皮名』穀紙』、魚網名』網紙』。

と記してある。故麻といふと麻襤褸のことであらう。すると網紙は勿論、麻紙も縦令純粹の襤褸紙でなくても、その主要成分は熟纖緯 Textile Fibres であつたと想像される。少くとも天山南路で發掘された支那紙—Wiesner 敎授によれば樹皮を主要原料とせる—と同一の成分ではなかつたであらうと思はれる。併しこの問題を解決するには、成るべく多くの古代の支那紙を蒐集して、之を Wiesner 敎授と同様の方法で調査する外はない。事實は最後の解決である。

六

Stein 氏が天山南路の探檢に着手して以來、歐洲諸國の探檢者は陸續この方面に出掛けた。獨逸からは最初に Grünwedell 氏(西曆一九〇二—三)次に Le Coq 氏(西曆一九〇四—六)第三回には Grünwedell 及び Le Coq 二氏(西曆一九〇六—七)が出掛けて、幾多

の古文書を發掘した。英國からは Stein 氏が再び天山南路に出掛け(西暦一九〇六—八)敦煌で幾多の遺籍、文書を發見した。佛蘭西の Pelliot 氏も亦この方面に出掛け(西暦一九〇六—九)敦煌で大發見をやつたことは、我が國人の耳に猶ほ新なる所である。此等の探檢によつて得た成績は、多くは未だ發表にならぬけれども、其うちに唐代若くばその以前の文書—吾が輩が前項に述べた支那紙の原料及び製法問題を解決するに屈竟なる材料—が少くないことだけは確實である。

わが國の西本願寺の大谷伯爵も亦去る明治三十五年以來この方面に探檢隊を派遣して居る。第一回第二回の探檢は已に終を告げ、今は第三回の探檢中である。第一回第二回の探檢の獲物のうちに、唐の玄宗の天寶五載(西暦七四六)の牒狀がある。之は怛邏斯(タラス)城の戰役前正に五年のもので、摩訶末教國の產紙と支那紙との原料相違何如を調査するに當つて、有力の材料たるべきものである。其他年號によつて若くは書體より推して、南北朝若くばその以前と認定すべき古寫經、古文書頗る多くして一々列擧するに暇ないが、中に就いて尤も注意に價するもの一二を擧げると次の如きものがある。

第一が西晉の元康六年(西暦二九六)の古寫經である。松本文三郎博士が已に紹介された通り(十三)この古寫經は西晉の竺法護譯の『諸佛要集經』である。寫經や書道の方面から觀ても隨分珍とすべきではあるが、支那紙研究の材料として一層貴重すべきである。元康六年は蔡倫が紙を發明した元興元年を距ること僅に百九十二年目のもの、即ちこの古寫經の用紙は支那で紙が發明されてから、後くも百九十二年目のものである。恐くば今日に傳はれる支那紙の最古のものであらう。古紙研究の屈竟の材料たるべきは申す迄もない。之に續くが李栢文書である。この文書は年號を缺いて居るけれども羽田學士の研究によると、東晉の咸和三年乃至五年(西暦三二八―三三〇)の間のものと認定される。(十四)果して然りとすれば、之も亦古代の支那紙を研究するに見逃すべからざる材料である。

昨年清國へ出張されたわが京都文科大學敎授諸君の調査に据ると、學部若くば個人の所藏に歸した敦煌の遺書中に、南北朝隋唐時代の古寫經が頗る多い。年號の備て居るものも少くない。何れも支那紙研究の材料に供すべきであるが、殊に唐の至德二載(西暦七五七)の『十戒經』は怛邏斯城の戰役後六年目のもので、西本願寺所藏の天寶五載の牒狀と共に支那紙西傳時代に關係ある重要の材料である。

要するに最近數年間に古代の支那紙を研究すべき新材料が多數に蒐集された。此等の材料殊に西本願寺所藏の古文書——が Wiesner 敎授と同様の方法によつて科學的に研究された曉に始めて世界の製紙史上に於ける支那紙の位置が確定される譯である。吾が輩はかゝる時期の一日も早く到來せんことを希望するのである。(完結)

參照

(一) Hammer-Purgstall "Auszüge aus Saalebi's Buche der Stützen des sich Beziehenden und dessen worauf es sich bezieht." S. 529. (D. M. G. 1854)
(二) Hoernle; "Who was the Inventor of Rag-paper?" P. 664.
(三) Chavannes; "Documents sur les Tou-Kiue Occidentaux." P. 297. 298.
(四) Hoernle, "Who was the Inventor of Rag-paper?" P. 670.
(五) William Ouseley; "Ibn Haukal." P. 233.
(六) 坪井博士『史學研究法』百十四－百二十一頁
(七) Jacob; "Oriental Elements of Culture in the Occident" P. 524.
(八) Jacob; 〃 〃 〃 〃 〃 〃 〃 P. 524.
(九) "Mitteilungen aus der Sammlung des Papyrus Erzherzog Rainer."
(十) Hoernle; "Who was the Inventor of Rag-paper?" (J. R. A. S. 1903)
(十一) Hirth; "Die Erfindung des Papier in China" S. 12 ("Toung Pao" 1890)
(十二) Stein; "Ancient Khotan" vol. I. P. 523-533; vol. II. P. CXV, CXVI.
(十三) 『中央亞細亞發掘の古寫經に就いて』(『藝文』貳年一號)
(十四) 『大谷伯爵所藏新疆史料解說』(『東洋學報』一卷二號)
(十五) Hirth; Die Erfindung des Papiers in China" S. 13.

老子化胡經

桑原隲藏（1871—1931）

《藝文》1-9，1910

老子化胡經

桑原隲藏

一

如何なる宗敎でも他の國民の間に傳播して行く際には、その國民の有して居つた舊信仰と衝突するものである。佛敎も支那に東漸してから支那人固有の道敎儒敎と衝突した。殊に道敎とは尤も長く尤も激しく衝突した。

佛敎の支那に將來されたのは東漢の明帝の永平十年(西曆六七)のことで、『漢法本內傳』(唐の智昇の『續集古今佛道論衡』引く所に據る)に據ると、その後ち間もなく永平の十四年に、五嶽の道士等佛敎の弘布を憤り、道士の重なる者六百九十人上表して佛僧と術を角せんことを願ひ出た。その結果勅命で國都洛陽の西郊の白馬寺の南門外に壇を築き、壇上に道經を積み火を放つた所が、道士等の祕術を盡したにも拘らず、道經は悉く焚け盡し、術に破れたる道士等は悉く出家して佛門に歸したと記載してある。これが道佛二敎衝突の發端といふことで、あらゆる佛敎の歷史に引用されて居る。又河南の白馬寺へ往くと白馬寺の六景と稱するものがあつて、その第二を焚經臺といひ、即ち漢代に道經を焚いた舊蹟と傳へて居る。吾が輩の河南旅行の際は、前程を急ぎしことゝて、所謂焚經臺を親覩せなんだが、勿論後世の附會で信憑するに足らぬ。『漢法本內傳』といふ書は南北朝時代から存在はするが、對道敎的のもので、餘り信用することが出來ぬ。當時の事情からいふても新來匇々の佛敎に弘布の餘裕なく、從つて五嶽の道士と衝突する筈もない。第一その當時已に所謂道士なるものが存在したかゞ疑問である。要するに東漢の永平年間に於ける道敎二敎の衝突は、到底事實として認めることが出來ぬ。

東漢の末から三國時代にかけて、一方では佛敎が漸く民間に流通するし、又一方では道敎が次第に組織されるに從ひ、始めて道佛の衝突が起り、兩晋南北朝隋唐時代は申すに及ばず、宋元時代までかけて絕えずこの兩敎は衝突した。支那の佛敎にとつて道敎は第一の法敵であつた。佛家で三武の厄と稱する佛敎に尤も激しき迫害を加へた帝王は何れも道敎信者である。即ち第一に北魏の太武帝は道士寇謙之を信用して佛敎に迫害を加へた。北周の武帝も佛敎を迫害したが、これは道士の張賓や衛元嵩に聽いた結果である。唐の武宗も道士の趙歸眞を信じて、寺院を破壞し僧侶を還俗せしめた。『佛道論衡』とか『弘明集』『廣弘明集』などを見ると、南北朝隋唐時代に於ける道佛二敎の衝突の有樣はよく判然するが、この間に在つて何時も爭論の中心となり尤も舞臺を賑はしたのは『老子化胡經』である。『老子化胡經』の來歷はやがて道佛二敎の衝突小史である。

二

『老子化胡經』とは老子が西域印度へ出掛けて、幾多の胡國を敎化したことを書いたもので、西晋の惠帝の頃に道士の王浮(或は王符に作る)といふ者の僞作に係る。王浮がこの書を僞作するに至つたには相應の由來がある。

(第一)一體老子の學說は頗る印度的色彩を帶びて居る。老子の學說を波羅門哲學と對比すると兩者の間に尠からざる類似がある。故に歐洲の學者は多く老子は印度の影響を受けたものと信じて居る。甚しきは老子その人も印度より支那に移住むして來たものとさへ信じて居る。有名な佛蘭西の支那學者 Pauthier などは六七十年から以前に已にこの說を唱へて居り、支那と西方との古代の文化の關係を研究の目的として居つた Lacouperie は尤も熱心に老子の印度人たるべきを主張して居る。現代の支那學者では、獨逸の Hirth 氏なども餘程この說に傾いて居る。兎も角も老子は印度臭い、彼の學說には幾分佛敎の敎理とも相通ずべき點の存するといふことが『老子化胡經』の作者の附け目である。

(第二)老子はもと周に仕へたが、世の衰ふるを見て官を捨て、西方に出掛けたといふ傳說がある。『史記』の老莊申韓傳を見ると老子は晚年に關を出でゝ莫知其所終と載せてある。單に關とあつては不明なれど、『史記正義』には散關と註す。散關は長安の古都より四百淸里餘西に當つて、今の陝西省鳳翔府寶雞縣に在る。或は函谷關といふ說もある。函谷關は今の河南省河南府靈寶縣に在つて、洛陽の古都より西四百淸里餘に當つて居る。何れにしても老子は東周の都から西方に出掛けたので、『正義』によつて散關を出たとすると、或は遠く西域地方へ出掛けたものと想像すべき餘地もあるやうで、殊に莫知其所終の一句は遠く往つて再び支那に歸らぬやうに聞えて、老子の西域行に附會するに誠に都合が好い。それで西漢の末頃から老子は遠く流沙の西に出掛けたといふ傳説があつた。漢の劉向の作といふ『列仙傳』にその事を載せてあつたといふが、本書が今日に傳らぬから、眞僞何如は斷言が出來ぬ。（第三）『後漢書』（卷六十下）の襄楷傳に据ると、襄楷は當時の天子の桓帝に上書して時事を論したが、その書中に

或言老子入夷狄爲浮屠

の語あれば、東漢の末に已に化胡の説の行はれたことが明である。桓帝の時は佛教漸く流通し、殊に桓帝は老佛に歸依して、宮中に二者を併せ祀つた故に、當時老子に左袒する人はかゝる説を唱へて、暗に佛教を抑へたものと見える。又曹魏の魚豢の『魏略』（『三國志』の魏志の東夷傳の註に引く所に据る）には

浮屠所載與中國老子經相出入、蓋以爲老子西出關、過西域之天竺、教胡浮屠

と記して、老子化胡の説を尤も分明に表示して居る。化胡説の流行と共に佛道二教の爭の漸く激烈を加へたことは申す迄もない。『老子化胡經』の僞作者王浮は是等の説を繼承し、又利用したのである。老子の學説は佛教と似て居る所があり、老子は晩年に中國を後に西方に往つたといふ傳説もあり、殊に老子が天竺に往つて佛教を唱へたといふ説も行はれて居ること故、之を大成して『老子化胡經』を作つたのである。

三

晋の王浮が『老子化胡經』を僞作したといふことは『佛祖統記』第三十六卷に見えて居る。之に据ると道士の王浮は沙門の白法祖と議論して、負けた口惜しさに『老子化胡經』を作つて勝を求めたとあつて、之を東晋の成帝の咸康六年(西暦三四〇)に繫けて居る。同書の第五十四卷にも晋成帝、道士王符僞撰『老子化胡經』と掲げてある。『高僧傳』卷一にも王浮の事を載せてあるが、之に据ると王浮の相手の帛遠(即ち白法祖なり。遠は名にして、法祖は字なり)は西晋の惠帝の時に張輔といふものに殺されて居る。所が『資治通鑑』を検べると、張輔自身は永興二年(西暦三〇五)に戰死して居るから、王浮の『化胡經』を僞作したのが、その以前でなくては協はぬ。『化胡經』僞作の年代はかく相違して居るが、『高僧傳』の方が信憑すべく、從つて『化胡經』は西暦三百年前後に僞作されたものと認定すべきである。

王浮の作つた『老子化胡經』はもと一卷であつたが、(唐の道宣の『大唐内典錄』等には二卷とす)後にその徒が增附して都合十卷(『佛祖統記』には十一卷とす)とした。『佛祖統記』に据るとその第一卷には化罽賓胡王とて迦濕彌羅(カシミラ)國王を敎化せしこと、第二卷には倶薩羅國降₂伏外道₁とて中天竺の憍薩羅國にて外道を說伏せしこと、第三卷には化₂維衞胡王₁とて、釋迦の生國の迦毘羅國を敎化せしことを記載してある。維衞は又迦維衞とも書き、卽ち法顯の迦維羅衞國、玄弉の劫比羅伐窣堵國である。この『化胡經』の記事は佛經の文句を剽竊して作つたものといふことである。もと一卷の『化胡經』が十卷に增加したのみならず。『化胡經』の內容も隨分變化して居る。最初は老子自からが釋迦を敎へたといひ、後には老子が釋迦と生れ變つたといひ、又その弟子の尹喜を釋迦と生れ變らしたなど說は區々になつて居る。

四

『老子化胡經』が公にされてから、道佛二敎の爭は實に火の手を擧げた。道士は之にて敵の死命を制すべき屈竟の武器を得たりとて、頻に『化胡經』を振り廻はす。釋迦は老子の弟子である。弟子は固より先生に劣る。老子は中國人の爲に道敎を說いた。佛敎は胡人の爲に立した法である。中國人にして佛敎を奉ずるのは所謂蠻夷擾₁夏ものなりとて、盛に國粹主義を皷吹する。道士顧歡の『夷夏論』に

佛・道、齊₂乎達化₁。而有₂夷夏之別₁。以₂中夏之性₁、不₃可₂傚₂西戎之法₁

と主張し、道士張融の作と稱せらる、『三破論』に

今中國有奉佛者。必是羌胡之種。若言非耶。何以奉佛

と絶叫せるが如き、その一例である。佛敎徒も之には尠からざる打擊を受け、その防禦に全力を盡した。

當時佛敎徒が『化胡經』の毒焔に對する最良の防禦法は、『化胡經』が後人の僞作たることを證明するにある。それには釋迦を老子以前の人として、老子が釋迦を敎へるなどは到底あり得べからざることを證明すればよい。是に於てか釋迦の誕生を成るべく古代に置く必要が起る。釋迦の降誕を西周の昭王の二十四年と定めて、老子より四百年も以前の人としたのはこの理由に本づくのである。後魏の孝明帝の正光四年(西暦五二三)に道士僧侶を會して、佛道二敎の祖師の出生先後を對論せしめし時、道士姜斌は『老子開天經』を引き、老子は西域に抵りて佛を侍者に充つ。老佛二者はこれ同時の人なりと主張せしに對して、法師の曇謨は左の如き駁擊を加へた。

佛以周昭王二十四年生。穆王五十三年滅。計入涅槃後。經三百四十五年。始到定王三年。老子方生(中略)至敬王元年。凡經四百二十五年。始與尹喜西遁。據此年載懸殊。無乃謬乎(『古今佛道論衡』卷甲)

かくて首尾好く論壇の勝利者と宣せられて居る。併し道士も中々屈伏せぬ。老子は東周の世に生れて釈迦の後出といふかも知れぬが、老子は八十一變とて何度となく生れ變つて來て居る。西周の時は勿論、殷の時にも生れて居る。釈迦はやはり老子の後人であるといふから、佛敎徒も亦段々と釈迦の年代を繰り上げ、或は西周の初とし、或は殷の時代とし、或は夏の末などゝ主張いたす。これが釈迦出世の年代に關する異説を多くした原因の一である。勿論印度本國でも、釈迦出世の年代に關する異説は隨分あつた。併しその多數、殊にその出世年代をより古代に置く説は支那で製造されたもので、その目的は道敎對抗に存するのである。

大坂の人富永仲基の『出定後語』の下卷に佛出世の年代に關する諸説を掲げて、次の如き斷案を下して居る。

皆未可信。但趙伯林衆聖點記足以徵焉。是或其眞也。

平田篤胤の『出定笑語』も亦全く富永の説を祖述して居る。如何にも支那所傳の諸説の中では、この衆聖點記の説が一番實際に近く、今日歐洲の印度學者の説にも比較的よく接近して居る。之に据ると釈迦は孔子と同時、老子よりはやゝ後輩で、然もその年代相及ぶといふのが事實らしい。

五

佛敎徒は釋迦の年代を繰り上げて、釋迦が老子より敎を受けたといふ『化胡經』の說を否定せんと努力しつゝ、一方では『老子化胡經』に對抗せんが爲に、『老子大權菩薩經』などを僞作した。この書は今日に傳はらぬから、その年代や內容を詳にすることは出來ぬが、書名によつて內容は容易に想像される。唐の法琳の『破邪論』(唐の道宣の『廣弘明集』中に收む)の中にこの書から老子是迦葉菩薩。化游震旦の一句を引いて居る。又釋の僧敏の『戎華論』(梁の僧佑の『弘明集』中に收む)に

故經云。大士迦葉老子其人也。故以詭敎五千。翼匠周世。化緣既盡。回歸天竺。故有背關西引之邈(貌?)華人因之作化胡經也

と載せてある。經といふのは『老子大權菩薩經』かそれと類似の僞作佛經を指すので、梁代以前已にかゝる佛書の僞作されたことが知れる。『化胡經』の由來を佛家に都合好きやう牽强したなどは一寸手際である。

佛敎徒は道敎の祖師老子を佛弟子とするのみに滿足せず、更に儒家の祖師たる孔子、その高弟顏子を始め、聖人といふ聖人は殘らず味方に引き入れて居る。『須彌經』

(『廣弘明集』卷十二に引く所に据る)には

寶應聲菩薩化爲伏羲。吉祥菩薩化爲女媧。儒童化作孔丘。迦葉化爲李老。

と記し、『造天地經』(宋の羅泌の『路史發揮』に引く所に据る)にも次の如き畧同樣の記事が見えて居る。

寶歷菩薩下生世間。號曰伏羲。吉祥菩薩下生世間。號曰女媧。摩訶迦葉號曰老子。儒童菩薩號曰孔丘。

又『清淨法行經』といふには儒童菩薩を孔子に充て、光淨菩薩を顏子に、摩訶迦葉を老子に充てゝある。『清淨法行經』は北周の道安已に之を引用し、『造天地經』は北周の甄鸞之を引用し、『須彌經』は唐初の明槩に引用されて居る。されば佛教徒が南北朝時代から支那の聖賢を菩薩の化身として、佛教側に引き入れたことが明白である。明槩が三皇五帝孔李周莊皆是菩薩化身と主張して居るのは、化身說を極端まで應用したものである。この手段がやがて平安朝時代にわが國に輸入されて、本地垂迹の說となり、わが國では支那よりも一層の成功を見得たのである。

本地垂迹の說は普通に傳教大師や弘法大師によつて創唱されたものとなつて居る。この二人は何れも入唐した。唐時代は道佛二教の爭の盛な時であるから、この二人も支那の僧侶が老子や孔子を菩薩扱にして、宗勢を擴張した先例を見て、歸朝の日に之を我が國に應用したのであらうと想像される。本地垂迹の説が完全に組織されて、何の神の本地は何の菩薩と一々附會されたのは、固より後世の事であらうが、化身説を利用して神佛の調和を計らんとする傾向は、傳敎弘法の時からあつたので、これは支那から輸入したものであらうと想像される。十分の調査をして居らぬから、斯には單に想像といふて置く。

六

王浮の僞作した『老子化胡經』は兎も角も佛敎徒に恐慌を起さしめた。佛敎徒は熱心にその假僞を辯じた。『老子化胡經』の眞僞論は南北朝から唐代にかけて、道佛二敎の爭の主要なる題目であつた。唐の高宗の總章元年(西曆六六八)に復も僧道を宮中に會して、『老子化胡經』の眞僞を對決させたが、この時僧の法明、衆を排して出で、老子化胡の際に使用せし言語につき難問していふ、此際若し華語を使用せしとせんか、胡人は華語を解せざるべく、若し胡語を使用せしとせんか、何時代に誰人が胡語の『化胡經』を譯して漢文の『化胡經』となせしか、翻譯時代、筆受の人名を明示せよと、意外の問に一人の道士も應答し得るものなく、かくて佛者は勝利と宣せられ、一切の『老子化胡經』は燒棄を命ぜられた。

併しこの敕命は十分實行せられなんだものと見え、武后の萬歲通天元年（西曆六九六）に沙門の慧澄は前朝の決議により、『老子化胡經』を燒棄せんことを願ひ出た。武后は秋官侍郎劉如睿（また劉如璿）劉汝璿などに作る）等八學士に命じて『老子化胡經』の眞僞を論定させたが、八學士は老子化胡の事は漢隋の正史に載せ、一槪に捏造とのみ認め難しと復奏した。之に因つて道士は又勢を恢復し、道佛の爭は一層の激さを加へ、朝廷も遂にその弊に堪へざりしと見え、間もなく中宗の神龍元年（西曆七〇五）に次の如き詔を下した。

如ʟ聞道觀皆畫ʟ化胡成佛之相ʟ諸寺亦畫ʟ老君之形ʟ兩敎尊容。互有ʟ毀辱ʟ深爲ʟ不ʟ然。自ʟ今並須ʟ毀除ʟ其『化胡經』屢朝禁斷。今後有ʟ留ʟ此僞經ʟ及諸記錄有ʟ言ʟ化胡者ʟ並與削除。違者準ʟ敕科ʟ罪

この時隨分嚴重に搜索して燒き棄てたと見え、その後五百餘年間、『老子化胡經』の爭は一寸史乘に痕を絕つて居る。所が蒙古時代になつて『化胡經』が再び現はれて來て、道佛二敎の爭に復又花を咲した。蒙古時代の『化胡經』は唐代のそれと同一であるか

否かは兩時代の『化胡經』が共に全くは今日に傳はらぬから、一寸判定しかねる。併しその幾分存する所に就いていふと、即ち敦煌から發掘された『老子化胡經』の殘卷——この殘卷は內容や字體から推して唐代のものと認定される——と『辯僞錄』中に散見する蒙古時代の『老子化胡經』とを對照すると、同一でないやうに思はれる。蒙古時代の『化胡經』は恐らく唐代の『化胡經』の諸書に散見し居るものを掇拾し、又幾分任意添加したものであらう。敦煌發掘の『化胡經』の殘卷と蒙古時代の『化胡經』に就いては、他日稿を更めて論ずる積である。

隋唐時代に支那に来往した西域人に就いて

桑原隲藏（1871—1931）

《藝文》1-9，1910

隋唐時代に支那に來住した西域人に就いて

桑原隲藏

一

支那は世界の舊國でもあり、又大國でもあるから、その國名が早く西域諸國の間に傳はり、西域人も夙に或は陸路により、或は海路によつて、支那に通商を開き、又支那に移住した。

陸路に於ける東西の交通の開始 正確に東西の交通の開けたのは、漢時代からである。漢時代に陸路を開いたのは勿論張騫で、彼は武帝の元光六年(西紀前一二九)の頃に、中央亞細亞の大夏(＝Bactria)まで出掛けた。爾後陸上に於ける東西の交通は、年と共に頻繁を加へ、漢と身毒・安息との間は申すに及ばず、遠西の犂軒(＝大秦)との間にさへ、交通が開かれた樣である。かくて北支那を指すかと想はれる Serica といふ地名や、北支那の首都、恐らくば長安を指すかと想はれる Sera〔Metropolis〕といふ地名が、希臘・羅馬の記錄に載せられて居る(Yule and Cordier; Cathay and the Way thither. vol 1, pp. 15-17. Coedès; Textes d'Auteurs Grecs et Latins relatifs a l'Extrême Orient. pp. 45-51. etc)。當時の陸上の交通路は、Herrmann 氏の發表した所が、大體に於て妥當と認めて差支ない (Die alten Seidenstrassen zwischen China und Syrien. Karte)。

海路に於ける東西の交通の開始 海上の交通も陸上と略同時に開けた。武帝が元鼎六年(西紀前一一一)に南越を滅ぼして、その國都の番禺(＝廣州)を陷れた後ち、使者を南海諸國に派遣して互市を營ましめた。この使者の歷訪した國名は『漢書』卷廿八下の地理志下に記載されて居る。その極西の國名の一を黃支國といふ。Lacouperie はこの黃支國を波斯灣の Hormuz に擬し (The Western Origin of the Early chinese Civilisation. p. 182) Herrmann 氏は之を阿弗利加のアビシニア地方に擬定したが (Ferrand; Le K'ouen-louen etc. p. 203〔J. A. 1919〕)皆信憑するに足らぬ。我が藤田博士は黃支國を南印度の東海岸の Kānči に擬した(大正三年十一月號『藝文』所收「前漢に於ける西南海上交通の起源」頁四五)。その後ち五年許を經て、佛蘭西の Ferrand 氏も亦略同樣の說を發表した (Le K'ouen-louen etc. pp. 203-204)。兎に角西漢時代に南支那と印度との間に海上交通の開けたことは殆んど疑惑を容れぬ。西曆一世紀から二世紀の間に、東漢時代となると、希臘・羅馬の商船も支那方面に往來して、南支那を指すかと想はれる Sinai といふ地名や、極東の港としての Kattigara (＝交州)や、Thinai 又は Sinai〔Metropolis〕(＝廣州)の名が西方に聞えた(Coedès; Textes d'Auteurs Grecs et Latins. pp. 42-44, 181. etc. Richthofen; China. Bd. I, ss. 507-510)。この時代の海上交通路は、早く Yule によつて硏究されて居る (Notes on the Oldest Records of the Searoutes to China from Western Asia. pp. 649-659. 〔Proceeding of R. G. S. 1882〕)。

支那人は槪していへば開放的で鎖國をせぬから、古來その國に外國人の移住歸化が多い。勿論支那でも時代によつて、外國人の內地移住を嚴重に取締つたこともある。例へば漢時代には、邊人不得內移といふ制限があつて、特別の事情がなければ、支那人でも邊郡から內地に移住することを許可せぬのであるから、外國人などが容易に內地に移住出來る筈がない。

內地移住の制限 西漢時代に政略上の目的等で、地方の豪族を京畿附近へ移住させたこともある（『西漢會要』卷九四參看）。されど此の如きは特別の場合に限つた。故に『漢書』卷廿八下の地理志下に、

漢興立都長安。徙齊諸田。楚昭・屈・景。及諸功臣家於長陵（＝漢高祖陵）。後世々徙吏二千石。高訾富人。及豪傑兼幷之家於諸陵。蓋以强幹弱支。非獨爲奉山園也。

と記してある。內地から邊郡への移住は許されるが（『後漢書』卷六一賈琮傳參看）、邊郡から內地への移住は中々容易でない。東漢末の應劭に據ると、西漢の武帝時代の名將の楊僕は宜陽（河南省）の產で、函谷關以外に家して、田舍者扱をされるのを心外として、その戰功を負うて朝廷に上書し、遂に關を移して關內の人になつたといふ。

樓船將軍楊僕數有大功。恥爲關外民。上書乞徙東關。以家財給其用度。武帝好廣闊。於是徙關於新安。去弘農〔舊關〕三百里（『漢書』卷六、武帝本紀、元鼎三年の條の注）。

この應劭の所傳に就いては、幾分の疑惑もあるが、そは姑く措き、かゝる所說の流傳そのものが、關外から關內に移住することの困難といふ、當時の事實を裏書するものと認めねばならぬ。西漢の平當の祖父も莫大なる献金をして、下邑（江蘇省の北部）から平陵（＝漢昭帝陵）に徙ることを許された（『漢書』卷七一、平當傳）。東漢の張奐もその戰功に對する恩賞を辭し、その代りに特に邊人不得內移といふ制限を免せられて、邊境の敦煌〔郡〕酒泉〔縣〕（甘肅省）から、內地の弘農〔郡〕華陰〔縣〕（陝西省の東部）に徙ることを許され

た(『後漢書』卷九五、張奐傳)。勿論これらは特別扱である。歸化外國人は、普通邊境に近く安挿される例であつて、內地に住居することは難事であつた。

所がこの制限も、東漢末から三國を經て、西晉時代にかけて次第に弛緩して、外國人の內地移住が自由となり、その結果永嘉の亂を釀して、所謂五胡時代を現出したのである。

異族の雜居　既に魏の嘉平三年(二五一)に、鄧艾が內地に雜居せる羌胡を邊外に出すべきを上言して居る(『三國志』卷二八、鄧艾傳)。ついで西晉の武帝の太康元年(二八〇)に郭欽(『資治通鑑』晉紀三)、惠帝の元康九年(二九九)に江統(『晉書』卷五六、江統傳)等、相前後して徙戎の急務を上疏した。郭欽や江統の上疏によつて、當時北支那地方に夥しい羌胡の雜居した狀況がよくわかる。されど漢末以來戰亂の後を承けて、戶口減少して、西晉初期の戶口の數は、漢の盛時の十分の一と稱せらるゝ程であつたから(『晉書』卷四七、傅咸傳參看)、西晉の武帝の如きは、徙戎よりも先づ異族招倈の方針を執つた。試に『資治通鑑』に據つて、武帝一代の間に、內地に歸化した異族の口數を擧げると、略左表の如くである。

	西曆	
咸寧三年	二七七	〔西北雜虜、鮮卑、匈奴等〕諸胡二十萬口來降。
太康五年	二八四	匈奴二萬九千三百人來降。
太康七年	二八六	匈奴等胡十餘萬口詣雍州降。
太康八年	二八七	匈奴萬一千五百口來降。
太康十年	二八九	奚軻〔夷種〕男女十萬口來降。

その他『晉書』卷三武帝本紀を檢すると、東夷八國歸化(咸寧二年)とか、東夷二十九國歸化(太康三年)とか、

東夷十一國內附（太康十年）等の記事が疊見するが、口數不明であるから、前表には開列せぬ。太康元年（二八〇）に於ける天下の總人口約一千六百萬が、晉一代の極盛と稱せらるゝが（『晉書』卷一四、地理志上）この總人口に對して、前記の武帝一代に歸化し來た口數の判明せる異族は、約三十分の一に當る。この新來の異族に、東漢三國時代から既に內地に雜居した匈奴・氐羌・烏桓等を加へて考慮すると、西晉時代に北支那に雜居せる異族の數は、設想以上であらねばならぬ。江統が關中之人。百餘萬口。戎狄居半と斷せる所、決して誇張でないと思ふ。

五胡時代から南北朝時代にかけて、塞外種族が支那の大部分を占領した時代に、外國人の內地移住が自由であつたこと申す迄もない。塞外種族が支那を司配した時代は、何時でも外國人に對する取締の寬大であること勿論であるが、就中五胡南北朝時代と元時代が一等寬大で、外國人の內地移住者も、從つて一番多數であつた。既に元初の胡三省の述べて居る如く、隋唐以後支那史上に見はれる來る人物に、塞外種族の裔と認むべき者が頗る多い。彼等は風俗も習慣も純支那人と全然同化して居るが、その身許を洗ひ溯ると、外國人の血を傳へた僞支那人である。

混血の僞支那人　胡三省は『資治通鑑』晉紀卅、太元廿一年（三九六）の條に註して、

嗚呼自隋以後。名稱於時者。代北之子孫。十居六七矣。氏族之辨。果何益哉。

と慷慨して居る。慷慨は兎に角、この事實に注意した所は流石と思ふ。さるにても十居六七とは、多少浮實の嫌はあるが、隋唐時代に塞外種族、主として鮮卑種族から多數の人物が輩出した事實は、誰人も否定

することが出來ぬ。吾が輩は他日機會を得次第、この事實を具體的に調査したいと心掛けて居る。五胡・南北朝時代には、北狄東胡種族が多く支那內地に雜居したが、隋唐・宋元時代にかけては、西域人の來住多きを加へたから、後世の支那人の間には、西域人の血を傳へた僞支那人も尠くない筈である。

從つて近時の支那政界を見渡しても、その祖先が外國出身であつたであらうと推測される人物が尠くない。淸朝の末期に盛に國粹主義を唱へた人で、軍機大臣にまで登つた張之洞(=張文襄)の如きも、南皮(直隸省)の人であるが、南皮の張氏といへば、烏桓種族の裔といふ嫌疑がないでもない。

南皮の張氏　五胡時代に支那に雜居した烏桓人は、多く張姓を稱した。張伏利度とか張驥とか、一々開列に堪へぬ。張驥の子の張超は、南皮に據り烏桓王と稱して、一時この地方に獨立したこともある(『資治通鑑』晉紀三二、隆安二年の條參看)。張之洞の祖先が、果して烏桓出身であるや否やは、勿論確知し難い。

現今では最早政界から退隱したが、十數年前までは海軍大臣などを勤めて、淸末の官界に相當羽振り好かつた薩鎮冰は、福建福州の人である。福建の薩氏といへば、元時代に中國に移住した、西域人の裔たること疑を容れぬ。

福建の薩氏　薩といふ姓は純支那人の間に存在せぬ。元時代から始めて薩といふ姓が見えて來るが、之は西域出身者に限る。例へば元時代の有名な詩人に薩都刺(=薩天錫)がある。この人は答失蠻氏で卽ちイスラム敎徒であつた。福建の薩姓は西域人薩仲禮の後である。薩仲禮は元時代に福建地方の官吏となり、その儘今の閩侯縣(=福州)に家した。その子の薩琅は至孝を以て聞えて居る(『重纂福建通志』卷二一九、孝義傳參看)。薩琅の子の薩琦は、明の宣德五年(一四三〇)に進士となり、禮部侍郞に至つた。薩琦は儒學に邃く、從來の色目人としての習俗を棄て、喪葬すべて朱子の家禮に循ふたといふ(『重纂福建通志』卷一九六、人物列傳參看)。薩鎭冰も閩侯縣の人であるから、この薩琦の後たること略ゝ疑を容れぬ。

二年前の奉直戰に、馮玉祥の部將として働き、一時は熱河都統となり、最近は開封の國民軍司令の職をとつた米振標の如きも、その姓氏から推して、彼の祖先は西域出身と斷ずる外ない。此の如きは一例に過ぎぬ。兎に角支那に外國出身者の、混血子孫が尠くないことは、爭ふ可らざる事實である。然るに支那で出來た古來の姓氏や譜系の書物は、誠に不完全至極のもので、到底これらの事實を闡明するに足らぬ。又支那の學者は勿論、日本・西洋の學者達も、今日までこの方面の研究に、殆ど手を着けて居らぬのは、遺憾千萬と申さねばならぬ。

姓氏の淆亂 支那の上古に家族制度が行はれ、階級制度の行はれた時代には、姓氏の區別は嚴重であつた。姓氏を正すことが、當時の行政の一大事と認められて居つた。併し戰國・秦漢時代にかけて、階級制度の崩壞と共に、姓氏は次第に淆亂して來た。五胡・南北朝時代に、塞外種族の雜居多きを加へると共に、姓氏の淆亂一層を增したこと申す迄もない。加ふに後魏の孝文帝は鮮卑種族の姓氏を漢風に改め(『魏書』卷一一三、官氏志參看)、その反對に西魏の宇文泰(=北周の文帝)は、漢人の門閥家や功臣に蕃姓を稱せしめた(南宋の洪邁『容齋三筆』卷三參看)。かく姓氏は淆亂しつゝも、東晉南北朝時代を通じて、殊に南支那では、九品中正の法が行はれ、門閥を尙ぶ風が盛であつたから、譜系は隨分尊重された(淸の趙翼の『陔餘叢考』卷一七、譜學の條參看)南宋の鄭樵が、

自隨唐而上。官有簿狀。家有譜系。官之選擧必由於簿狀。家之婚姻必由於譜系。歷代並有圖譜局。置郎令史。以掌之。仍用博通古今之儒。知撰譜事。凡百官族姓之有家狀者則上之。官爲考定詳實。藏於秘閣。副在左戶。若私書有濫。則糾之以官籍。官籍不及。則稽之以私書。此近古之制。以繩天下。使貴有常尊。賤有等威者也。所以人尚譜系之學。家藏譜系之書。(『通志』氏族略第一、氏族序)。

と述べたる所、略事實を得て居る。

併し隋唐の交から科擧の法が開け、九品の法が廢すると、世は實力競爭の時代となつて、常貴常賤の區別は次第に撤去された(『新唐書』卷一九九、柳沖傳參看)。かくて姓氏の意義や、譜系の價値は、次第に世間に忘却されて來た。六朝門閥全盛の時代に行はれた、多額の陪門財を納れて門閥家と通婚する弊(北齊の顏之推の『顏氏家訓』治家第五、『貞觀政要』禮樂第二九參看)は日一日と廢れて、唐の中世以後、宋時代には、莫大な繫捉錢を懸けて、進士を女婿に迎へる風が盛となつた(北宋の朱彧の『萍洲可談』卷一參看)。この陪門財と繫捉錢との交替は、唐を中心としてその前後に於ける、世相の變遷を尤も雄辯に物語るものである。加之唐代以來通譜——單に同姓といふので祖先を異にする者が一家となること——や賜姓——皇室の姓を蕃臣や功臣に附與すること——が濫用された爲め、姓氏の紛糾一層を加へた。

姓氏書類の不完全

唐宋以後譜學は衰へたけれど、唐の林寶の『元和姓纂』や、南宋初期の鄧名世の『古今姓氏書辯證』を始め、この間に出來た姓氏關係の書物は尠くないが、何れも不完全不正確なもので、縱令博は許し得ても精は望み難い。例へば李姓は張三李四など稱せられて、支那に尤も普通の姓であるが、中國人固有の李姓の外に、蕃人出身の人で李姓を稱する者が頗る多い。等しく李姓を稱する蕃人の中に、高麗人や渤海人もあれば、奚人もあり、契丹人もある。更に回紇人や突厥人や黨項人や黠戞斯人にして李姓を稱した者もあり、また安國(=Bukhara)人や印度人や大食人や、波斯人にも猶太人にも李姓を稱した者がある。故に唐以後の支那史上に見はれて來る李姓に就いては、その蕃漢を區別する爲には、特別の注意を拂はねばならぬ。然るに支那の姓氏書類には、殆どこれら蕃人の李姓を載せてない。此等の書類編纂者は、かゝる李姓の存在を一切知らざるが如く見える。他の白姓や劉姓や康姓や石姓等、すべて蕃人と關係ある姓氏に就いても、同様の缺陷を指摘することが出來る。概して言へば、支那の正史や姓譜が、外國出身者に對する注意が十分でない。從つて正史や姓譜に、特に外國出身者として記載さるゝ者は、先づ間違なく外國出身者として、その純支那人として記載さるゝ者の中にも、實は外國出身者が尠くないことを記憶せなければならぬ。

そこで吾が輩は、僭越にもこの方面の研究に、聊か草萊を披くべく、茲に本論文を起稿した譯である。西域といふ名稱は非學術的で、曖昧かも知れぬが、支那の正史に使用された字面を襲踏したので、無論今の新疆省をも含むが、本論文では近き新疆よりも、遠き中央亞細亞·印度·波斯一帶の土地に重きを置いた。四方の異族の中で、特に西方の異族を擇んだのは、文化史上から觀て、より興味多しと考へたからで、隋唐と限つたのは、この前後にかけて、西域人の支那來住が多きを加へたからである。

支那來住の西域人に關する講演

吾が輩は一昨大正十三年十二月に開かれた支那學會の大會で、「中古支那に移住せし西域人に就いて」と題する講演をした(大正一四年一月號『史林』頁一八五參看)。本論文は勿論その講演を土臺としたが、內容の大半は全く面目を一新して居る。講演は中古として、隋唐宋元を包括したのを、本論文では時日の切迫や、紙數の制限等の事情の爲め、隋唐時代と限つた。時代を限つた以上、その時代を中心とはするが、行論の都合で、時に南北朝時代に溯ることもあれば、時に五代以後に降ることもある。

二

支那と西域との交通は、西漢時代から始つたが、その西漢時代から、西域人は早く支那に來住して居る。『漢書』地理志に據ると、今の陝西省の北邊に、龜茲縣があり、又今の甘肅地方に驪靬縣がある。何れも西域の龜茲國や驪靬國から、團體的に支那に移住して出來たものと認めねばならぬ。同時に月氏や温宿邊からの團體的移住民もあつたらしい。東漢時代にも月氏・安息・康居諸國人の支那に來住したことが、支那の記錄に散見して居る。

龜茲・温宿・月氏の移住民

龜茲縣は上郡の治下に在つて、淸時代の陝西省綏德府米脂縣に當る(淸の錢坫の『新斠注地理志』卷一三)。唐の顏師古はこの龜茲縣に就いて、

龜茲國人來降附者。處之於此。故以名云(『漢書』卷二八下地理志下)。

と解釋を下して居る。之に據ると龜茲縣は、西域の龜茲國(=民國の新疆省阿克蘇道庫車縣)人の來降歸化した者を安挿した處と認めねばならぬ。

顏師古は又『漢書』卷九十六西域傳下の温宿國の條に註していふ。

今雍州醴泉縣(=陝西省關中道醴泉縣)北。有山名温宿嶺者。本因漢時得温宿國人、令居此地田牧、因以爲名。

吾が輩は顔師古の説の本づく所を知らぬが、姑くその説に從ふと、當時温宿國(=新疆省阿克蘇道阿克蘇縣)人の來住を承認せなければならぬ。

『漢書』地理志下に據ると、安定郡の治下に月氏道がある。月氏道は略〻今の甘肅省涇原道鎭原縣の東北に當る(淸の楊守敬『前漢地理圖』參看)。この月氏道に就いて錢坫は、

此則以其國(=月氏)降人所置也(『新斠注地理志』卷一二)

と解釋して居る。但しこの月氏は、甘肅の南山の小月氏か、中央亞細亞の大月氏か、何れを指すかは明瞭でない。

驪靬の移住民　龜茲・溫宿等の移住民に比して、一層の注意を要するのは驪靬の移住民である。西漢時代の驪靬縣は、張掖郡の治下に在って、淸時代の甘肅省涼州府永昌縣の南に當る。錢坫はこの驪靬縣に就いて、次の如き解釋を下して居る。

說文解字作麗靬。張騫傳作犛靬。西域傳作犁靬。本以驪靬降人置縣(『新斠注地理志』卷一二)。

驪靬は卽ち『史記』大宛傳の黎軒で、『後漢書』西域傳の犁鞬に當ること申す迄もない。驪靬といふ名稱の解釋は區々で一定して居らぬ (Hirth; China and the Roman Orient. p. 170)。就中 Hirth 氏の驪靬=Rekem 說(China and the Roman Orient p. 171) 白鳥博士の驪靬=[A] lek[s]an [dria] 說(明治三七年四月號『史學雜誌』所收「大秦國及び拂菻國に就きて」頁二五二―六)は尤も有力と認めらるゝが、茲には姑くこの問題に

触れることを遠慮する。驪靬の名稱の解釋は一定せずとも、之を當時の羅馬帝國若くはその一部に擬することに就いては、今日の學界に異議がない。かくてこの驪靬縣に、羅馬の歸化人を安插したものと斷せねばならぬ。

東漢時代に於ける西域人の移住

東漢時代に於ける月氏國人の移住は、唐の智昇の『開元釋敎錄』卷二に

〔支謙〕大月支（＝大月氏）人也。祖父法度以漢靈帝世。率國人數百歸化。拜率善中郎將

と見えて居る。

『魏書』卷三十、安同傳に、

安同遼東胡人也。其先祖曰〔安〕世高。漢時以安息王侍子入洛。歷魏至晉。避亂遼東。遂家焉。

とあるに據ると、後魏開國の際に、太祖・太宗・世祖三代に歷仕して功勞を建てた安同の一家の祖先は、もと安息人で、東漢時代に支那に移住した者と認めねばならぬ。されど支那人は兎角西域出身の安姓を、安息の王子の安世高に附會する習癖があるから、『魏書』のこの記事も、或はその儘に信憑出來ぬかも知れぬ。たゞ安同の祖先は西域人で、後魏の開國以前の或る時期に、東方に移住し來たことは、事實と認めて差支あるまい。

南朝の齊・梁二代に仕へて、文武の功勞の多かつた康絢の祖先も、漢時代に移住して來た西域人と傳へられて居る。『梁書』卷十八に彼の祖先に就いて、次の如く記載してある。

其先出自康居。初漢置〔西域〕都護。盡臣西域。康居亦遣侍子。待詔於河西。因留爲黔首。其後以康爲姓。

この康絢の一家については、後に更に辯論せようと思ふ。

漢の屬國都尉　兩漢時代を通じて歸化外國人は、西北の邊郡に集團的に安挿して、屬國を作つた。元の胡三省が、

漢置屬國於邊郡。以處降胡（『資治通鑑』宋紀五、元嘉十六年の條の註）。

と述べたるもの卽ちこれである。この屬國の降衆を司配する武官を屬國都尉といふ。故に『後漢書』卷卅八百官志五に、

每屬國置都尉一人。比二千石。…………置屬國都尉。主蠻夷降者。

と記載してある。『漢書』地理志を見ると、天水郡にも安定郡にも屬國都尉があり、更に上郡には歸化の匈人を司配すべき匈歸都尉もある。『後漢書』郡國志五を見ると、廣漢・蜀郡・犍爲・張掖・張掖居延・遼東各方面に屬國都尉がある。屬國都尉はすべて邊郡に設けられたこと疑を容れぬ。『漢書』卷七十九、馮奉世傳に、上郡屬國歸義降胡萬餘人反去といひ、『後漢書』郡國志に蜀郡屬國の口數四十七萬餘を計上してあるに據ると、當時歸化外國人——主として西羌や匈奴と想はれる——が、存外多數であつたことが判る。

されど西域人が盛に支那に來住したのは、隋唐以後、殊に唐時代で、この移住外國人の中に、名の聞えた人も尠くない。唐時代の支那は、當時の世界で一とあつて殆ど二と下らぬ大國で、又文明國であつた。唐の天子は單に支那一國の皇帝たるのみでなく、併せて塞外諸族及び西域諸國の共同の大君主と仰がれて、天可汗といふ稱號を有つて居つた。唐の國都の長安の名や

若くば京城を訛つたと想はれる Kumdan の名は、世界の端々まで響き渡つた。

長安の異稱　唐時代の長安は印度人に Mahā Čina 莫訶支那として知られて居る (Chavannes; Mémoire sur les Religieux Éminents etc. p. 56)。イスラム教徒は之を Khomdan, Khamdan 又は Hamdan と呼び (Heller; Das Nestorianische Denkmal in Singan Fu. s. 47)、東羅馬人は之を Khoubdan と稱し (Coedès; Textes d'Auteurs Grecs et Latins etc. p. 141)、大秦景教流行中國碑のシリア文には、之が Kumdan と記されて居る (Pauthier; L'Inscription de Si-ngan-fou. p. 43)。この Khomdan 又は Kumdan 等の名稱の解釋に就いては異説が多い。Pauthier や Neumann や Hartmann 氏の解説 (Yule and Cordier; Cathay. vol. I, p. 31 參看)の外に、Hirth 氏は此等の名稱を京城の轉訛と認め (Nachworte zur Inschrift des Tonjukuk. ss. 35-36)、我が佐伯好郎氏は關内の轉訛と認めて居る(『景教碑文研究』頁一三〇—一三一)。吾が輩は此等の諸解説の中で、Hirth 氏のそれを妥當と認め、文献上より音韻上より、京城=Kumdan 説の確實なることを疑はぬ。

唐時代の長安の狀況　大正二年八月に發行された榊博士の『大師の時代』は、大師入唐前後に於ける長安の狀況をよく描出して居る。大正十一年二月發行の拙稿『大師の入唐』中にも、唐時代の長安の外形內容に就いて、多少參考に資すべき記事がある。昨大正十四年六月の史學會の例會で、石田學士が「唐都長安に於ける胡人」と題する講演を試みられた由であるが(大正一四年七月號『史學雜誌』頁五八—六一)、未だ論文として發表されぬのを遺憾とする。

かくて世界各國の人々、近き日本・新羅・高麗などは申すに及ばず、遠き中央亞細亞から、印度・波斯あたりの人々も、尠からず支那に來住もすれば來仕もした。これら外來の異族を度外視しては、當時の歷史を十分に知ることが出來ぬ。例へば唐の中世に起つた天寶の亂を見ても、その舞臺に立つた大人物は、大半外來の異族である。

賊軍中の異族出身者 天寶の亂の發頭人の安祿山は、普通に營州の雜胡として知られて居るが、實はイラン種族らしい。之に關しては後に更に辨せようと思ふ。安祿山の死後、代つて賊軍の大首領となつた史思明は、突厥人である。安祿山の寵將で、長安攻陷に殊功を建て、遣渤海使の上奏で、その名をわが國史(『續日本紀』卷二一、天平寶字二年の條)に特書されて居る孫孝哲は、契丹人である。その他突厥出身には、阿史那承慶や阿史那從禮があり、奚出身には安忠志や張孝忠があり、鮮卑出身には達奚珣があり、匈奴出身には獨孤問俗があり、契丹出身と想はるゝ者に李懷仙がある。西域出身かと推せらるゝ者も一二人ないではない。安・史の逆黨の大將達の出自の傳はらぬ者が多いが、李泌が今獨虜將或爲$_{二}$之用$_{一}$。中國之人。惟高尙等數人(『資治通鑑』唐紀三五、至德元載の條)と評せるに據ると、賊軍の中堅をなした大將の多くは、異族出身者たりしこと疑を容れぬ。而して此等異族の大將の指揮の下に、主として、奚・契丹・室韋・同羅(トンラ)等の塞外種族の兵士が奮闘したのである。

官軍中の異族出身者 之に對して官軍の幹部も、郭子儀等二三を除けば、皆異族出身者と申してよい。安西節度使として威名を揚げ、最初に官軍の總大將となつた高仙芝に高麗人である。安祿山の好箇の敵手として、高仙芝失敗の後を承けて、官軍の總大將に推された哥舒翰は突騎施(トルギス)人である。郭子儀と相並んで當時の軍界の雙璧と推され、尤も賊黨征服に功勞を建てた李光弼は契丹人である。郭・李二將に亞ぎて、威名の高かつた僕固懷恩は鐵勒人である。その他王思禮(高麗人)の如き、渾惟明・渾釋之(ともに鐵勒人)の如き、茘非元禮(西羌人)の如き、論惟明(吐蕃人)の如き、白孝德(龜茲人)の如き、李抱玉・李抱眞(ともに中央亞細亞の安國人)の如き、皆官軍の大將若くは部將として、相當の功勞を建てた異族出身者として、列擧せなければならぬ。この渾釋之の子が、德宗時代の奉天定難功臣の第一に推される有名な渾瑊である。此等異族出身の將校及びその配下の諸蕃部の努力と、囘紇・于闐・拔汗那・大食及びその他の西域諸國の出兵援助とがなかつたら、唐室の復活は或は難事と斷じても、必しも不當であるまいと思ふ。

吾が輩は隋唐時代に、西域から支那に來住して、記錄にその名を傳へて居る人々を、遠き波斯方面から始め、次に印度、最後に中央亞細亞諸國といふ順序で紹介せようと思ふ。

三

波斯人は後くも後魏の末期に、已に北支那に移住して居るが、その移住者の姓名は傳らぬ。唐時代になると、政治上その他の關係で、波斯人が可なり支那に移住して來て、その名も二三知られて居る。第一には Sassan 王家の嫡流の卑路斯(=Firuz)及びその子の泥涅斯(=Narses?)が、大食に逐はれて長安に來住し、遂に茲に客死した。彼等は必ず相當の一族臣僚を引率して、長安に流寓したに相違ない。

卑路斯と泥涅師

後魏時代に支那來住の波斯人のことは後に讓る。波斯の Sassan 王家最後の伊嗣俟(=Isdigerd)が西暦六四一年の Nehávend の戰敗後、暫く東陲地方を流浪したが、やがて Marv(=Merv)

附近で殺害された。その子の卑路斯もこの方面で囘復を志したが、遂に望を空くして、唐の高宗の咸亨年間（六七〇—六七三）に長安に來て、右武衞將軍に拜せられた。當時その國人が相當に卑路斯に伴隨して來たこと疑を容れぬ。唐の韋述の『兩京新記』に、右街の醴泉坊に在る波斯胡寺に就いて、左の如き記事を載せてある。

儀鳳二年（六七七）波斯三（王の誤字）卑（一本に畢に作る）路斯。奏請於此置波斯寺。

國人の伴隨者が相當多數であつたればこそ、その信仰の爲に、特に波斯胡寺（＝祆教の寺院）を建立する必要を生じた者と解釋せなければならぬ。卑路斯はやがて長安に客死すると、調露元年（六七九）に卑路斯の子の泥涅師は、一旦西域に歸つて囘復を圖つた時に、部下猶ほ數千人を有した事實が、この解釋を裏書する。されど泥涅師も亦その志を果し得ずして、景龍二年（七〇八）に、復た長安に來て、左威衞將軍に拜せられ、やがて長安で客死した。卑路斯及び泥涅師の事蹟は、『舊唐書』と『新唐書』と互に出入あるが、今はその異同を考覈する暇なく、茲には唯大略の概梗のみを擧げた。泥涅師或は泥湼師に作り、或は泥湼師・泥洹師等文字は區々となつて居るが（『通鑑考異』卷一〇、『資治通鑑』唐紀一八、調露元年の條の註參看）、Sassan 王家の王名と對比して、泥涅師の音譯が尤も正しいかと思ふ。『集韻』にも泥涅〔師〕波斯酋長名とあるといふ（『康熙字典』卷六、參看）。

泥涅師と略〻同時代の人で、波斯から唐に歸化した人に阿羅憾がある。この人は唐に仕へて、右屯衞將軍金城郡開國公に立身して、景雲元年（七一〇）に洛陽で死んだ。その事蹟は波斯國酋長阿羅憾丘銘に詳である。

この碑石はもと清末の端方の所藏であつたが、今は我が東京博物館の所有に歸した。

阿羅憾丘銘の解釋

阿羅憾丘銘の解釋は端方の『陶齋臧石記』卷廿一に簡單に掲錄されて居り、又羽田博士の波斯國酋長阿羅憾丘銘(大正二年十一月號『東洋學報』所收)に、より詳細な解釋が發表されて居る。吾が輩はこの阿羅憾は Abraham の音譯、その子の俱羅といふは Korah の音譯と思ふ。阿羅憾が Abraham の音譯たり得ることは、已に羽田博士の證明した所であるから、茲に蛇足を添へぬ。梵語の Kōlita に俱律陀を Kōti に俱胝を當てる實例(Eitel; Sanskrit-Chinese Dictionary. p. 77)から推すと、俱羅を Korah に擬して何等の支障がない。Abraham も Korah も猶太人の間に多い名稱である。從つて吾が輩は、この阿羅憾は或は波斯から移住して來た猶太人でないかと疑ふ。當時猶太人は波斯にも、西亞細亞にも、相當多數に住居して居つた。阿羅憾を波斯國大酋長と稱する點も、阿羅憾を拂林國諸蕃招慰大使として、この方面に聖敎を宣傳せしめた點も、彼を猶太人と認めると、可なり容易に解釋出來るやうである。猶太人は後くも唐時代に支那に來住した筈故、阿羅憾を猶太人と認めても格別差支がない。阿羅憾を景敎徒としても解釋出來るかも知れぬが、吾が輩は猶太人と認める方に一層傾いて居る。

唐の中世に靈州靈武(甘肅省)の人に程俱羅がある。至孝を以て當時に聞えた(『新唐書』卷一九五、孝友傳)。俱羅といふ名は餘程珍らしい。支那では南北朝・隋唐時代にかけて、宗敎關係の名を命することが流行した。慕容悉達とか高菩薩とか王瞿曇とか、佛敎關係の命名が勿論多いが、時には北周の宇文護の如く、薩保といふ祆敎關係の名を付けた者もある。程俱羅の一家は西域の門戶に近い靈武に住んで、往來通商の猶太人に接する機會が多かつたから、かゝる名を付けたか、若くば彼の一家が猶太人で、かゝる名を付けたか、兎に角倶羅といふ名は注意を要すると思ふ。

Sassan 王朝の滅亡後、波斯は大食の司配を受けるが、この時代に波斯人は大食人と共に、海に陸に支那と通商を營み、彼等の多數が廣州や揚州や國都の長安に滯在したことは、東西の史料に明記されて居り、吾が輩は嘗てその概略を學界に紹介して置いた。

唐時代支那に來住したイスラム商賈

D'Ollone 氏はこの時代に支那に來往したイスラム敎徒に就いて、次の如く記して居る。

西暦七世紀若くば八世紀の頃に、アラブ人が廣州及びその他の港、例へば杭州の如き港に澤山に住み、又西安府(=長安)や他の若干の都會に、大なり小なり注意すべき植民〔地〕を作つて居つたことは疑を容れぬ(Recherches sur les Musulmans Chinois〔Mission d'Ollone〕p. 434)。

この七世紀若くば八世紀とあるは、八世紀若くば九世紀と改訂を要し、杭州とあるは揚州と改訂を要すると思ふ。當時代に於ける大食人や波斯人を包括するイスラム敎徒の東航に就いては、吾か輩は已に拙著『蒲壽庚の事蹟』中に紹介したから、茲に繰り返へさぬ。

これらイスラム敎徒の多數は、勿論通商を目的に、彼此の間を往來したのみであるが、中にはその儘支那に永住した者も尠くなく、又通商以外の目的で來唐した人々が、種々の事情でその儘支那に永住した者もあつた樣である。但その姓名の後世に傳つた者甚だ少く、波斯人としては、五代初期の石處温、大食人としては唐末の李彥昇を擧げ得るに過ぎぬ。

李彥昇と石處温

大食人李彥昇が、宣宗の大中二年(八四八)に、進士として登科した事實は、拙著『蒲壽庚の事蹟』(頁一〇四)に紹介してある。石處溫は前蜀及び後蜀に仕へ、後蜀時代に節度使となり、撿校司空を加へられた人で、その事蹟は北宋の路振の『九國志』卷七に見えて居る。『九國志』に萬州(四川省)人。本波斯之種とあるに據ると、彼の一家は多分唐時代に、波斯から四川地方に移住して來たものと斷せねばならぬ。わが聖武天皇の天平八年(七三七)に、遣唐副使中臣名代に伴はれて來朝した、波斯人李密翳(『續日本紀』卷一二參看)も、或は當時長安に來住した波斯人で、更にわが國に來化した者かと思ふ。佐伯好郎氏はこの李密翳(或は李密醫)を、景敎徒と認められて居るが(『景敎碑文研究』頁一五一—一六八)、吾が輩は今一番の研究を經ねば、之に對して賛否を確言し難い。

支那の姓氏書に見えた波斯氏と大食氏

唐の林寶の『元和姓纂』卷五に、波斯といふ姓を列して西域國人とある。『元和姓纂』の性質から推すと、當時支那內地に來住した波斯人は、多く波斯といふ姓を稱した者と察せられる。南宋初期の鄧名世の『古今姓氏書辯證』卷卅一に、大食といふ姓を揭げてあるが、これはその記事を見ても明白なる如く、『新唐書』の西域傳をその儘に引用したもので、支那內地の移民とは關係がない。宋時代の狀況から推すと、支那の記錄の有無如何に拘らず、唐に通商した波斯人や大食人の中に、その儘支那に永住した者も尠くなかつたことゝ想像される。

宗敎關係で來住したイスラム敎徒

唐時代にイスラム敎徒が、宗敎上の關係で、支那に移住して來たや否やは明白でない。回曆七世紀(＝西曆一三世紀)の Nour Eddin Mohammed Oufy は、より古代の記錄を根據として、西曆八世紀の前半の頃に、一部のイスラム敎徒が支那の北邊に移住して、支那人と西方のイスラム敎徒との間に立つて、彼此通商の媒介をした事實を述べ、この一部のイスラム敎徒が本國を後に、遠く支那方面に移住した來歷を、次の如く傳へて居る。

Omeyyades 王家の時代に、若干の Seyyds 派の信徒及び Aly の後裔が呼羅珊（ホラサン）地方に〔この王家の壓迫を避くべく〕逃亡した。〔然るに〕Omeyyades 王家の人々が、餘り嚴しく彼等〔の行衞〕を搜索するので、彼等は無上の恐怖を懷き、壓迫者の手中に無駄死をしてはならぬと考へ、かくて彼等は路を東方にとつて、〔永遠の〕旅に出で、支那の國土 (le sol de la Chine) に達する迄中止せなかつた (Schefer; Notice sur les Relations des Peuples Musulmans avec les Chinois. pp. 3-4)。

されど Omeyyades 王家時代に、即ち西暦七世紀の後半から八世紀の前半に當る時代に、かゝるイスラム敎徒が支那の北邊に移住して來たことは、支那の記錄の保證ない限り、直に信憑することが出來ぬ。又唐の玄宗の天寶元年(七四二)の創建淸眞寺碑記に據ると、當時長安にイスラム敎徒が定住して居つた筈——その碑記に創建其寺。以處其衆とか、統領群衆。奉崇聖敎とか見えて居る——であるが、この碑記そのものが後世の僞作であるから(大正元年七月號『藝文』所收拙稿「創建淸眞寺碑」參看)、之を證據に議論することが出來ぬ。

政治關係で來住したイスラム敎徒 唐の玄宗の末年に突發した安祿山の亂を平定すべく、西域諸國から援兵を派遣したが、その中に大食の援兵もあつた。この大食からの援兵は、種々の事情によつて、その儘支那に滯留し、支那婦人を娶つて家を構え、遂に支那國民に化したといふ說もある (Thiersant; Le Mahométisme en Chine. Tome I, pp. 70-71. Broomhall; Islam in China. p. 26)。當時大食の援兵の入唐したのは事實であるが、彼等がその儘唐に歸化したといふ傳說は、全然有り得べからざることゝして斥け難くとも、之を直に信憑することは一層六ケ敷しい。

されど『新唐書』卷二百廿二上の南蠻傳に據ると、德宗の貞元十七年（八〇一）の頃に、唐と南詔との連合軍が吐蕃を破り、吐蕃軍中に在つた康國と黑衣大食との兵を俘虜として居る。吐蕃と Abbâs 王家の〔黑衣〕大食とは、この以前から早く敵國となつて、西邊の中央亞細亞方面で交戰して居るから、この俘虜となつた康國（＝Samarkand）及び黑衣大食の兵は、曩に中央亞細亞方面の交戰で俘虜となつて、吐蕃の軍中に働いて居つた者が、更に唐と南詔との連合軍に捕へられた者と、想像すべき餘地が多い。敵國の俘虜は、百濟人でも高麗人でも、乃至奚・契丹人でも、すべて內地に配置するのが、唐時代の慣例であるから、黑衣大食人の俘虜も、或はその儘內地か雲南地方かに配置されたと想ふ。また『資治通鑑』唐紀四十八に據ると、貞元三年（七八七）の頃に、吐蕃が唐と西域諸國との往來交通を梗塞した爲め、當時長安に滯在中の西域諸國の王子・使者以下四千人が、その儘支那に歸化したといふ。この西域諸國人の中に、大食人・波斯人乃至當時已にイスラム敎に歸依しつゝあつた中央亞細亞諸國人が、相當多數を占めたものと想像出來る。

されど此等の大食人や波斯人を始め、その他のイスラム敎徒が、やゝ多數に支那內地に移住して來たのは、宋時代殊に南宋時代で、元時代にその絕頂に達した。現時支那に住居する多數のイスラム敎徒は、概して元時代の移住者の裔と認めて差支ない。

〔宋時代に來住したイスラム敎徒〕南海貿易は、唐時代から宋時代となると、一層盛況を極め、多數のイスラム敎徒が支那の東南諸港に通航し住居した事實は、略ゝ拙著『蒲壽庚の事蹟』中に紹介してある。明の田汝成の『西湖游覽志』卷十八の眞敎等の條に、

先是宋室徙蹕。西域夷人。安插中原者。多從駕而南。元時内附者。又往々編管江〔蘇〕・浙〔江〕・閩（＝福建）、廣（＝廣東）之間。而杭州尤夥。號色目種。隆準深眸。不啗家肉。婚姻喪葬。不與中國相通。誦經持齋。歸于清淨。推其酋長統之。號曰滿剌。經皆番書。面壁膜拜。不立佛像。第以法號。祝贊神祇而已。

と見えて居る。この滿剌は波斯語の Mullā 又は Mollā の音譯で、イスラム敎の師匠を指すこと申す迄もない。田汝成の記事は、『西湖游覽志』の性質から推して、より古代の記錄に據つたものと想像されるが、吾が輩は今その根源を檢出すべき餘暇を有たぬ。この眞敎寺は、今も禮拜寺として杭州に存在して居る。その現況は已に委細に學界に紹介された（Vissière; Études Sino-Mahométanes. II Série. p. 105 sq.）さて田汝成に據ると、（一）北宋時代に國都の開封を中心として、北支那に相當イスラム敎徒が移住して居つたこと、（二）此等のイスラム敎徒の多數は、宋の南渡と共に、南宋の假國都（＝行在）の杭州に轉住したことを、承認せなければならぬ。

かく南宋の初期に、北支那から南下轉住したイスラム敎徒の一例として、明時代杭州に住居した、鎖懋堅の一家を擧げることが出來る。同じ田汝成の『西湖游覽志餘』卷廿三にいふ。

鎖懋堅。西域人。〔其先〕扈宋而南渡。遂爲杭人。代有詩名。懋堅尤善吟寫。……爲一時所稱。

鎖懋堅は疑もなくサマルカンド Samarkand の音譯で、この一家はもと中央亞細亞のサマルカンド地方から、支那へ移住歸化した者と認めねばならぬ。

元時代に來住したイスラム敎徒

元時代に杭州に多數のイスラム敎徒が住居して居つた。若し Odoricを信用するならば、當時杭州在住のイスラム敎徒は、殆ど全市民の廿分の一を占め、その數四萬煙戸（＝約四十萬家）に達したといふ（Yule and Cordier; Cathay. vol. II, p. 298）。Odoric の記事は勿論誇張に失するとしても、當時杭州の住民中に、多數のイスラム敎徒の存在したことは、東西の史料の等しく立證する所である。而して此等多數のイスラム敎徒の大部分は、元時代に來住したこと申す迄もないが、同時にその幾分は已に宋時代から定居したことも、亦承認せなければならぬ。

元時代には杭州に限らず、南支那一帶に多數のイスラム敎徒が移住して來た。元初の周密は、

今回々皆以₂中原₁爲ₗ家。江南尤多（『癸辛雜識』續集上）。

と記し、元の中世の許有壬は、

〔西域〕大賈。擅₂水陸利₁。天下名域區邑。必居₂其津要₁。專₂其膏腴₁（『至正集』卷五三、所收「西域使者哈只哈心碑」）。

と述べて居る。單に通商の目的のみでなく、仕官や講學の日的を以て、西域から支那內地に來り、その儘永住歸化した者も頗る多かつた（民國の陳垣氏稿本『元西域人華化考』下冊、一六丁所引『麟原集』參看）。

支那現在のイスラム敎徒

清の中世以後、雲南や甘肅方面に於ける叛亂の際に、イスラム敎徒の殺害された者數十百萬に及び、その數前代より減少したと傳へらる丶が、それでも猶は多數のイスラム敎徒が支那內地に現存して居る。戶口調査の不行屆な支那のこと丶て、その正數は勿論判明せぬが、先づ四百萬內外と認めて大差ない（Broomhall; Islam in China. Chap. xii 參看）。從つて中々侮り難い勢力を有つて居る。今後 Pan-Islam 主義の運動でも旺盛となると、支那內地のイスラム敎徒の勢力一層を加へること丶思

ふ。我が國の一部の人士の間に、支那のイスラム教徒(=回教徒)と意思の疏通を圖ることが、日支親善の捷徑と考へる者もある位で、日本人でイスラム教徒たる佐久間貞次郎・山岡光太郎等の諸氏は、光社といふ團體を組織して、支那内地のイスラム教の振興を計畫中とか仄聞して居る。

イスラム教の外に、唐時代に所謂三夷寺と稱せらるゝ祆教・摩尼教・景教も行はれた。此等外教の僧侶は皆西域人で、後には中國人の之に歸依した者もあるが、その渡來の當初は、主として在留の西域人の間に流通したものである。故に三夷寺の建立は、一面當時支那内地に、西域の移住者の多かつた一證據と思ふ。

祆教 支那に於ける此等三外教の歴史に就いては、近く東西の學者によつて精細な研究も發表されて居るから、茲に蛇足を添へぬ。中に就いて祆教は唐以前に、北朝時代から已に北支那に行はれて居るが、その信者は主として在留西域人に限つた。『隋書』卷二十八の百官志に、雍州(長安地方)薩保爲視從七品といひ、また諸州胡二百戸已上薩保爲視正九品とある。薩保(=薩寶)の意義は未だ判明せぬが、その職掌は在留祆教徒の取締で、丁度イスラム教徒の Kádi の如き者と想ふ。『隋書』に據ると、當時の祆教信者は在留の西胡で、北支那在留の此等西胡が可なり多數であつたことがわかる。之に據つて唐初の狀態も想像し難くない。陳垣氏の主張する如く、祆教の漢譯經典の見當らぬのは、摩尼教や景教に比して、支那人の信仰と關係少ない證據で(『國學季刊』第一卷第一號所收「火祆教入中國考」頁四〇參看)、唐時代を通じて、祆教は主として在留西域人の間に行はれた者と認めねばならぬ。

摩尼教 摩尼教は則天武后の延載元年(六九四)に始めて唐に傳來したといふが、その當初は主として在留西域人の間に行はれたものらしい。丁度佛教渡傳の初期に、唯西域人にのみ寺を建て佛に奉ずることを認めて、支那人に公許せなかつた(『高僧傳』卷九、佛圖澄傳參看)と同樣と想はれる。唐の杜佑の『通典』卷四十(職官二二)に、

開元二十年(七三二)七月敕。末摩尼本是邪見。妄稱佛教。誑惑黎元。宜嚴加禁斷。以其西胡等。既是鄉法。當身自行。不須科罪者。

とあるに據ると、當時摩尼教は已に幾分支那人の信仰をも贏ち得たが、支那政府は之を禁斷して、專ら在留西域人のみにその信仰の自由を許したのである(Chavannes et Pelliot; Un Traité Manichéen retrouvé en Chine. II Partie. p. 154 參看)。摩尼教は南北朝時代から唐の中世末期にかけて、呼羅珊(ホラサン)から中央亞細亞一帶に流行したから (Alfaric; Les Écritures Manichéennes. Tome II. pp. 78-82. Flügel; Mani, seine Lehre und seine Schriften. ss. 105, 395)、茲に謂ふ所の摩尼教歸依の西胡の產地も、略推測に難くない。

景教 景教は祆教や摩尼教と少しく其趣を異にして居る。太宗の貞觀九年(六三五)に唐に渡來した當初から、支那人の間にも布教したらしい。されど景教は唐以前から唐時代にかけて、波斯・中央亞細亞一帶に幾分流行して居つたから (Barthold; Zur Geschichte des Christentums in Mittel-Asien. s. 21 flg. Yule and Cordier; Cathay. vol. I, p. 102 fol.)、隋唐の交に支那內地に來住した西域人の中にも、若干の景教信者あるべく、景教は當然これらの在留西域人の間に流通したものと思ふ。そは兎に角、その景教を始めて唐に將來した波斯僧(=大秦上德)の阿羅本(=Rabban?)を始め、佛教徒の論難の矢表に立つて奮鬪した金方

（＝西域）の貴緒の羅含（＝Abraham？）や、波斯の大德の及烈（＝Gabriel？）の如き、大秦景敎流行中國碑の建立に關係の深い王舍城（＝Balkh）產の伊斯（＝Izadbuzid？）や、波斯產の景淨（＝Adam）の如き、景敎の宣揚に預つて力あつた人は、何れも西域人であつた。

會昌の法難　されど西曆九世紀初半の舒元輿の唐鄂州永興縣重巖寺碑銘（『全唐文』卷七二七）に據ると、縱令微弱とはいへ、當時祆敎・摩尼敎・景敎の三外敎が、支那人の間に流行しつゝあつた事實がわかる。武宗の會昌年間に、佛敎と共にこの三外敎も禁斷に遭つたのは、支那人の信仰を贏ち得て、所謂誑惑黎元と認められた故に外ならぬ。同時に已に支那に、少くとも南支那に入つて居つたイスラム敎が、獨りこの法難に預らなかつた所以は、支那人の信仰と沒交涉であつた故と思ふ（大正元年七月號『藝文』所收拙稿「創建淸眞寺碑記」頁五四、參看）。

外敎といへば、猶太敎徒の確實に支那內地に住居したのも、唐時代からである。彼等が始めて支那內地に移住して來た年代は、今猶ほ明瞭にし難い。たゞ唐時代に彼等が已に支那に來住した事實は疑惑を容れぬ。

唐時代來住の猶太敎徒　西曆九世紀の半頃の Ibn Khordâdbeh に據ると、當時猶太人は世界の通商界に活躍して、海路に陸路に支那に往來して居る（Le Livre des Routes et des Provinces. pp. 512–513 〔J. A. 1865〕）。されど彼等の支那に住居したことを明記してない。降つて十世紀初半期の Abou Zeyd に據ると、西曆八百七十八年の頃に、廣州（廣東省）にイスラム敎徒やキリスト敎徒や拜火敎徒——Reinand 譯 Mages. Ferrand 譯 Mazdéens——と共に、猶太敎徒も住居して居つた（Reinaud; Relations des Voyages etc. Tome

I, p. 64)。これが支那在住の猶太人に關する、尤も確な尤も古い記録である。

猶太人が初めて支那に來住した年代

唐以前から猶太敎徒が已に支那に來住したらしいが、確たる證據が見當らぬ。河南省開封縣に在る明の正德七年(一五一二)建立の尊崇道經寺記に、原敎自漢時入中國とあり(Smith; The Jews at K'ae-fung-foo. p. 54)、更に淸の康熙二年(一六六三)の重建淸眞寺記に、

周時始傳於中州。建祠於大梁(=開封)。歷漢・唐・宋・明。

とあるが (Tobar; Inscriptions Juives de Kai-fong-fou. p. 72)、此等の記事は勿論その儘に信憑することが出來ぬ。今より約二百年前に、始めて前記の Abou Zeyd の記録を學界に紹介した Renaudot (An Inquiry concerning the Jews discovered in China. 〔Ancient Accounts of India and China by 2 Mohammedan Travellers〕 pp. 137–149) 以來、幾多の學者が、猶太人の始めて支那に移住した年代を研究したが、未だ滿足すべき結論に到達せぬ樣である。Laccuperie や Cordier や Tobar その他の諸學者も、多く西亞細亞に於ける猶太人間の事情から推して、東漢時代の西曆一世紀の頃に、波斯から中央亞細亞を經て、彼等は陸路支那內地に移住して來たものと斷ずるが (Tobar; Inscriptions etc. pp. 88–91 〔De l'Entrée des Juifs en Chine〕)、これとて要するに推測で、何等確固たる積極的根據を有たぬ。

元時代來住の猶太敎徒

支那人の記録に猶太敎徒のことを載せたるは元時代から刱まる。露國の Palladius の指摘した如く (Elucidations of Marco Pols's Travels in North-China. p. 48 〔J. North-China Branch of R. A. S. 1875〕)、『元史』卷三十三、文宗本紀天曆二年(一三二九)の條に、

僧・道・也里可温 (=Arkaun=キリスト敎の僧侶)・朮忽・合(答の誤) 失蠻 (=Danishmend=イスラム敎の

敎師)爲ㇾ商。仍ㇾ舊制ㇾ納ㇾ稅。

とあり、又『元史』卷四十三、順帝本紀至正十四年(一三五四)の條に、

〔募〕ㇾ各處回々・朮忽殷富者ㇾ。赴ㇾ京師ㇾ從ㇾ軍。

とある朮忽は、何れも Djuhud の音譯で、猶太敎徒を指したに相違ない。淸の洪鈞は『經世大典』馬政篇中に、和尚(=僧侶)・先生(=道士)・也里可溫・答失蠻・斡脫と列記してある斡脫を、猶太敎徒と認めて居る(『元史譯文證補』卷二九、「元世各敎名考」參看)。この認定は或は妥當かと思ふ。若し斡脫を猶太敎徒とすると、『元典章』卷廿七に特書せる所謂斡脫錢は、可なり興味ある問題とならねばならぬ。元時代に支那を觀光した外國人の記錄、例へば Marco Polo や Ibn Batita 等の記錄の中に、支那在住の猶太敎徒に關する記事も見當るが、玆には一々の紹介を遠慮する。

開封の猶太寺　支那内地に於ける猶太人の植民地として尤も名高いのは、河南省開封縣のそれである。明の弘治二年(一四八九)の重建淸眞寺碑記や、正德七年(一五一二)の尊崇道經寺記に據ると、開封の猶太寺は南宋の孝宗の隆興元年(一一六三)の創建といふ。西暦十二世紀の後半に汴梁(=開封)は金の領土であつた。それに南宋の年號とは一寸不審であるが、こは攘夷思想の强い明人の手になつたものとして、解釋出來ぬこともない。兎に角この猶太寺を中心として、宋元時代から開封の猶太敎徒の事蹟がやゝ判明して來る。開封の猶太敎徒の存在は、偶然の出來によつて、十七世紀の初期に、始めて北京在住の耶蘇會士に知られ、爾來相當世間の注意を惹いた。或者は開封に出掛けてその實況を調査し、或者は該地の猶太敎徒と交涉を開始し、或者は更に進んで歲に月に零落沈淪しつゝある該敎徒の救濟を計畫した。これらに關す

る一切の文献は Cordier の手で集錄されて居る（Bibliotheca Sinica. col. 1353-1360. Supplément. col. 3779-3780 參看）。この猶太寺の遺址は、大正元年（一九一二）にカナダの耶蘇敎會（Mission of the Church of England in Canada）に買收された（Couling; Encyclopaedia Sinica. s. 262）。やがてこの遺址に六七十年來已に廢圯した猶太寺が再建される筈と仄聞したが、未だ現實されぬ樣で、却つて記念の碑石は在開封の天主敎々會の境內に移されたといふ（大正七年四月號『史林』所收、松本博士「支那歷遊記略」頁一一〇）。

四

次に印度方面に轉ずると、隋・唐時代に幾多の僧侶が印度から支那に入つて來た。此等印度僧の中で、その一生を布敎に送つて、遂に支那の土と化した者も尠くないが、佛敎關係の人は、姑く玆に紹介を見合する。

異國沙門の來集　後魏の楊衒之の『洛陽伽藍記』卷四の永明寺の條に、

時佛法經象盛於洛陽。異國沙門。咸來輻輳。………百國沙門。三千餘人。西域遠者。乃至大秦國。

とある。大秦國の沙門でもあるまいが、これは單に西域遠地の僧を意味する支那人一流の書法であらう。兎に角西曆六世紀の初期に來集した、爾く多數の外國沙門の中に、印度僧が主要な部分を占めたこと疑を容れぬ。唐初の長安も決して之に劣らぬ盛況と想像される。支那に來住した印度の俗人で、僧侶を助けて譯經に盡力した者も尠くない。例へば唐の中宗の景龍四年（七一〇）に譯出された『根本說一切有部尼陀耶』卷一（『縮刷大藏經』寒帙卷五所收）にその譯經關係者を擧げた中に、

〔中天竺國〕。右驍衞翊府中郎將。員外置宿衞。李釋迦。讀梵本。
東天竺國。左屯衞翊府中郎將。員外置同正員。翟金剛(『開元釋敎錄』卷九に瞿曇金剛に作る)證義。
東天竺國大首領。伊金羅(『開元釋敎錄』卷九に伊舍羅に作る)證梵本。
左領軍衞中郎將。迦濕彌羅國王子何順(『開元釋敎錄』卷九に阿順に作る)證義。
東天竺國。左領軍右執戟。直中書省。頗具(『開元釋敎錄』卷九に度頗多に作る)讀梵本。

等の名を發見することが出來る。

佛敎關係の人を除いても、印度から唐に來住した者が尠くない。就中注意に價するのは天文家である。唐の高宗の末年から玄宗時代にかけて七八十年の間、支那の天文事務に、印度から來仕した矩摩羅 Kumâra 迦葉 Kâsyapa 瞿曇 Gautama 三家の人々が關係した。矩摩羅家の人名は記錄に傳らぬが、迦葉家からは、中宗の景龍元年(七〇七)の頃に、知太史事となつた迦葉志忠があり、又德宗貞元年間(七八五—八〇四)に、試太常卿となつた迦葉濟がある。

倶摩羅秘術占

南宋の鄭樵の『通志』藝文略六に、西門倶摩羅秘術占一卷を收めてある。西門とは西天婆羅門の省略か脫落かと思ふ。古代の天文は一般に占星術と混同して居り、殊に印度の天文に於て然りであるから、秘術占の著者の倶摩羅は、或は天文家の矩摩羅家の人かも知れぬ。

迦葉志忠と迦葉濟

右驍騎將軍、知太史事、迦葉志忠の事蹟に就いては、吾が輩は已に『史林』(大正十三年十月號頁一二〇)に紹介して置いたから、茲に繰り返さぬ。彼が景龍二年(七〇八)に中宗に上つた進桑條歌表は、『全唐文』卷二百七十六に收められて居る。迦葉濟に就いては、唐の林寳の『元和姓纂』卷五

に、

西域天竺人。貞元涇原大將。試太常寺卿迦葉濟。

とあるが、その事歷や、迦葉志忠との關係等は一切不明である。

瞿曇家からは、尤も多數の人物が出て居る。高宗時代に太史令となつて、經緯曆法や光宅曆を作つた瞿曇羅や、玄宗時代に宗正丞となり、かねて唐甲子元辰曆を作つた瞿曇譔や、その子で冬官正となつた瞿曇晏などを擧げることが出來る。

瞿曇羅 瞿曇羅に就いては、『唐會要』卷四十二に、

太史〔令〕瞿曇羅上經緯曆法九卷。詔與麟德曆相參行。

とあるに據ると、有名な李淳風が麟德曆を作つた麟德二年(六六五)の頃から、印度曆法の參用されたことがわかる。則天武后の初期にこの瞿曇羅に命じて、光宅曆を作らしめた事實は、『舊唐書』卷卅三の曆志や、『新唐書』卷廿六の曆志に記載されて居る。南宋の王應麟の『玉海』卷十に、光宅曆の作者を瞿曇躍としてあるが、この瞿曇躍は瞿曇羅の間違と認めねばならぬ。躍と羅との草書の字形が類似するから、羅を躍と間違へたものと思ふ。かゝる類例は漢籍に稀有でない。

瞿曇譔と瞿曇晏 瞿曇譔は『通志』や『玉海』に瞿曇謙となつて居る。何れが正しいかは一寸決定し難いが、姑く『舊唐書』『新唐書』に據つて瞿曇譔と定めて置く。彼の『唐甲子元辰曆』一卷は、『通志』藝文志六に收載されてある。『新唐書』卷廿七上の曆志に、

時善算瞿曇譔。怨不得預改歷事。〔開元〕二十一年(七三三)與〔陳〕玄景奏。大衍〔曆〕寫九執歷。其術

未盡。太子右司御率南宮說亦非之。

とある如く、彼は曆算の才を自負し、且は印度曆法の名譽の爲に、僧一行の作成した大衍曆反對運動の先頭に立つた。この運動は遂に失敗したが、その後ち肅宗の寶應元年(七六二)に、彼は司天少監となつて天文事務に干預して居る(『唐會要』卷四四、太史局の條參看)。瞿曇譔の子の瞿曇晏のことは、『通志』氏族略五に見えて居るが、その事歷の委細は知ることが出來ぬ。

されど瞿曇家の代表者としては、玄宗の開元六年(七一八)の頃に、『開元占經』を集撰し、その中に印度の九執曆を譯載した、太史監の瞿曇悉達 Gautama Siddhārta を推すべきこと申す迄もない。かくて印度の天文は、隋·唐時代及びその以後の支那の天文に、可なり大なる影響を與へた。

印度の九執曆 瞿曇悉達の『開元占經』百二十卷は、その中に今日已に散佚せる幾多の緯書を採錄してあるので、學者の間に貴重されて居る。『四庫全書總目提要』卷百八に、

徵引古籍。極爲浩博。如隋志所稱。緯書八十一篇。皆書尙存其七八。尤爲罕覯。然則其術可廢。其書則有可採也。

と評してあるが、その廢すべしといふ九執曆は、その實唐の文化史上中々輕視することが出來ぬ。

九執曆の印度曆たることは、十八世紀の半頃に、早く佛蘭西の宣敎師の Gaubil の注意した所で (Pauthier; Chine. pp. 314–315)、何等の疑惑を要せぬ。九執は或は九曜ともいふ。ともに梵語の Navagrāha の意譯である。Grāha の本來の意味は執 ——Seizing, holding—— であるが、同時に本義を延ばして曜 ——a Planet——をも意味する (Monier-Williams; Sanskrit-English Dictionary. p. 372)。曜(ホシ)は人間の運命を司配すると

いふ意味で、曜をGrâhaと稱するのである。印度の天文は古來日・月・水・火・木・金・土の七曜に、日月の交叉點に當るKetu 計都 (Descending node) と Râhu 羅睺 (Ascending node) ——この二者は實體現はれぬから、これを二隱曜ともいふ(『困學紀聞』卷九)——を加へた、都合九個のGrâhaを本とするから、九執又は九曜と名付けたものと思ふ。

印度の天文の影響 『隋書』卷卅四、經籍志を一瞥すると、婆羅門天文經廿一卷・婆羅門竭伽仙人天文說三十卷・婆羅門天文一卷(以上天文)婆羅門算法三卷・婆羅門陰陽算經一卷・婆羅門算經三卷(以上曆數)等、印度から譯出された幾多の書籍を發見することが出來る。唐以前から印度の天文・曆數の支那に及ぼした影響を想見し難くない。西曆九世紀の半頃のSulaymanは、當時印度の天文が遙に支那のそれに卓越せることを證言し (Reinaud; Relation des Vayages etc. Tome I, p. 58)、十一世紀の半頃のHafiz el Gharbも亦支那人の中に、天文學・醫學・藝術を始め、印度の種々の學藝を修むる者尠くないと記述して居る (Schefer; Relations des Musulmans avec les Chinois. p. 9)。吾が輩は此等の事實から推して、Reinaudの

西曆六世紀より始めて、その直後の數世紀に亙つて、印度の天文學は東亞細亞に於て、尤も優越な位置を占めた (Relation des Voyages. Tome II, p. 37)。

といふ斷案に賛同を表せねばならぬ。

九執曆の影響 唐の玄宗時代に一行は大衍曆を作製したが、この大衍曆は勿論九執曆とは別物としても、然も九執曆を參考して出來たものである。大衍曆と九執曆は無關係のものでない(淸の俞正燮の『癸巳類稿』卷一〇所收「書開元占經九執法後」、Chavannes et Pelliot; Un Traité Manichéen. II partie, p. 160 參

看）。大衍曆採用後も、九執曆は依然朝廷の參考に供せられ（『玉海』卷一〇參看）、又民間にも相當行はれた。

唐の德宗の建中年間（七八〇—七八三）に、曹士蔿の作つた七曜天符曆は、天竺曆に本づいたもので、五代の後晉の天福年間（九三六—九四三）に、司天監の馬重績の作つた調元曆の藍本となつたことは、『五代史記』卷五十八、司天考一に、

初唐建中時。術者曹士蔿。始變古法。以顯慶五年爲上元。雨水爲歲首。號（七曜）符天曆。然世謂之小曆。祗行於民間。而（馬）重績用以爲法。遂施於朝廷。賜號調元曆。

といひ、又南宋の王應麟の『困學紀聞』卷九、曆數の條に、

唐曹士蔿七曜符天曆。一云合元萬分歷。本天竺歷法。

とあるにて明白と思ふ。曹士蔿は又『羅（睺）計（都）二隱曜立成曆』一卷を著はした（南宋の陳振孫の『直齋書錄解題』卷一二）。彼の印度曆に通達したことがわかる。九執曆は更に高麗にも採用されたと見え、南宋の張世南の『游宦紀聞』卷八に、高麗國有九執歷と記載してある。

『明史』卷卅一、曆志一の正統十三年（一四四八）の條に、

漏刻博士朱裕上言。……令本監（＝欽天監）官生。半推古法。半推新法。兩相交驗。回々科推驗西域九域曆法。

とあるに據ると、明の中世まで九執曆が行はれて居つた樣である。正統年間より三百餘年を經た、乾隆敕撰の『欽定協紀辨方書』にも、羅睺や計都を記載してあるといへば（Wylie; On the Knowledge of a weekly

Sabbath in China. p. 98〔Chinese Researches〕)、唐時代に譯出された九執暦の影響が、千年後の淸時代まで波及した譯である。

都利聿斯經　印度の天文といへば、唐の中世に渡來した『都利聿斯經』をも附説せなければならぬ。『新唐書』卷五十九、藝文志に、『都利聿斯經』二卷を揭げ、左の如き注釋を加へてある。

貞元中(七八五—八〇四)都利術士李彌乾。傳自西天竺。有據公者譯其文。

同一の事實が『玉海』卷五に、

本梵書五卷。唐正(＝貞)元初(七八五?)。有都利術士李彌乾。將至京師。推十一星行歷。知人命貴賤。

と見えて居る。之に據ると『都利聿斯經』は、天文より較ろ占星の方で、星によつて人の運命禍福を占斷する方術らしい。吾が輩は所謂『都利聿斯經』の內容を知り得ぬが、西天傳來といふので、茲に附説したのである。Chavannes や Pelliot 氏は之を中央亞細亞系統の占星の如く解釋して居る(Un Traité Manichéen. II partie. p. 169)。印度系統のものか、中央亞細亞系統のものかは姑く措き、兎に角この方術は、唐・宋時代を通じて、相當支那人間に信仰されたことは疑を容れぬ(『玉海』卷五、唐聿斯經の條參看)。

印度の醫藥も隋時代から支那に影響して居る。唐時代になると、印度の醫者が可なり支那に入つて來た。中にも長年の術士として、太宗に信任された那羅邇娑婆や、高宗に信任された盧伽逸多の名が、暦史上に傳つて居る。

印度醫方の東漸　印度の醫學は古代から開け、已に西暦紀元以前から希臘人の驚異を博した程であつたが、紀元以後一層發達した (Lassen; Indische Alterthumskunde. Bd. II, ss. 517–519. Dutt; History of Civilisation in Ancient India. vol. II. pp. 248–257)。從つて佛敎の東漸と共に、僧侶の手で印度の醫藥の支那に傳來したこと設想に難くない。東漢末の安世高などは、醫術に名高くあつたから(『開元釋敎錄』卷一參看)、譯經の傍ら印度の醫藥を傳へたかと思ふ。『隋書』卷卅四、經籍志三、醫方部に、印度の醫學と直接若くば間接の關係ありと思はるゝ左の書籍を登錄してある。

(一)龍樹菩薩藥方四卷　(二)西域諸仙所說藥方二十三卷　(三)西錄(?)波羅仙人方三卷　(四)西域名醫所集要方四卷　(五)婆羅門諸仙藥方二十卷　(六)婆羅門藥方五卷　(七)龍樹菩薩養性方一卷

那羅邇婆娑と盧伽逸多　唐時代を通じて長生術が歡迎された。天子も多く長生の藥餌を召された(淸の趙翼の『廿二史劄記』卷一九、「唐諸帝多餌丹藥」の條參看)。太宗は印度の方士那羅邇娑婆の製した延年の藥を服した。この那羅邇娑婆又は那羅邇娑婆寐(『新唐書』西域傳)は、貞觀廿二年(六四八)に有名な王玄策が中印度を征伐した時伴ひ歸つたものである。太宗がこの那羅邇娑婆をして長生不老の仙藥を製せしむべく、支那國內は勿論、廣く印度方面へも使者を派して材料を蒐集させた(唐の段成式の『酉陽雜俎』卷七、『新唐書』西域傳上、天竺國の條參看)。

次の高宗は盧伽逸多又は盧迦溢多(『大唐求法高僧傳』)を東天竺から迎へて懷化大將軍に任じ、之と前後して長生の藥材を四方に求めた。かくて玄照は西天竺の羅荼 Lata に往き(『大唐求法高僧傳』卷上)、那提は南洋——顯慶元年(六五六)敕那提往崑崙諸國。採取異藥(『開元釋敎錄』卷九)——に出掛けた。盧伽逸とは梵名 Lokaditya の音譯であらうといふ (Chavannes; Mémoires sur les Religieux Éminents etc. p.

21)。印度のさる婆羅門の子で、支那で生れ、支那で成長した慧智が、高宗時代の長年婆羅門に就いて、弟子となつたとある(『開元釋敎錄』卷九)、長年婆羅門は、恐らくこの盧伽逸多を指した者と想像される。長生術は古代から印度に行はれた。龍樹菩薩 Nagârjuna の如きは長生術を以て名高く、玄奘の『大唐西域記』卷十(憍薩羅 Kosala 國の條)にも、義淨の『南海寄歸內法傳』卷一(八、朝嚼齒木の條)にも特記されて居る(Watters; On Yuan Chwang. vol. II. p. 202 參看)。『隋書』の龍樹菩薩養性方一卷は、或は長生術に關するものかも知れぬ。さるにても、唐の太宗・高宗時代に、長安の宮廷に調劑師として仕へた印度の二方士は、Abbâs 王家の Harun al Rashid 時代に、Baghdâd の宮廷に侍醫として仕へた印度の二醫師(Dutt; Histsry of Civilisation in Ancient India. vol II, p. 257)と共に、當時の世界に於ける印度の醫術の信用を裏書する者と思ふ。

胡人の眼科醫 有名な鑑眞和尚が我が國に渡來する以前に、天寶七載(七四八)に嶺南の韶州(廣東省嶺南道曲江縣)で、胡醫に就いて眼疾を治療した。『唐大和上東征傳』(『群書類從』第四輯、卷六九)にこの事實を、次の如く記してある。

時和上頻經炎熱。眼光暗昧。爰有胡人。言能治目。遂加療治。

一體中古時代を通じて、支那の眼科療法は、西域や印度に比して可なり遜色があつた。唐の中世の杜環の『經行記』(『通典』卷一九三、所引)に、大秦の醫術の進歩せることを述べて、

大秦〔人〕善醫眼及痢。或未病先見。或開腦出蟲。

といふて居る。西亞細亞でも古代から穿顱術(Trépanation)が行はれた。或る種の眼疾や頭痛に、穿顱術

を行ふて治療した (Hirth; China and the Roman Orient. p. 301 sq.)。杜環の善醫レ眼とか開レ腦とかは、この穿顱術を聞き傳へたものであらう。出レ蟲とは例の支那人一流の想像を加へたものに相違ない。サラセン人も大秦人同樣この術を傳へた。明初の陶宗儀の『輟耕錄』卷二十二に、

任子昭云。向寓二都下一時。隣家兒患二頭疼一不レ可レ忍。有二回々醫官一。用レ刀開二額上一。一小蟹堅硬如レ石。尚能活動。頃焉方死。疼亦遄止。……信西域多二奇術一哉。

とあるのも、亦この穿顱術を物語るものと思ふ。

印度でも眼科は早く發達した。龍樹菩薩は眼科醫としても高い (Watters; On Yuan Chwang. p. 206)。眼疾や頭痛に對する、前額に於ける出血療法も、古代から實行されて居る (Barnett; Antiquities of India. p. 224)。唐時代に印度の眼科醫が支那內地で開業し、詩人劉禹錫もその診療を受けたと見え、彼の贈二眼醫波羅門僧一と題せる詩に(石印『全唐詩』卷一三、劉禹錫五)、

三秋傷二望眼一。終日哭二途窮一。兩目今先暗。中年似二老翁一。看レ朱漸成レ碧。羞レ日不レ禁レ風。師有二金篦術一。如何爲二發蒙一。

と述べてある。鑑眞の就いて治療を受けた胡人は、西域醫か印度醫か判定し難いが、兎に角唐の中世に、外國の眼科醫が支那に來住して、聲譽を馳せた點が、一寸興味を惹起する。

この外國の穿顱術や出血療法と關聯して注意に價するのは、唐の高宗に對して行ふた侍醫秦鳴鶴の手術である。『資治通鑑』唐紀十九、弘道元年(六八三)の條に、次の如く記載してある。

上(=高宗)苦二頭重一不レ能レ視。召二侍醫秦鳴鶴一診レ之。鳴鶴請刺二頭出一レ血可レ愈。……乃刺二百會腦戶二穴一。

上曰。吾目似明矣。

秦鳴鶴の姓から推して、三國時代の秦論の如く、或は大秦人でない歟といふ大膽な想像は姑く措き、その手術は外國の穿顱術と多少關係がない歟と疑惑を挾むべき餘地あるやうに思ふ。支那でも三國時代の華佗の如きは、早く魔睡劑（=麻沸散）を使用して、隨分大膽な切開手術（=刳割）を行ひ、頭痛目眩に對しても、有効な療法を施したが（『三國志』卷二九、華佗傳參看）、頭顱部の穿孔には手を着けて居らぬ。

隋唐時代に支那に來仕した印度人としては、骨儀や羅好心を逸することが出來ぬ。骨儀は隋末の忠義硬骨の士で、遂に社稷に殉じた。唐の中世以後に篤孝を以て聞えた骨秀英も同國人であらう。羅好心は唐の德宗に仕へて、近衞の將軍となり、新平郡王に封ぜられた人で、般若三藏の表兄（ハハカタノイトコ）に當る。般若三藏は景敎僧の景淨と共に、胡本から『六波羅蜜多經』を譯出したので學界に知られ、又わが弘法大師の師匠として、日本の佛敎界に知られて居る。漢時代から唐時代にかけて竺姓の人が見當るが、それは當然印度人若くばその裔と認ねばならぬ。

骨儀と骨秀英

骨儀の事蹟は『北史』卷七十三及び『隋書』卷三十九に見えて居る。『隋書』には彼を京兆長安人と記するが、『北史』には天竺胡人とある。骨姓は支那人にない。南宋の鄧名世（『古今姓氏書辯證』卷三七）や鄭樵（『通志』氏族略五）は、『魏書』の官氏志を根據として、骨姓は紇骨の略稱と主張して居るが、勿論採るに足らぬ。『魏書』の官氏志には、明に紇骨氏後改爲胡氏とあつて、骨氏と紇骨氏と關係ついては、何等の記載がない。骨姓は天竺胡人の姓と認めねばならぬ。骨儀は煬帝に仕へて京兆郡丞となつたが、その清節は腐敗せる當時の官界に異彩を放つた。唐軍が長安に逼つた時、彼は煬帝の孫の代王（=恭帝）を擁して長安を固守し、城が陥ると一族死に就いた。

骨秀英の事蹟は『新唐書』卷百九十五、孝友傳に、虞鄕（＝山西省河東道虞鄕縣）骨英秀……或給帛。或旌表門閭。皆名在國史と見えて居る。股肉を刲いて父母の疾を治療した點で、官府から表賞された孝子である。彼の出自や時代は明記されてないが、封肉行孝といふ風習は、唐の中世以後に瘉ったのであるから（大正一三年七月號『東洋學報』所收拙稿「支那人間に於ける食人肉の風習」頁五一一五二、參看）、略その在世時代を推測することが出來、又その姓によつて天竺の胡人と推斷することが出來る。

羅好心　羅好心の事蹟は『貞元新定釋敎目錄』卷十七に見えて居る。羅の姓は倶摩羅 Kumāra を略したものか、若くは西印度の羅々 Lara 卽ち羅茶 Lata といふ地名 因つたものかと想像される。彼の肩書に右神策馬軍十將。奉天定難功臣。開府儀同三司。檢校太子詹事。上柱國。新平郡王とあるに據ると、建中四年（七八三）に德宗が朱泚の亂を避けて奉天に幸した時、羅好心は王事に勤めたものと認めねばならぬ。德宗の興元元年（七八四）の制（『資治通鑑』唐紀四五）に、

諸軍諸道。應赴奉天。及進收京城。將士皆賜名奉天定難功臣。

とあるもの是である。羅好心が貞元四年（七八八）の上表に、

臣家西蕃。得居中國。名參戎禁。榮及私門。父子相歡。實慙天地。

とあれば、彼はその家族と共に移住した者らしい。

竺姓　支那の竺姓は天竺の國名に本づいたもので、東漢の竺法蘭以來佛敎關係者に多いが、俗人にも稀でない。俗人で竺姓の者は、印度出身者若くばその後裔と認めて先づ大過ない。南宋の鄭樵は竺姓に就い

て次の如く斷定して居る。

竺氏　本天竺胡人。後漢歸中國而稱竺氏。竺固爲後漢侍中・西平侯。或言。後漢竺晏本姓竹。避仇加二。此謬論也（『通志』氏族略二、夷狄之國の條）。

唐の末世の畫家に竺元標がある（唐の張彥遠の『歷代名畫記』卷九）。その姓より推すと印度の出自であらう。印度出身の畫家としては、隋代の釋迦佛陀（Kabodha?）釋曇摩拙（掘?）叉（Dharma Kukscha?）を附記することが出來る（『佩文齋書畫譜』卷四五、Hirth; Ueber fremde Einflüsse in der chinesischen Kunst. ss. 34-35）。勿論この二人は宗敎家で、繪畫はその餘業であつた。

五

印度や波斯より支那に近接せる中央亞細亞の諸國民は、何れの時代でも、より多數に支那に來住したこと申す迄もない。東西二漢の西域經營が廢止され、支那の國威の衰微した、三國・兩晉時代でも、彼等は通商を繼續した。殊に後魏の太武帝が西域經營を復活して以來、波斯以東の西域諸國人は、盛に支那に通商もし、又來住もした。此等西域の商胡は、更に揚子江の上流を經て、一時南支那の建康（＝江蘇省金陵道江寧縣）まで通商の範圍を擴めた。

【五胡時代の通商】　Richthofen は東漢の衰微より隋・唐の建國に至る迄の約四百五十年間を東西隔離時代——Periode der gegenseitigen Entfremdung——と題して居るが（China. Bd. I, s. 511）、勿論妥當でない。實際は『魏志』（卷三〇）や『晉書』（卷九七）を見ても明白なる如く、三國・西晉時代を通じて、相當西域諸國の通貢があつた。政治以外にも或は宗敎上から或は商業上から、東西の交通が行はれた。後魏が西暦四百三十九年に北凉を滅ぼした際、當時北凉の姑臧(甘肅省甘凉道武威縣)に通商した西域の粟特國人が多數に捕虜となつた——其國(=粟特國)商人。先多詣涼土販貨。及克姑臧。悉見虜(『魏書』卷一〇二、西域傳)。——といふ。Hirth 氏はこの粟特國を黑海沿岸の Soghduk に擬し(明治三十三年九月號『史學雜誌』所收「ウォルガ河畔フンネン及匈奴に就きて」頁一—四)、白鳥博士は之を中央亞細亞の Sogdiana に擬して居る(大正十三年十二月號『東洋學報』所收「粟特國考」)。粟特國の所在決定は姑く他日に譲り、この記事に據つて、五胡擾亂の際にも、西域の商胡が依然支那の西邊に往來した事實がわかる。

後魏時代に來住した西域人　後魏の楊衒之の『洛陽伽藍記』卷三に、葱嶺以西の商胡のことを記して、自葱嶺已西至大秦。百國千城。莫不歡附。商胡販客。日奔塞下。所謂盡天地之區。已樂中國土風。因而宅者。不可勝數。是以附化之民。萬有餘家。

とあれば、當時北支那に歸化來住した西域人の多きこと設想以上といはねばならぬ。後魏は國都の洛陽に歸正里(南人)歸德里(北夷)慕化里(東夷)慕義里(西夷)を設けて、四方の歸化人を安插したから、西域人は何れも慕義里に住居した筈である。

西域人の南朝通交　『梁書』卷五十四、諸夷傳に、西域の滑國(=厭帶夷栗陁=嚈噠= Ephtalites)の貢献したことを記して、其言語。待河南人(=吐谷渾人)譯。然後通といふ。當時青海地方に國した吐谷渾人を嚮導として、四川方面より江南に往來したことがわかる。梁に通交した龜茲・于闐の諸國も亦、この道筋を利用したこと申す迄もない。

西域人の通商來住は、北齊・北周・隋時代を通じて同樣に繼續した。かくて西域人の往來移住多きを加へるに從ひ、彼の崇奉せる祆敎も、早く支那に渡來した。

支那に流通せる外國貨幣

『隋書』卷廿四、食貨志に、北周時代のことを記して、

河西諸郡。或用西域金銀之錢。而官不禁。

とあるが、こは當時この方面に、西域商賈の多く通商した結果と斷ぜねばならぬ。イラン人は早く金銀の貨幣を使用したから(Spiegel; Eranische Alterthumskunde. Bd. III, ss. 661-662)、茲に謂ふ所の金銀の錢は、或はイラン系統のものかも知れぬ。されど西北六世紀の初半に、卽ち略ゝ周の初期に出た、埃及の Cosmas に據ると、當時世界の端々まで、東は Tzinitza(＝震旦＝支那)より、西は羅馬に至るまで、國々の貿易には多く羅馬の貨幣を使用したとあるから(Christian Topography. p. 73)、河西地方に流通した金銀錢も、羅馬のそれと認める方が妥當かと思ふ。

羅馬の貨幣といへば、今より八十餘年前に、山西省霍州靈石縣地方で Tiberius 時代(A. D. 14-37)から Aurelius 時代(A. D, 270-275)にかけての羅馬の銅貨十六枚を發掘したことがある(Bushell; Ancient Roman Coins from Shansi. [Journal of the Peking Oriental Society. vol.I, no. 2])。この銅貨も或は南北朝時代か若くばその以前に、北支那で流通した遺物であるまい歟。西域の賈胡は兩漢時代から支那に往來した。彼等は洛陽・長安等の大都會を目的としたけれど、事實その沿道の小都會でも、隨時販興した樣である。東漢初期の耿舒が馬援の行軍を評して、

伏波(＝馬援)類西域賈胡。到一處輒止。以是失利(『後漢書』卷五四、馬援傳)。

といふ。到₂一處₁輙止とは、注に商胡所₂至之處。輙停留とある如く、沿道で滯在販興することである。南北朝時代の狀態も之を同樣と思ふ。靈石の地は當時の大都會たる代（山西省）や鄴（河南省）や晉陽（山西省）・洛陽・長安への往來の要衝に當るから、西域の賈胡がこの地に來集販興したこと疑を容れぬ。隋唐の交まで、靈石縣の附近に賈胡堡といふ地名があつた（『資治通鑑』隋紀八、義寧元年の條參看）。賈胡堡といふ地名は、西域の賈胡が嘗てこの方面に來集した名殘と認めねばならぬ。靈石縣發堀の羅馬貨幣は報告されたのみで、未だ解釋されて居らぬが、吾が輩は上述の如き歷史的事實を背景として、始めて解釋を下し得るかと思ふ。

隋唐代の商胡　隋の煬帝の頃にも、西域の商胡が多數に張掖（甘肅省甘凉道張掖縣）方面に來集して互市を營んだ（『隋書卷六七、裴矩傳』）。此等の商胡は、主としてイラン人と推察される。イラン人は古代から商胡として卓越せる才能を有し、且つ頗る貨殖に熱心であつたといふ（Spiegel; Eranische Alterthumskunde. Bd. III, ss. 660-661）。かの裴矩に『西域圖記』編纂の材料を供給した、周遊經涉。故諸國之事。罔₂不₁徧知₁と稱せられる富商大賈は、主としてイラン人であらう。これら西域の商胡が隋末には、更に支那內地殊に洛陽に來集した事實は、事々しくに茲に紹介を要せぬ。

祆教の東漸　南北朝時代に西域のイラン種族の大多數は祆教を崇拜した。勿論その間に可なりの摩尼教徒や、更により少數の佛教徒や景教徒が介在して居つても、その多數は祆教を崇奉して居つた。從つて西域の商胡が支那に往來し、更に移住すると共に、祆教東漸の機會が出來る。

祆教が支那に傳來した年代は明瞭でない。南宋初期の姚寬の『西溪叢語』卷上に、五胡時代に傳來したかの如き說を述べてある。こは有り得ることであるが確證がない。後魏の宣武靈皇后胡氏（＝胡太后）が、神龜二年（五一九）に嵩山に幸した時の記事に、

　廢諸淫祀。而胡天神不在其列（『魏書』卷一三、皇后列傳）。

とある、この胡天神を淸の畢沅（『長安志』卷一〇注）や朱一新（『無邪堂答問』卷二）は祆神と認めて居る。民國の陳垣氏も亦同樣の意見を發表して居る（『國學季刊』第一卷第一號所收「火祆敎入中國考」頁二九）。吾が輩も畢沅や朱一新や陳垣氏の擬定に贊同するが、併しこの擬定は、上述の如き當時に於けるイラン系統の西域商胡の往來移住といふ事實を根據として、始めて確立するものと思ふ。『隋書』卷七、禮儀（志）二に、

　後周欲招來西域。又有拜胡天制。皇帝親焉。其儀並從夷俗。

とあるのは、勿論祆神崇奉のことで、是に由つて當時祆敎徒の支那に往來する者、愈多きを加へたことを察知することが出來る。

宇文薩保　北周の親貴で權臣たる宇文護の小字を薩保といふ。その生母閻姫は捕虜として敵國の北齊に幽縶さるゝこと卅五年に及び、晩年に始めて宇文護と書信を通ずることを許された。彼等母子通問の書信は、『周書』卷十一に收錄され、その宇文護からの返信の一節に、

　違離膝下。三十五年。受形稟氣。皆知母子。誰同薩保。如此不孝。

とある。老親に對して薩保といふ小童時分の稱號を使用したのは、愛慕の意を表したに外ならぬ（南宋の陸游の『老學庵筆記』卷五、參看）。

この薩保は卽ち薩寶で、祆敎と關係がある。南北時代を通じて、支那人又は支那人化した塞外種族の間

に、宗教關係の命名が流行した。勿論佛敎關係の命名が多い。現に宇文護の兄の宇文導の小字を、菩薩といへるもその一例である。かくて祆神崇奉の北周で、宇文護に祆敎關係の薩保といふ小字を附しても、何等不思議がない。兎に角宇文護の小字を薩保といふ一些事も、當時北朝に祆敎流行した影響の一現象と認めると、可なり興味が多いと思ふ。

かくて唐時代に入ると、中央亞細亞諸國との交通が愈〻盛大を加へ、多數の胡人が支那に來住した。第一に中央亞細亞のブラカ Bukhara から來住した胡人は、多く安姓を稱した。これは申す迄もなく、南北朝時代から隋唐にかけて、支那でブラカを安國と稱したから、その國名をとつて姓を稱したものである。ブラカから支那に移住した胡人の中で、尤も有名なのは唐の中世に出た李抱眞・李抱玉の族兄弟である。この二人の祖先に當る安難陀は、後魏時代に早く西域から甘肅方面に移住して、その地方の祆敎徒を統領した。この前後に支那に移住して來たブカラ人が中々尠くない。

安難陀の一家　この一家に就いては、唐の林寶の『元和姓纂』卷四に、

出レ自二安國一。……後魏安難陀。至二孫盤婆羅一。代居二涼州一(甘肅省)爲二薩寶一。生二興貴一。執二李軌一送二京師一。以レ功拜二右武衞大將軍・歸國公一。……〔其玄孫〕抱玉賜二姓李氏一。兵部尙書・平章事・涼國公。

と見えて居る。略〻同一の記事が『新唐書』卷七十五下の宰相世系表に載せてある。但し『新唐書』の記事には可なり誤謬淆亂がある。その

晉魏間家二于安定一(甘肅省)。後徙二遼左一以避レ亂。又徙二武威一(＝涼州)。

といふ記事は、『魏書』巻三十、安同傳のそれを安難陀に附會したもので、固より採るに足らぬ。この安難陀のブカラ人で祆教者たることは、前年已に論悉したから(大正十三年十月號『史林』所收「陳垣氏の元西域人華化考を讀む」頁一一八—一一九、參看)、茲に繰り返へさぬ。安興貴が唐の爲に李軌を執へて功を建てたのは、武德二年(六一九)である。一世卅年乃至卅一年の原則に據ると(大正六年三月號『太陽』所收、拙稿「支那學研究者の任務」頁一〇二—一〇三)、安興貴の曾祖父に當る安難陀が、涼州の薩寶となつたのは、西暦五百廿六七年の頃かと思ふ。

安吐根 上に一度紹介した西暦五世紀初半の安同の一家は、『魏書』に安息人の血統と記してあるが、吾が黨は較ろブカラ出身でないかと想ふ。安同は疑問として姑く措き、西暦六世紀の半頃に西域の商胡から、遂に北齊の大臣にまで出世した安吐根は、確にブカラ出身であらねばならぬ。北齊の中葉に、彼と同じくもと西域商胡の出身の和士開といふ者が、武成帝から無二の信任を受け、更にその皇后胡氏から特別の寵愛を受け、かくて全朝の權勢を一身に集めた。武成帝が崩去すると、天統五年(五六九)に忠義な王族・大臣が團結して、和士開を彈劾した時、安吐根もこの團結の一員に加はり、胡太后に強い諫言——臣本商胡。得在諸貴行末。既受厚恩。豈敢惜死。不出士開。朝野不定——を呈して居る。この安吐根の事蹟は『北齊書』に見えず、却つて『北史』に載せてある。『北史』卷九十二(和士開傳後)に彼の來歷を記していふ。

安吐根安息人。曾祖入魏。家於酒泉(甘肅省安肅省酒泉縣)。吐根魏末充使蠕々。因留塞北。天平初(五三四?)蠕々主使至晉陽(山西省)。密啓本蕃(=蠕々)情狀。神武(=北齊高祖高歡)爲之備。蠕々果遣兵入掠。無獲而反。神武以其忠欽。厚加賞賚。其後與蠕々和親。結成婚媾。皆吐根爲行人也。吐根性和善。頗有計策。頻使入朝。爲神武親待。〔後〕在其本蕃。爲人所譖。奔投神武。……稍遷儀同三司。……皇建中(五六〇—五六一)加開府。

安吐根の曾祖の支那へ來投したのは、多分西暦五世紀の半頃であらう。安息はこの時最早滅止して存在せぬ。『北史』に安吐根を安息出身とするは勿論間違ひで、その實安國の產たること疑を容れぬ。

李抱玉は本名を安重璋といふ。肅宗の初年から身を起こし、代宗時代にかけて安思の亂の平定に偉功を建て、司空凉國公となつた。安祿山との同姓を避ける爲に、肅宗から李姓を賜はり、爾來一族皆李姓を稱した。その族弟の李抱眞も亦、代宗・德宗時代に唐室に忠勤を抽で、司空襄陽郡王に出世した。

李抱玉と李抱眞　この二人の事蹟は委細に『舊唐書』卷百卅二及び『新唐書』卷百卅八に載せてあるから、茲に贅せぬ。史臣の評に、

李抱玉・李抱眞。以武勇之材。忠義之行、有唐之良將也。

とあることを附記すれば十分である。この二人の一門の人物は、略『新唐書』卷七十五下の宰相世系表に見えて居る。

同じく安國出身の武將としては、李國臣と駱元光を逸することが出來ぬ。李國臣は名將李光弼の部下から身を起こし、戰功によつて臨川郡王に封せられ、死後揚州大都督を贈られた。駱元光は官者駱奉先の養子で、德宗時代に朱泚や李懷光の反亂平定に功勞を建て丶、鎮國(陝西

省)の節度使となつた。

李國臣と駱元光　李國臣の事蹟は『新唐書』卷百卅六、李光弼傳に附記されてある。その出身は『新唐書』に河西人本姓安とあるに據つて、李抱玉等と同樣に、もと安國から甘肅に移住した胡人たること疑を容れぬ。駱元光の事蹟は、『資治通鑑』唐紀四十五乃至四十八に散見して居る。その出自は『資治通鑑』の建中四年(七八三)の條に、

駱元光。其先安息人。「駱」奉先養以爲子。

とあるにて明白である。彼が西域の胡人たることは、當時周知の事實であつた。從つて彼若くば彼の父祖は、比較的近い時代に、支那に來住した者と認めねばならぬ。

安叱奴　南北朝時代から西域の樂人舞工が多く支那に入つて來た。中に安國出身者も尠くない。唐の高祖時代に舞工として散騎常侍となつた安叱奴の如きその一人である。

彼の事蹟は『新唐書』卷九十九、李綱傳に見えて居る。同書に李綱が舞工の安叱奴を散騎常侍に拜するに反對したことを、次の如く記載してある。

齊高緯(=北齊後主)封曹妙達爲王。以安馬駒開府。有國家者。可爲鑒戒。今新造天下。開太平之基。功臣賞未及徧。高才猶伏草茅。而先令舞胡。鳴玉曳組。位五品。趨丹地。殆非創業垂統。貽子孫之道也。帝(=高祖)不納。

『唐會要』卷卅四にも略同樣の記事がある。北齊の曹妙達や安馬駒に對比する點から觀ても、更に舞胡と指斥する點から觀ても、安叱奴が西域の胡人で、安國出身たること疑を容れぬ。

北齊・北周ともに西域の音樂が流行したが、就中北齊の後主高緯は尤も之を歡迎して、西域の樂人舞工を重用した。『北齊書』にこの事實を統記して、

西域の樂人舞工の重用

西域醜胡。龜茲雜伎。封王者接武。開府者比肩（卷五〇、恩倖傳）。

といひ、唐の杜佑の『通典』は、更にこの事實を敷演して、

後主唯賞胡戎樂。耽愛無已。於是繁習淫聲。爭新哀怨。故曹妙達・安未弱・安馬駒之徒。至有封王開府者。遂服簪纓而爲伶人之事（卷一四二、樂二）。

といふ。この安未弱や安馬駒は、所謂深目高鼻の安國出身たること申す迄もない。

曹國出身者

上掲の曹妙達は西域の曹國出身者に違ない。曹國とは『大唐西域記』卷一に劫布呾那國（唐言曹國）とあるもので、卽ちアラブ地理學者の Kabudhan 又は Kabūdhangekath を指す（Tomaschek; Centralasiatische Studien. I, ss. 84-86）。サマルカンドの東北に隣接した國である。さて曹妙達に關しては、『北史』に當時の所謂胡小兒の代表として、

曹僧奴子。〔曹〕妙達。以能彈胡琵琶。甚被寵遇。俱開府封王。

と記載してあり、更に『舊唐書』卷廿九、音樂志二に、

後魏有曹婆羅門。受龜茲琵琶於商人。世傳其業。至孫〔曹〕妙達。尤爲北史高洋（＝文宣帝）所重。常自擊胡鼓以和之。

と記載してある。更に曹僧奴の女も亦琵琶を善くするを以て、後主高緯の昭儀となつた（『北史』卷一四、后妃傳下）。兎に角曹妙達の一門は、父祖子孫兄妹を擧げ琵琶の名手として、北齊時代に優遇を受けた。

唐時代にも琵琶の名手に曹姓が多い。『琵琶錄』に載せられた、曹保・曹善才・曹綱の如きそれである。此等は皆曹妙達の後裔か、若くば同國人であらう。曹妙達と同時に北齊に仕へた名ある畫家に曹仲達がある。唐の張彥遠の『歷代名畫記』卷一に曹國出身者として記載されて居る。多少の疑問はあるが、安國出身者と想はるゝ一人に安金藏がある。彼は則天武后の朝に太常の工人であつたが、睿宗が武后の嫌疑を受けた時、その無罪を保證すべく割腹した。實に支那史乘稀に覯る忠烈な義士であつた。

安金藏 安金藏の事蹟は『舊唐書』卷百八十七上、忠義傳上、及び『新唐書』卷百九十一忠義傳に收めてある。彼の割腹は長壽二年(六九三)のことで、流石の武后もその忠義に感動して、氣絕せる負傷者を宮中に引き取り、外科醫をして治療を加へしめた。『資治通鑑』唐紀廿一に、

使醫內五藏。以桑皮線縫之。傅以藥。經宿始蘇。

と記してある。その後ち彼は更に至孝といふ點で官より旌表された。睿宗の子の玄宗は遂に彼を代國公に封じた。

安姓 元來安姓は殆ど支那人に見當らぬ。絕無でなくとも稀有である。故に安姓は大體に於て外國出身者から起つた者と想はれる。古くは安息出身者、ついで安國出身者が安姓を稱した。南宋の鄧名世の『古今姓氏書辯證』卷八に、後魏安遲氏。改爲安氏とあるが、かゝる事實は當然記載されねばならぬ『魏書』官氏志に見えぬから、信憑し難い。かゝる疑はしい安姓を問題外に置くと、安姓は大體に於て西域の胡人、若くばその裔と認めて差支ない。現に南宋の鄭樵(『通志』氏族略二)の如きは爾く主張して居る。從つて安

金藏は、支那人よりも安國出身者らしい。彼の貫籍は京兆長安人となつて居るが、印度出身の骨儀も『隋書』に京兆長安人と記してあり、曩に紹介した李抱玉一家も後に籍を京兆長安に移した例もあるから、安金藏が京兆長安人たることは、必しも彼若くは彼の祖先の安國出身者たるべき支障とはならぬ。安金藏の外に、隋唐時代に安姓の人が可なり見當る。鑑眞和尚に隨行して我が國に渡來した、胡國人安如寶の如きも（『群書類從』第四輯卷六九所收「唐大和上東征傳」）、もと支那と移住し來た西域人であらう。その他、隋初の胡人安逐迦（『資治通鑑』隋紀二）の如き、煬帝時代の方士安伽陀（同書隋紀六）の如き、節度使田悅の部將の安壘毀（『新唐書』卷一五五）の如き、大抵安國出身者らしいが、茲には一々論及せぬ。

六

ブラカと並んで當時中央亞細亞の大都會であつたサマルカンド Samarkand は、支那で普通康國として知られ、この地の出身者は多く康姓を稱した。サマルカンド人は尤も通商に努めた故、南北朝時代若くばその以前から、支那方面に往來せしこと疑を容れぬ。かくて梁の功臣の康絢や、北齊の胡小兒の康阿馱は、康國出身かと想はれる。

康絢　康絢の事蹟は『梁書』卷十八に詳である。彼は齊・梁二代に仕へて、文武の功勞があつた。『梁書』に彼の祖先を敍していふ。

其先出自康居。初漢置西域都護。盡臣西域。康居亦遣侍子。待詔於河西。因留為黔首。其後即以康為姓。晉時隴右亂。康氏遷于藍田（陝西省）。（康）絢曾祖。因為（前秦）苻堅太子詹事。生穆。穆爲₂後秦₁姚萇河南尹₁。宋永初中（四二〇—四二一）穆擧₂鄕族三千餘家₁。入₂襄陽之峴南₁（湖北省）。宋爲置₂華山郡藍田縣₁。寄₂居于襄陽₁。

始めて南方へ移住したこの康穆は、康絢の祖父に當る。『梁書』の記事に據ると、康絢は疑もなく西域胡人の裔である。但支那人の記錄には、安國出身者を安息出身者に牽强する習癖あると同樣に、康國出身者を康居出身者に附會する習癖があるから、康絢の祖先が果して康居人なりや、將た康國人なりやは、一の疑問と思ふ。

胡小兒　康阿馱に就いては、『北史』卷九十二、恩幸傳に、

武平（五七〇—五七六）時。有₂胡小兒₁。俱是康阿馱・穆叔兒等。富家子弟。簡₂選黠慧者數十人₁。以爲₂左右₁。恩眄出處。與₂閹官₁相埒。亦有₃至₂開府儀同₁者₁。

と記してある。康阿馱と並べられる穆叔兒は、西域の穆國出身者と斷せねばならぬ。穆國は Amudarya 河畔の Âmul で、杜環の『經行記』の亞梅國、『新唐書』西域傳の阿昧國である（Marquart; Erânsahr. ss. 310-311）。五代時代の孫光憲と往來した、江陵（湖北省）寄住の蕃客穆思密（『南部新書』癸）も、恐らくこの地方出身者であらう。さるにても當時支那に通商した西域富豪の子弟が、宮廷の小姓として北齊に仕へたことは、可なり興味ある事件であるまい歟。胡小兒ではないが、北齊の文宣帝に信任されて、その太子高殷の保護指導に當つた、胡人の康虎兒（『資治通鑑』陳紀二、天嘉元年の條參看）も、その姓から推して康國出身たること疑を容れぬ。

サマルカンド地方の商胡

隋の章節の『西蕃記』（『通典』卷一九三所引）に康國の商胡に就いて、

康國人並善賈。男年五歲。則令學書。少解。則遣學賈。以得利多為善。

といひ、又『唐會要』卷九十九にも、

〔康國人〕生子必以蜜食口中。以膠置手內。欲其成長。口嘗甘言。持錢如膠之粘物。習善商賈。爭分銖之利。男子二十卽遠之他國。來過中夏。利之所在。無所不至。

といふ。イラン商賈のこの特質は、西漢時代から早く支那人の注意を惹き、『漢書』西域傳にも、善賈市。爭分銖と評して居る。十世紀初年の Abou Zeyd は、その當時にサマルカンドから Khanfou (＝廣府＝廣州)まで遙々徒歩旅行した商胡を紹介して居る (Reinaud; Relation des Voyages. Tome I, p. 114)。略同時代の Ibn Haukal に據ると、サマルカンド城の東門は Deri Cheen 卽ち支那門と呼ばれた (Ouseley; The Oriental Geography of Ebn Haukal. p. 252)。此等の事實を綜合すると、隋唐時代にサマルカンドを中心とする Sogdiana 地方のイラン商胡が、盛に支那に往來移住したことが容易に想見される。

唐時代の康國出身者は、安國出身者に比すると、幾分の寂寞を感ずる。それでも唐の太宗時代に、國人を率ゐて甘肅の西邊外に移住して、東西の交通を維持した、康國の大首領の康艷典があり、則天武后の時代に、石城鎮將として、甘肅の西陲に近く相當の勢力を有した康拂躭延がある。この二人の事蹟は敦煌の遺書によつて、始めて世間に知られ、相當學界に注意されて居る。

康艷典と康拂躭延 康艷典の事蹟は、英國の Stein 氏が敦煌から將來した文書中に見え、已に Pelliot 氏によつて發表された (Le "Cha Tcheou Tou Fou T'ou King" et la Colonie Sogdienne. pp. 120–122 [J. A. 1916])。その中に

〔石城鎭〕……隋亂其城遂廢。貞觀中(六二七—六四九)康國大首領康艶典來居=此城-。胡人隨レ之。因成=聚落-。亦曰=典合城-。

とある記事は、文字は簡單であるが、中々內容が多い。康艶典は石城鎭の外に、その附近の新城・蒲桃城・薩毗城をも建設した。この四城へ附隨の胡人を置いたものと見える。この康艶典(=康豔典)の名だけは、『新唐書』卷四十三下、地理志下に記載されてある。

康拂躭延の事蹟は一層簡單で、同じく敦煌の千佛洞から佛蘭西の Pelliot 氏が將來した『沙州都督府圖經』中に、石城鎭から蒲昌海(=羅卜諾爾〔ロプノール〕)の清澄といふ祥瑞に就いて、報告書の到來したことを記して、

大周天授二年(六九一)臘月、得=石城鎭將。康拂躭延弟。〔康〕地舍撥狀-

と見えて居る。

Pelliot 氏は康艶典と康拂躭延に關する文書を紹介した最後に、次の如き結語を附記して居る。

此等の文書によつて、〔吾人は〕頗る啓發さるべき智識を得ることが出來る樣に思ふ。卽ち西暦七世紀の前半に於て、Sogdiana の殖民が、羅卜諾爾の南方に到達せる事實がそれである。この殖民の首領〔の康艶典〕が基礎を置ける都城は四個を下らない。『沙州都督府圖經』中に見えたる康姓の一族は、この世紀の末まで、依然として〔Sogdiana の〕殖民が、その土著の首領〔康拂躭延〕と共に、繼續存在せしことを證明する (Le "Cha Tcheou Tou Fou T'ou King," etc. pp. 122-123)。

若し吾が輩が上來紹介した涼州の安難陀の一家を始め、その他の事實によつて、Sogdiana 人が、より早くより深く、支那の內地に移住したことを併せ考へば、Pelliot 氏の指示せる宗敎の流通や、佛典の飜譯や、

乃至東西の交通等の諸問題に就いて、西域の胡人に一層の注意を要すること、思ふ。

康艶典らの如く邊陲地方でなく、唐の國都の長安へ來住した康國出身者としては、玄宗時代に安南の都護となり、天寶の亂中に鴻臚卿となつた康謙がある。唐初の畫工の康薩陀や、玄宗時代に琵琶の名手として聞えた康崑崙も、康國出身らしい。

康謙　彼の事蹟は『新唐書』卷二百二十五上の孫孝哲傳に坿記されて居るが、未だ世に知られて居らぬ樣であるから、左にその全文を紹介する。

有商胡康謙者。天寶中（七四二—七五六）爲安南都護。附楊國忠。官將軍。上元中（七六〇—七六二）出家貲佐山南。驛稟。肅宗喜其濟許之。累試鴻臚卿。壻在賊中。有告其叛坐誅。

その商胡といひ康姓といひ、康國出身者たること疑を容れぬ。この商胡が唐に仕へて安南の都護となつた事實は注意に價する。彼が官軍の爲に軍資を献じて優遇せられ、更にその壻が賊軍に加つた爲め、之に内應の嫌疑で誅戮せられた、運命の消長も面白い。

康薩陀と康崑崙　康薩陀の出自は、何れの書錄や書譜にも傳へて居らぬ。その姓やその名から推して、胡人で康國出身者かと臆測するに過ぎぬ。康崑崙に就いては、唐末の段安節の『樂府雜錄』に、

長安街東。有康崑崙。琵琶號第一手。

とあるを始め、彼の名は音樂關係の記錄に疊見して一々紹介に堪へぬ。彼の出自も不明であるが、琵琶の名手であり、姓の康である點から、西域出身と想像するのである。

西域出身の樂工　南北朝時代から隋唐にかけて、西域の樂人・舞工・歌者が多く支那に來住した。北齊の

事實は已に述べた。北周の武帝が突厥から皇后阿史那氏を迎へた時、阿史那氏に伴隨して多數の西域の樂工が長安に來た。『舊唐書』卷二九、音樂(二)にこの事實を下の如く記載してある。

周武帝聘虜女爲后。西域諸國來媵。於是〔有〕龜茲・疏勒・安國・康國之樂。

北齊・北周の後を承けた隋時代に、胡樂が廣く民間にまで歡迎されたことは、唐の杜佑が——開皇中(五八一—六〇〇)〔胡樂〕大盛於閭閻(『通典』卷一四六)——證言して居る。唐の敎坊・梨園には、終始西胡の伶人樂工を置き、之を胡小兒とも胡兒とも又胡雛とも稱した。玄宗恩顧の梨園の弟子で笛の名手と聞ゐた胡雛が、洛陽の令の崔隱甫に無禮して杖殺された事實が、唐の李肇の『唐國史補』卷上に傳へられて居る。曩に紹介した唐の高祖時代の安叱奴の如きも、畢竟この胡雛から立身して簪纓を服した一人に過ぎぬ。

唐の李白の樂府の上雲樂に、

金天之西。白日所沒。康老胡雛。生彼月窟。……老胡感至德。東來進仙倡。……能胡歌。進漢酒。……天子九九。八十一萬歲。長傾萬歲杯(『李太白集』卷三)。

とあるを、中村博士は景敎僧を詠じたものと推斷されて居る(大正十四年六月號『史學雜誌』頁六一)。吾が輩はこの樂府と景敎との關係の有無に就いては、何等の意見を述べ得ぬが、但この康老胡雛が、康國出身の歌者たることは疑を容れぬ。

唐の德宗時代に晉絳(山西省)の節度使となり、會稽郡王に封せられた、康日知一家の出自は不明であるが、その塞外より唐に歸化した點と、その姓を康と稱する點より推すと、或は康國出身者かと想ふ。更に臆測を逞くするならば、かの天寶の亂の大立物の安祿山も、或は同じ系統に屬するかも知れぬ。

〔康日知の一家〕 康日知を始め、その子の康志睦、その孫の康承訓の事蹟は、『新唐書』卷百四十八に載せてある。『新唐書』にこの一家の來歷を述べていふ。

〔康日知〕祖〔康〕植當開元時。縛康待賓。平六胡州。玄宗召見。擢左武衞大將軍。授天山縣男。

康待賓は蘭池州（甘肅省）の胡人で、開元九年（七二一）唐に叛き、塞外の降衆を安挿した六州、所謂六胡州を陷れた。この康待賓及び六胡州のことは『資治通鑑』唐紀廿八に見えて居る。康植は靈州（甘肅省）人である。南北時代から甘肅方面は西域商胡の往來繁く、從つてこの方面に胡人の住居する者尠くない事實は已に述べて置いた。この康植從つて康日知の一家も、西域の胡人、恐らくば康國商胡の裔かと想像される。

〔康姓〕 康といふ姓は支那人にもある。『元和姓纂』卷五に康姓を叙して、

衞康叔之孫。以謚爲姓也。

といふ。されど東漢の王符の『潛夫論』の姓氏志にも、三國初期の應劭の『風俗通』の姓氏篇——原書は散佚したから、茲には淸の張澍の輯本に據る——にも、康姓の記事が一切見當らぬ。加之これを史實に照らしても、兩漢・魏晉・南北朝時代にかけて、康姓の人物が殆ど見當らぬ。この時代に現はれる康姓は、殆ど外國人に限る。縱令支那人に康姓があつても、それは當時頗る微弱に相違ない。此等の事情は、靈州の康日知一家の出自を西域とする推測を、一層有力ならしむる樣に思ふ。天寶の亂中に現はれる史思明の部將の康沒野波（『資治通鑑』唐紀卅五）の如き、官軍の部將康元寶（同書唐紀卅七）の如き、唐の中世以後に史乘に見ゆる康姓が多く、その大部分は外來人と想はれるが、茲には論及を見合する。

安祿山の出自

天寶の亂の大立物の安祿山の血統に就いては、可なり疑惑がある。彼は營州(東蒙古)の胡人であるが、その本姓は康と傳ふ。『舊唐書』卷二百上の安祿山傳には、本無姓氏とあるが、『新唐書』卷二百廿五上の逆臣傳には、彼の本姓を康と明記してある。突厥は西暦六世紀の半頃に嚈噠を併合して以來、中央亞細亞諸國を司配した。近くは七世紀の末期から八世紀の初期にかけて、東突厥の默啜(=Kapagan Khan)は、新にこの方面に勢力を張つた(Chavannes; Documents sur les Tou-Kiue Occidentaux. pp. 288-289)。されば康國人や安國人が、突厥領土の東部、例へば營州地方に往來したとて、格別怪むに足らぬ。嘗て藤田博士に引用されたが(大正五年六月號『史學雜誌』頁五三—五五)、『舊唐書』卷百八十五下の宋慶禮傳に開元五年(七一七)の頃に、一旦奚・契丹の離叛によつて攻陷された、營州の復活に成功したことを、左の如く紹介してある。

招輯商胡。爲立店肆。數年間營州倉廩頗實。居人漸殷。

この商胡は西域の商胡とのみ限り難くとも、その中に西域の康國・安國等の商賈が主要な位置を占めた筈である。安祿山の本姓の康から推すと、彼の實父を、營州地方に通商若くば來住した、康國人と想像しても、一概に荒誕無稽と斥けられぬ樣に思ふ。彼の繼父の安延偃も、彼の妻の康氏も、皆西域商胡と關係あるかも知れぬ。

唐の姚汝能の『安祿山事迹』卷上に、安祿山が富貴となつた後ち、天寶十一載(七五二)に玄宗の肝煎で、かねて不和の間柄であつた、突騎施出身の哥舒翰と和解の宴に連つた、その席上で、彼此の血統に就いて爭を起したことを記して、

〔哥舒〕翰母尉遲氏。于闐女也。……〔安祿山〕謂翰曰。我父是胡。母是突厥女。爾父是突厥(?)。母是胡。與公族類頗同。何得不相親乎。翰應之曰。古人云。野狐向窟嗥拜。以其不忘本也。敢不同心焉。祿山以爲譏其胡也。大怒。罵翰曰。突厥敢如此耶。翰欲應之。〔高〕力士目翰。翰乃止。

とある。この事實は略同樣に『舊唐書』卷百四の哥舒翰傳に載せて居る。突厥と胡を區別して、安祿山自身も、その父を于闐等を含める西胡人と認めて居る點が、彼の父を康國出身とする想像說に、可なり强い支持を與へるでない歟。

更に安祿山は諸蕃語に博通し、——或は解九蕃語(『安祿山事迹』卷上)といひ、或は解六蕃語(『舊唐書』卷二〇〇、上)ともいふ——殊に商業に對して特別の理會を有つた。彼は早く諸蕃互市牙郎となつた。元初の胡三省は牙郎を解釋して、

牙郎駔儈也。南北物價定於其口。而後相與貿易(『資治通鑑』唐紀三〇、開元廿三年の條の注)。

といふて居る。要するに蕃漢の間に於ける、若くば兩蕃の間に於ける、貿易の媒介を口業とするものと見える。彼はその立身の後も、多數の商胡を手先に使つて、盛に貿易を營み利殖を圖つた(『安祿山事迹』卷上參看)。彼はその語學を利用して、塞外種族を懷柔し、又その商才を利用して、莫大なる軍資を集めた。彼が旗擧げの當初に、成功の目覺しかつた理由の一半は茲にある。それは兎に角少年時代から四方に通商して、貨殖に專心なるイラン商胡の特質と、安祿山の性行との間に、幾分共通の點がないでもない。

唐三百年の運命は天寶の亂によつて轉換した。若しこの天寶の亂の大立物たる安祿山が、中央亞細亞のイラン種族の血統を傳へた者とすると、そこに一段の興味を感ずる譯である。吾が輩は固より安祿山を康國

出身者と斷定する程大膽でない。たゞ學界の參考にもと、一の臆說として茲に附記したに過ぎぬ。

七

サマルカンドの東に Maymurgh（弭秣賀）といふ土地がある。唐に或は米國といふ。『大唐西域記』卷一に弭秣賀國（唐曰米國）とあるのが是である。この地方から支那に來住した人は、例の如く國名をその儘に、米姓を稱した。唐時代に米姓の者も尠くないが、中に就いて尤も有名なのは、憲宗・穆宗時代にかけて、唱歌を以て名高い米嘉榮である。米嘉榮の子の米和も亦、懿宗時代に琵琶の名手として世に聞えた。五代時代の伶人米都知も米國出身者に相違ない。

米嘉榮 米嘉榮については『太平廣記』卷百四に、唐の盧言の『盧氏雜說』を引いて、

歌曲之妙其來久矣。元和中（八〇六—八二〇）國樂有米嘉榮・何戡。近有陳不嫌不嫌子意奴。一二十年來。絕不聞善唱。

といひ、唐末の段安節の『樂府雜錄』に、

元和・長慶（八二一—八二四）以來。有李貞信・米嘉榮・何戡・陳意奴。

といふ。彼は詩人の劉禹錫と同時代で、又知己の間柄であつた。劉禹錫に與歌者米嘉榮（石印『全唐詩』卷一三、劉禹錫一二）と題して、左の如き詩がある。

唱得涼州意外聲。舊人唯數米嘉榮。近來時世輕先輩。好染髭鬚事後生。

一本にこの詩が、

一別嘉榮三十載。忽聞舊曲尙依然。如今世俗輕前輩。好染髭鬚事少年。

となつて居る。何れにしても彼が世間の流行を追はずに、唱歌の本領を維持したことがわかる。更に『太平廣記』には『盧氏雜說』に據つて、この詩を左の如く傳へて居る。

三朝供奉米嘉榮。能變新聲作舊聲。于今後輩輕先輩。好染髭鬚事後生。

供奉とは唐時代に一藝に卓越せる者を選んで、宮廷の供奉官とした。差當り我が帝室技藝員に相當する歟と思ふ。『通志』(氏族略二)にも、米嘉榮を供奉歌者と記載してある。劉禹錫は西暦八百五年に貶謫せられ、八百二十八年に長安に歸るまで、殆ど二十餘年を通じて邊荒に居つた。一別嘉榮三十載とはこの事實を述べたものである。三朝供奉とは憲宗・穆宗時代を含めて、前後三代に供奉官として歷仕せしものと想ふ。

米和　米和は一に米萊加といひ、又米和郎ともいふ。彼の名は音樂の書類に散見して居るが、『樂府雜錄』に、

咸通中(八六〇―八七三)卽有米和。卽〔米〕嘉榮子。申旋尤妙。

と記してある。この米嘉榮父子が、西域の米國出身者たることは、南宋の鄧名世の『古今姓氏書辯證』卷二十四に、

〔米〕西域米國胡人。入中國者。因以爲姓。唐……有供奉歌者米嘉榮。其子米和郎。

とあるを始め、その他の一切の姓氏書に異議がない。

米都知　彼に關する記事は、北宋初期の錢易の『南部新書』癸に見えて居る。都知とは伶人の首領をいひ

彼の本名でない。本名は傳つて居らぬ。彼は文雅の士と交際が廣かつた。黎補闕の彼に贈つた詩に、

供奉三朝四十年。聖時流落髮衰殘。貪將樂府歌明代。不把淸吟換好官。

とあるに據ると、彼が當代屈指の伶人であつたことが察せられる。

同じく米國出身者に、『明堂論』といふ醫書一巻を著はした米遂があり、更に軍人方面では、唐の武宗時代に夏州節度使となつて、黨項征伐に從つた米暨や、又五代の初期に呉王楊行密に事へて、騎射の名手として當世に聞え、泰寧軍節度使となつた米志誠などがある。

米遂 『新唐書』巻五十九の藝文志の子類の明堂經脉類に、米遂の『明堂論』一巻を載せてある。彼の事蹟は傳らぬ。明堂とは『辭源』(辰)に、

醫家記針灸之穴。爲偶人。點誌其處名明堂。……黄帝問岐伯。以人之經絡。……盡書其言。藏於金蘭之室。洎雷公請問。乃坐明堂以授之。明堂之名以此。

と解釋した通りである。米遂は支那の針灸の醫法に達した人と見える。

米暨 彼の事蹟は『資治通鑑』唐紀六十四に、

〔會昌〕六年(八四六)二月庚辰。以夏州節度使米暨。爲東北道招討黨項使。

と載せてある。元初の胡三省は之に註して、

米姓出於西域。康居枝庶。分爲米國。復入中國。子孫遂以爲姓。

といふ。彼の米國出身者たることは、早く支那の學者も承認した譯である。米暨の事蹟はそれ以上、別に『舊唐書』にも『新唐書』にも見えて居らぬ。明の淩迪知の『古今萬姓統譜』巻七十九に、振武節度使米暨とあ

るが、之は夏州節度使の誤と思ふ。振武は山西の西北邊で、夏州は陝西の北邊で、治處が別々である。

米志誠 米志誠は或は米至誠に作る。彼の事蹟は北宋の路振の『九國志』卷二に、可なり委曲に紹介されてあるから、茲に繰り返へさぬ。たゞ『九國志』に彼を沙陀部人としてある點が、説明を要すると思ふ。沙陀部は唐時代に天山附近に住居した突厥種族の一部である(Chavannes; Documents sur les Tou-Kiue Occidentaux. pp. 96-99)。唐の中世から、殊にその末期に於て、沙陀部人は多く山西地方に入り來り、更にその一部は江淮方面に南下して、楊行密の軍に加はった(『資治通鑑』唐紀七七、乾寧四年の條)。米志誠も實にこの時代に南下した一人で、更に溯ると西域から沙陀部へ移住した胡人と想像される。

九姓胡 唐時代に中央亞細亞諸國人は、塞北諸族の間にも往來した。殊に唐の中世以後、回紇が摩尼教を崇奉してから、彼等の往來一層を加へたこと想像に難くない。德宗時代の回紇の使者に、將軍康赤心があり(『新唐書』卷二一七、上)、又懿宗時代の回紇の使者に達干米懷玉がある(『新唐書』卷二一七、下)。この康赤心や米懷玉は康國・米國の出身かと想ふ。唐時代に塞外諸族と中央亞細亞民族との關係は、一般に想像されて居る以上に、頻繁に且つ密接であつたらしい。回紇の遺蹟の喀喇巴爾噶孫(カラバルガスン)から露國の探檢隊に發見された唐代の碑文に、中央亞細亞のソグド語を使用した理由も、此の如くして理會出來る。

『新唐書』卷二百十七上の回鶻(=回紇)傳に、

始回紇至中國。常參以九姓胡。往々留京師至千人。居貲殖產甚厚。

とある、この九姓胡は特別の注意を要する。普通の場合に於ける九姓の名稱に就いては、羽田博士が已に究明された(大正八年一月號『東洋學報』所收「九姓回鶻と Toquz Oγuz の關係を論す」)。之に據ると(一)回紇をその一部として包括する鉄勒九姓部と、(二)囘紇中に於ける九部を包括する囘紇九姓部とに區別される。上に引用した『新唐書』の九姓胡を、鉄勒九姓としても解釋出來やうが、文章上から觀ると、較ろ囘紇以外の九姓と解釋する方が妥當かと思ふ。卽ち囘紇を一部とする九姓でもなく、囘紇を全部とする九姓でもない。全然囘紇以外の九姓と解釋するのである。囘紇以外の九姓とは、畢竟中央亞細亞の九姓で、『新唐書』卷二百廿一、下、西域傳に、

〔康〕枝庶分王。曰安曰曹曰石曰米曰何曰火尋曰戊(=伐?)地曰史。世謂九姓。

とある者を指すのである。九姓胡を爾く商賈に熱心な Sogdiana の住民と解すると、居貲殖產甚厚の文句に一層適合する樣に思ふ。

『資治通鑑』唐紀卅五の至德二年(七五七)の條に、

河西兵馬使蓋庭倫。與武威九姓商胡安門物等。殺節度使周泌。

とある九姓商胡を、吾が輩自身が嘗て鉄勒の九姓として解釋したこともあるが(大正八年十月號『史學雜誌』頁六一―六二)、之も較ろ西域の九姓として解釋する方が妥當かと思ふ。武威が南北朝・隋唐時代を通じて、西域商胡の窟宅であつた事實や、又安門物の名が、西域の安國出身者と想はるゝ事實とを綜べて、爾く推測するのである。唐の李肇の『唐國史補』(卷下)や『新唐書』(卷二一七上)に見える、西市商胡が、囘紇の摩尼の特權を濫用し、囊橐を與にして奸を爲した事實(Chavannes et Pelliot; Un Traité Manichéen etc. II partic, pp. 227, 230, 231)も、この商胡を西域九姓の商胡と解釋すると、餘程當時の實情が判明するやうに思ふ。

沙陀部内に來住した西域人

沙陀は回紇よりも近く西域諸國と隣接して居る。北庭都護府や安西都護府に接し、西域諸國と回紇との往來の通路に當る沙陀部内にも、回紇同樣に、中央亞細亞諸國人の來住したことは、殆ど疑惑を容れぬ。沙陀の名將李克用の部下に、米海萬・康君立・安金全・安金俊・安敬忠・安元信・史敬思・史建瑭・石君和等の如く、中央亞細亞の米國・康國・安國・史國・石國等の國名と、同じ姓を有する者が多いのも、一の不思議である。『舊唐書』卷百四、哥舒翰傳に、

蕃人多以部落稱姓。因以爲氏。

とあるのは事實であが、北方の蕃人が部名を姓とする如く、西域の胡人はその國名をその儘に、姓とすることも亦事實である。吾が輩は此等の李克用の部將を、すべて直に西域出身者と斷定する程大膽でない。茲には唯この注意すべき事實をその儘に紹介するに止めて置く。されど吾が輩一個としては、當時の事情から推して、彼等の寧ろ多數は——殊に米海萬の如きは——西域出身と信じ、從つて當面の問題である沙陀人と稱せらるゝ米志誠も、實は西域の米國出身で、早く沙陀に入り、沙陀の江淮方面へ南下と共に、楊行密の部下に加つた者たるを疑はぬ。これら米姓の人に關しては後に更に辯論する筈である。

米姓の人を論ずる場合に、決して米芾及びその子の米友仁、卽ち世に謂ふ所の大米・小米の二人を忘れてはならぬ。この二人は北宋末期の人で、本論の主眼とする唐時代よりは、二百年近く後くれるが、米姓の人としては、尤も世に著聞した人である。殊に米芾は書畫ともに一流の名手で、又藝術の批評家・鑑識家としても聞えた大家で、更に蘇東坡の親友として、蘇米と併稱せられて、苟も耳ある者は鼎鐺だも之を知るといふ程の名士である。この米芾も吾が輩の所見

に據ると、西域出身者の裔と斷ずる外ない。

米芾の事蹟及びその書畫

米芾の字は元章といふ。或はその官によつて米南宮と稱せられ、或はその居處によつて米襄陽又は米海岳と稱せらるゝ等、種々の稱呼がある。子の米友仁は字を元暉といふ。書も畫も乃父に亞ぐ名手として、世に聞えて居る。米芾父子の事蹟は、『宋史』卷四百四十四に載せてあるが、餘りに簡單で、又可なり杜撰である。清の翁方綱の『米海岳年譜』や、明の范明泰の『米襄陽志林』を、是非參考せなければならぬ。

南宋の葛立方は米芾の書を評して、

本朝書。米元章・蔡君謨(＝蔡襄)爲冠。餘子莫及(『韻語陽秋』卷一四)。

と斷じて居る。勿論この品隲に對しては異論もあるが、米芾を推して趙宋三百年間一流の大匠となすに至つては、古今の公是と認めてよい。彼の畫に就いては明の董其昌の如きは、

詩至少陵(＝杜甫)。書至魯公(＝顏眞卿)。畫至二米。古今之變。天下之能事畢矣。高彥敬(＝高克恭)兼有衆長。出新意於法度之中。寄妙理於豪放之外。………古今一人而已(陳垣氏稿本『元西域人華化考』下冊所引)。

と評して居る。南宗を主とする董其昌のこの評は、可なりその好む所に偏する嫌があり、就中高克恭に於て尤も泰甚であるが、兎に角支那で一流の繪畫批評家として許さるゝ董其昌その人が、支那第一の畫家として激賞する、米芾も高克恭も、二人が揃も揃つて、西域人の後裔であり(高克恭)、若くば後裔らしい(米芾)事實は、十分注意に價すると思ふ。

米芾の出自

されど製作家としての米芾や、鑑識家としての米芾を論ずるのは、吾が輩の目的でない。

吾が輩の宗旨は米芾の出自を究明するに在る。米芾の出自に關しては、支那人の記錄は一般に明瞭を缺く。『宋史』の本傳に彼を吳人としてあるが、これは彼が潤州(江蘇省金陵道丹徒縣)に定居して以來の事實に據つたもので、勿論根據とするに足らぬ。南宋の陳振孫の『書錄解題』卷八に、南宋の米憲の『米氏譜』一卷を載せていふ。

奉直大夫米憲錄。蓋國初勳臣米信之後。信五世〔孫〕爲芾元章。又三世〔孫〕爲憲。

之に據ると米芾は米信の後と斷せねばならぬ。米信の原名は米海進といひ、その傳は『宋史』卷二百六十に載せてある。米信傳に據ると、その一家根據地は山西北部の朔州附近にあつた。南宋の蔡肇の米公墓志(『米襄陽志林』卷一所引)や南宋の方信孺の米公畫像記(『米海岳年譜』所引)に、米芾の原譜を記して、世居太原(山西省)。後徙襄陽(湖北省)とあるのと、大體に於て一致する。

『宋史』米信傳には彼を本奚族と記してあるが、吾が輩の知れる限に於て、唐時代にも五代時代にも、奚人で米姓を稱した者が見當らぬ。米信に至つて卒然と米姓を稱する譯がない。米信の原名の米海進の名が、襄に紹介した米海萬と似寄りの點などから觀て、米信は較ゝ沙陀部の人かと想ふ。上に已に述べた如く、唐末から沙陀部人は多く北支那に入つて來た。就中朔州や太原を中心とする山西省の北部が、その根據地であつた。この沙陀部内には、西域の胡人が多く加つて居た。米信もその胡姓なる點から推し、その山西の北部に住居した點から推して、かの米海萬や米至誠と同樣に、沙陀部に從つて支那に移住して來た、西域の胡人と認めて差支あるまい。從つて米信の裔たる米芾の出自も、略〻推定される譯である。

姓氏の問題取扱に關する注意

漢から隋唐にかけて支那に移住して來た西域胡人の多數が、その本國名を採つて姓としたのは事實であるが、されはとて單に姓のみに據つて、直にその人の出自を斷定するのは、可なり危險といはねばならぬ。何となれば同姓の中にも、胡姓と華姓とあつて、その區別が容易でない。例へば石國出身者が石姓をとり、曹國出身者が曹姓を稱し、史國出身者が史姓を冒するが、同時に此等の石・曹・史の姓は、古く支那人の間にも存在し、又石・史の姓は、塞北諸族出身者の間にも存在する。されはこの種の問題の取扱には、十分なる注意を必要とする。記錄の上に西域胡人たることが明記されてあるか、然らずとも單に石姓・曹姓・史姓の故を以て、その人を西域出身と速斷出來ぬこと申す迄もない。されば四周の事情から、その人の西域出身たることが略推測される場合の外は、輕々しい斷定を避けねばならぬ。吾が輩は上來の行論の間にも、この點には可なり注意を拂つた積りである。

米姓の特色

所が獨り米姓の場合は、餘程問題が簡單に取扱ふことが出來る。元來米といふ姓は支那人の間に存在せぬ。米姓は唐の中世から始めて支那の記錄中に現はれて來て、それは西域の胡人に限つた。米姓は唐以前の姓氏の書に、一切登錄されぬは勿論、『元和姓纂』——『永樂大典』を本として採集した後世の不完全本ではあるが——にも收載されてない。宋時代から米姓が始めて姓譜に見ゆ、それには何れも西域の胡姓と明記してある。例へば南宋初期の鄧名世の『古今姓氏書辯證』卷廿四にも、

〔米〕 西域米國胡人。入(アラユル)中國者。因以爲姓。

と見ゑて居る。この點に關しては所有姓氏關係の書類に、殆ど異辭がない。これが米姓の特色である。故に米姓の場合は、米姓を稱する人はその儘西域胡人、少くとも非支那人の裔と斷じて、格別間違ひを生せ

ぬ。從つて米芾も西域胡人の裔と認めるのが妥當と思ふ。

回敎徒と噂される米芾

支那の回敎（＝イスラム敎）關係の書類、例へば『淸眞釋疑補輯』の如きも、米芾を回敎信徒と列してある。支那で出來た回敎關係の記錄は、何れも杜撰で、それを唯一の證據として、米芾を回敎徒と斷することは出來ぬ。されど米芾を西域胡人の裔とすると、彼と回敎との關係も不可能でなくなる。西域の米國が、慧超の『往五天竺國傳』に明記されてある如く、康國や安國と同樣に、西曆八世紀の前半までは、一般に祆敎が流行して居つた。されどサラセン國の威力がこの方面に確立するに從ひ、此等の諸國民は改宗を强迫され、九世紀の頃には大體に於てイスラム敎信徒に轉じた。故に唐末・五代の間に、支那に來住した米國出身者が、回敎信徒としても何等不思議とするに足らぬ。

西曆十世紀の末に出た Al Nadim に據ると、十世紀の前半に、中央亞細亞を司配した Saman 王家の君主が、その司配下の摩尼敎徒を迫害した時、その迫害を防止すべく Tagazgaz（＝回紇）の君主から、次の如き抗議を申込んだと傳へられて居る。

予の領內に來住せるイスラム敎徒の數は、貴下の領內に棲息する我が宗敎（＝摩尼）信徒の數の三倍に當る。故に若しその地の摩尼敎徒の一人を殺害する時は、予は誓つてその復讐手段として、我が領內に於ける全イスラム敎徒を殺害しその寺院を破壞する（Flügel; Mani, seine Lehre und seine Schriften. s. 106）。

是によつても、米芾の祖先の米信の頃に、已にイスラム敎徒が、可なり東方に來住したことがわかる。米芾は又無類の潔癖であつた。『宋史』の本傳にも、好潔成癖。至不與人同巾器と記してある。明の范明泰の『米襄陽志林』卷四〔潔癖篇〕や、明の郭化の『蘇米譚史廣』に、彼の潔癖に關する多くの逸話を載せてある。若し米芾を囘敎信徒とすると、この潔癖も幾分宗敎上から由來したかも知れぬ。囘敎では清淨を第一義として居るからである（拙稿『蒲壽庚の事蹟』頁一八四―一八五參看）。假に米芾を囘敎信徒とすると、彼は到底純支那人たることが出來ない。何となれば唐宋時代に、イスラム敎徒が多く支那に往來しても、支那人はイスラム敎に歸依せなかつたからである。西暦九世紀半頃の Sulayman は、當時一人の支那人もイスラム敎に歸依する者がないと明記して居る (Reinaud; Relation des Voyages. Tome I, p. 58)。その以後にもアラビヤ波斯の文献に、支那人のイスラム敎に歸依した事實を傳へてゐないといふ (D'Ollone; Recherches sur Musulmans Chinois. p. 434)。從つて米芾が囘敎信徒とすれば、殆ど必然的に彼は非支那人と斷ぜねばならぬ。

吾が輩は支那囘敎徒の傳説をその儘に、米芾を囘敎信徒と確認する者でない。況んや米芾の潔癖を囘敎と關係せしめて解釋せんとする者でない。米芾が囘敎信徒であつたか否かの問題は、本論文にとつて寧ろ無關係である。唯序に論及したに過ぎぬ。吾が輩の主張は、米姓は元來西域の胡人に限るが故に、而して米芾は米姓なるが故に、米芾は西域胡人の裔であらねばならぬといふに在る。民國の陳垣氏は嘗て西域人の華化を攻究して、米芾に及び、

囘敎人著述。有以米芾爲囘々人者。以尙無確證。姑置之（『國學季刊』第一卷第四號所收「元西域人華化考」頁五七八）。

と述べて居るが、吾が輩の上來米芾の出自に就いて論究した所は、この疑問に對して、可なり明瞭な解釋

を與へた積りである。

〔芈姓を冒す米芾〕　米芾自身は芈姓を冒して、楚の後と稱したといふ。彼と同時代の蔡肇の作つた米公墓志の銘に、米冑楚出自＿鬻分＿。仍世男爵史載芬（『米襄陽志林』卷一〔世系篇〕）とあるのは、之に據つたものと見える。されどこは彼の一家が襄陽に家居し、その襄陽が古の楚國に屬した點と、楚の國姓の芈が米と音が近い點とに附會した僞說で、勿論一顧の價値もない。現に南宋の王應麟の『姓氏急就篇』卷上にも

〔米氏〕　胡姓……宋米信・米璞・米贇・米贇・米芾子〔米〕友仁。

芾以＿米氏＿爲＿楚冑＿。

と記してある。一代の博識家たる王應麟は、米氏を胡姓として、その中に米芾一家を加へ、たゞ米芾自身の主張を、申譯的に注記したのみで、流石に之を信憑して居らぬ。

八

サマルカンドの西南に近隣せる史國、卽ち Kish の出身者としては、唐末に汴州の祆祝となつた史懷恩一家を擧げることが出來る。この一家は唐末から五代を經て、北宋時代まで約二百年間、祆祝の世職を傳へた。

〔史懷恩一家〕　この一家の事蹟は、北宋の張邦基の『墨莊漫錄』卷四に見え、民國の陳垣氏によつて、廣く學界に紹介された。その『墨莊漫錄』の記事は次の如くである。

東京（＝汴州＝開封）城北有＿祆廟＿。祆神本出＿西域＿。蓋胡神也。與＿大秦・穆護＿同入＿中國＿。俗以＿火神＿祠

之。京師人畏其威靈。甚重之。其廟祝姓史。名世爽。自云家世爲祝累代矣。藏先世補受之牒凡三。有曰懷恩者。其牒唐咸通三年（八六二）宣武節度使令狐（＝令狐綯）〔所〕給。有曰温者。周顯德（九五六）端明殿學士。權知開封府王（＝王朴）所給。有曰貴者。其牒亦周顯德五年（九五八）。樞密使權知開封府王（＝王朴）所給（『國學季刊』第一卷第一號所收「火祆敎入中國考」頁四五）。

陳垣氏はこの史懷恩一家の史姓を、史大柰・史思明等の蕃將の史姓と同一視して居るが、之は間違と思ふ。史國は唐の中世まで、康國や安國と同樣に、祆敎流行の地であつたことは、慧超も明記して居る。祆敎信者の史懷恩一家は、もと西域の史國の出身であるから、史姓を稱したこと疑を容れぬ。

史醜多　北齊の文宣帝の胡小兒に史醜多がある。『北史』卷九十二、恩幸傳に、

何朱弱——『通典』や『隋書』の安未弱か——史醜多之徒。十數人。咸以能舞工歌。或善音樂者。亦至儀同開府。

この史醜多も亦恐らく史國出身者であらう。

中央亞細亞の何國、卽ちサマルカンドの西北に隣接する Kushaniyah 地方の胡人も、北朝の末から可なり支那に來仕して居る。中に就いて何洪珍が尤も官界に雄飛した。隋唐の交に部下數萬を率ゐて、李唐の開國に相當寄與した何潘仁も、その出身が西域の商胡とあるから、何國人と認定せねばならぬ。

何洪珍　『北史』恩幸傳に、北齊の文宣帝に尤も寵用された胡小兒を擧げていふ。

又有何海及子洪珍。開府封王。尤爲親要。〔何〕洪珍侮弄權勢。鬻獄賣官。

この何海・何洪珍父子の何國出身者たることは、當時の狀況から推して殆ど疑を容れぬ。曩に紹介した何朱弱も亦同樣であらう。此等の胡小兒は、李延壽の所謂、

至於胡小兒等。眼鼻深險。一無可用。非理愛好。排突朝貴。尤爲人士之所疾惡。

ものではあるが、兎に角榮達はして居る。曩に紹介した唐の中世に歌者として、盛名のあつた何戡については、その華人たりや胡人たりやは、一寸斷言を遠慮する。

何潘仁　彼の事蹟は『資治通鑑』隋紀八、義寧元年(六一七)の條に、

西域商胡何潘仁。入司竹園爲盜。有衆數萬。劫前尙書右丞李綱。爲長史。李氏(唐の高祖李淵の部將柴紹の妻)使其奴馬三寶。說潘仁。與之就〔李〕神通(李淵の徒弟)合勢。攻鄠縣下之。……〔隋〕西京留守屢遣兵。討潘仁等。皆爲所殺。

と見ねて居る。その後ち李世民(=唐の太宗)が關中に入ると、彼はその麾下に屬して、相當功勞を建てたが、その以後の事蹟を詳にすることが出來ぬ。

隋唐の交に出て、伎藝抜群を以て名高い何稠も、胡人系統といへば、或は何國出身かと想像するが、遺憾ながら確證がない。唐の高宗時代に北支那に來住した西域人の僧伽大師も、或は何國出身かも知れぬ。

何稠の出自　何稠は隋の國子祭酒となつた大儒何妥の從子である。何妥の父に關しては、『隋書』卷七十五に左の如き記事を發見する。

〔何妥〕父細胡。通商入蜀。……事梁武陵王〔蕭〕紀。主知金帛。因致巨富。號爲西州大賈。

『北史』巻八十二の記事も同一で、たゞ父細胡が父細脚胡となつて居る。細胡又は細脚胡の意味は十分に判明せぬが、兎に角胡人で、通商によつて大に發財した人と認めねばならぬ。何稠は實にその孫に當る。何稠は胡人の孫で、姓を何と稱するから、或は何國出身者でない歟といふ想像が浮ぶが、勿論確信はない。

何稠の事蹟

彼の傳記は『隋書』巻六十八及び『北史』巻九十に載せられてある。彼の巧思發明多き中にも、綠瓷を以て琉璃を作つたといふので、Julien (Histoire et Fabrication de la Porcelaine Chinoise. p. xxiii) 以來、支那の甆器の歷史や玻璃の歷史には、必ず彼の名が紹介されて居る。

僧伽大師

この人の事蹟は『太平廣記』巻九十六に見れて居る。西域出身の異僧で高宗の龍朔の初年（六六一）に支那に來り、中宗の景龍四年（七一〇）に長安で入寂した。その產地は單に西域人として知らるゝのみであるが、その俗姓を何氏と稱するから、或は何國と關係ないかと想像するのである。

中央亞細亞の佛教

唐初に中央亞細亞の佛教は已に衰微したけれども、猶ほ幾分の餘威を存して居つた。烏滸水 Oxus の南に在る縛喝 Balkh は、この時代でも佛敎流行の一中心として、印度の王舍城に對して小王舍城と稱せられた。百餘の佛寺の中で、納婆毘訶羅 Nava Vihara（＝新寺）が尤も著名で、『大唐西域記』巻一や、『大唐求法高僧傳』巻上に紹介されて居る。縛喝地方がイスラム敎徒の手に落ちると、この納婆毘訶羅は訛つて Naubahâr と稱せられ、佛敎の本山はやがてイスラム敎の本山に變つた。イスラム敎徒は崇麗な伽藍を、Kâbah 風の Mosque に改造したが、改造後の Naubahâr に、依然澤山な偶像（＝佛像）が保存されて居つて、その後も印度人や支那人が尠からず玆に巡禮し來てその偶像を崇拜したといふ (Marquart; Eranšahr, s. 91, Le Strange; The Lands of the eastern Caliphate. pp. 421-422)。

烏滸水の北方は南方に比して、一層佛敎の勢力が微弱であつたが、それでも玄奘渡天の貞觀四年(六三〇)の頃に、何國に近いサマルカンドに佛寺猶ほ二ヶ所を存した。西暦八世紀の初期にサラセンの名將Kutaiba(=異密屈底波)が、ブカラ附近の Bikand を陷れた時、その分取物の中に、黃金作りで、兩眼に眞珠入りの佛像(?)が、あつたといふ (Tomaschek; Centralasiatische Studien. I, s. 104)。更に西暦十世紀の終頃の Al-Nadin の Kitab al Fihrist に據ると、イスラム敎が中央亞細亞(=Ma-wera-nahr)に弘布する以前に、この地の住民の多數は佛敎に歸依したといふ (Barthold; Zur Geschichte des Christentums in Mittel-Asien, s. 10)。この記事は勿論その儘に事實として受取ることが出來ぬ。イスラム敎の弘布する直前に於ける中央亞細亞には、佛敎よりも祆敎や摩尼敎が勢力を有つて居つた。されど Al-Nadin の所傳は、イスラム敎の勢力を得て來る西暦八世紀の頃まで、佛敎が猶ほ幾分の勢力を烏滸水の北方に有した事實を、物語るものとして解釋出來ぬこともない。かゝる事情の下に、異僧の僧伽大師を何國出身と認めても、格別差支ないかと思ふ。

中央亞細亞の北邊の石國、即ち Tashkend からは、唐の中世の李懷光の養子で、唐室に忠義を盡した石演芬が出て居る。時代は降るが、五代の後晉の高祖石敬塘も、石國出身の疑がある。南に轉ずると呼羅珊 Khurasan 地方の首都の末祿 Marv から、唐時代に支那に來住した者は、皆末姓を稱した。

石演芬　石演芬の事蹟は『新唐書』卷百九十三、忠義傳に載せてある。西域胡人で石姓を稱するから、その石國出身たること疑を容れぬ。彼は李懷光(靺鞨人)の養子であるが、李懷光が德宗に對して叛旗を揚げた時、父に背いて朝廷に心を寄せたから、遂に虐殺された。

石敬塘の出自に關する疑問　彼の出自に就いては多少疑問がある。『五代史記』卷八上、晉本紀には、

〔高祖〕……本出₂于西夷₁。……其姓石氏。不ㇾ知₂其得ㇾ姓之始₁也。

と記してある。『舊五代史』卷七十五、〔晉〕高祖本紀に、衞の大夫石碏の後とあるのは、例の支那人一流の附會で、固より採るに足らぬ。たゞ彼は西夷――『續通志』氏族略には西域人と明記してある――で、その一家は唐時代まで西域商胡の往來集合した甘肅地方に住居し、その曾祖母は安氏、その祖母は米氏、その母は何氏で、母方は何れも西域出身者に多い姓氏であつた。此等の事情を綜合すると、石敬塘は西域人の裔で、多分石國出身者と想像しても、不當であるまいと思ふ。

石國胡兒　唐時代に石國からも、樂工や舞人が支那に來住したと見ゐる。唐の中世の詩人、劉言史の王中丞（＝王武俊）宅夜觀₂舞₂胡騰₁（『唐詩類苑』卷六四所收）の詩に、

石國胡兒人見少。……織成蕃帽虚頂尖。細氎胡衫雙袖小。手中抛下蒲萄盞。西顧忽思鄉路遠（下略）。

とある石國胡兒は、卽ちその一人である。

末姓　Marv は申す迄もなく、『後漢書』及び『新唐書』の西域傳の木鹿、『舊唐書』西戎傳の木鹿である。唐の中世の杜環の『經行記』には末祿に作る。杜環は末祿國の記事に、胡姓末者。此土人也（『通典』卷一九三所引）と書き添へた點から考察すると、當時支那に來住せる末祿國出身者が、一般の慣習に從ひ、多く末姓を稱せしことを承認せなければならぬ。されど吾が輩は不幸にして、未だ末姓の胡人で、名を揚げた者を發見することが出來ぬ。『新唐書』の西域傳は、『經行記』を利用した所尠くないが、同時に往々『經行

記』の原意を誤つた點も尠くない。その西域傳に、末祿國小國也。……多〻木姓〻とあるが、木姓は勿論末姓の誤として、『經行記』の著者は、末祿國出身者の中國在住者が多く胡姓末を稱することを述べたるに、『新唐書』の編纂者は、末祿國内に木(末?)姓の人多きことを記せるは、全然誤會と申さねばならぬ。

葱嶺以東の諸國は、支那により近接し、又支那とより親密な關係にあつたから、その國人が以西の國人に比して一層多數に、支那國内に來住したこと申す迄もない。茲にはその代表として、三四の人名を開列して置く。第一に唐の太宗時代の畫工に、尉遲乙僧がある。于闐の人でその父の尉遲跋質那と共に、支那に來住して居つた。父子ともに畫工として世に聞えたが、殊に乙僧が名手で、當時の閻立本と並べ稱せられる程であつた。于闐出身者としては、その王族の尉遲勝を逸することが出來ぬ。彼は安史の亂に、國人五千を率ゐて入援してから、その儘唐に留まり、開府儀同三司を加へられ、武都郡王に封せられ、その生涯を長安で送つた。尉遲勝と略同時に出た裴玢は、當代に盛名あつた節度使であるが、その血統は疏勒人である。

〔尉遲乙僧〕 尉遲乙僧は或は吐火羅 Tokhâra 胡人とも傳へられて居るが(『宣和畫譜』卷一)、その姓の尉遲が于闐の國姓である點から推すと、吐火羅人よりも于闐人らしい。その畫風は所謂凹凸と稱して、色素を高く盛り上げ、強い陰影を付けるので、西域の畫風を多分に傳へて居る(明治四十四年九月號『藝文』所收瀧博士「壁畵と陰影法」參看)。從來尉遲乙僧の作として傳へらるゝ畫はあるが、果して實物なるや否やは確認し難い。最近に Laufer 氏は恭親王所藏の釋迦の圖を、尉遲乙僧の作に擬定して居るが(Tang, Sung and Yüan Paintings. p. 2)、線の細く色の強い點が、彼の畫風にやゝ類似するものゝ、吾が輩はこの擬定に贊否を言明することが出來ぬ。Hirth 氏は尉遲乙僧の畫風の極東に於ける影響を重大視して居る。彼は印度の畫風は于闐に傳はり、尉遲乙僧によつてその畫風は支那・朝鮮・日本に流布されたるものと考へて居る。日本の古代佛畫に印度的要素を存するは、此の如き理由に本づくものとするのが、Hirth 氏の主張である（Ueber frends Einflüsse in der chinesischen Kunst. ss. 43-47）。併しこの主張も可なり牽强が多いから、吾が輩は勿論贊同を躊躇せなければならぬ。

尉遲勝 彼の事蹟は『舊唐書』卷百四十四、及び『新唐書』卷百十に載せてある。彼は玄宗の天寶年間に入朝して、唐の宗室の女を迎へてから、非常な支那贔負となつた。安史の亂に入援してから、その儘唐に留まり、當然繼ぐべき國王の位置は、弟の尉遲曜に讓り、自身はその子の尉遲銳と共に、一生を長安で送つた。『册府元龜』卷九百六十二に、

乃於京師修行里。盛飾林泉。以待賓客。好事者多訪之。

とあるによると、彼は盛に中國の士人と交際したことがわかる。

裴玢 彼の事蹟は『舊唐書』卷百四十六及び『新唐書』卷百一に收めてある。彼の五世の祖の裴糾はもと疏勒王で、唐の高祖の武德年間（六一八—六二六）に入朝した儘、支那に歸化した。即ち裴玢の一家は已に唐初より歸化しては居るが、その出自は疏勒の王族である。彼は德宗・憲宗時代に、鄜坊（陝西省の北部）の節度使、山南西道（四川省の東部）の節度使に歷仕し、勤儉を以て世に聞ゑた。

闐とは、葱嶺以東の文化の二中心であつた。この國の出身者も相當史乘に見えて居る。隋の

龜茲は安西節度使の治處として、葱嶺以東諸國の中で、尤も重要の位置を占めた。龜茲と于

煬帝に寵用された樂正の白明達は、多分龜茲出身であらう。唐の中世に李光弼の部下から身を起こし、遂に昌化郡王に封せられ、死後太保を贈られた白孝德は、確に龜茲人である。

西域音樂の流行

元來西域の音樂は西漢の張騫の時代から支那に將來されたといふが（『續史的研究』所收拙稿「張騫の遠征」頁九一―九三參看）、又前秦の呂光の西征以來、西域の音樂が新に支那に傳來したが、その盛大を極めたのは、實に齊・周・隋・唐の間に在つた。歷代の雅樂はあつても、それは形式無力のもので、實際を司配したのは西域の音樂であつた。制氏全出於胡人。迎神猶帶於邊曲（『隋書』卷一三、音樂志）といへる如く、當時の音樂界は、胡人全盛時代であつた。その西域の音樂の中でも、尤も流行を極めたのは龜茲樂である。從つて當時支那に入つて來た龜茲の樂工が中々多い。殊に北周の武帝時代に中國に來た龜茲人の蘇祇婆の如きは、支那音樂史上に一時代を劃する程の寄與をして居る（『隋書』卷一四、音樂志）。

白明達

白明達に就いては『隋書』卷十五の音樂志に、

煬帝……令樂正白明達。造新聲。……帝悅之無已。……因語明達云。齊氏偏隅。曹妙達猶自封王。我今天下大同。欲貴汝。宜自修謹。

とある。彼の生國は明記されてない。されど『隋書』に彼の名を龜茲樂中に列し、又その姓を白と稱するより推して、彼が龜茲人たること殆ど疑惑を容れぬ。『唐會要』卷卅四に、貞觀六年（六三二）の馬周の上疏を載せて、

白明達本自樂工。……縱使術踰儕輩。材能可取。止可厚賜錢帛。以富其家。豈得列在士流。超

授官爵。遂使朝會之位。萬國來庭。……伶人鳴玉曳綬。與夫朝賢君子。比肩而立。同坐而食。

とあれば、琵琶の達人たる白明達は、唐の太宗時代に、嘗て煬帝の豫約した大官となつた譯である。

白孝德 白孝德の事蹟は『舊唐書』卷百九、及び『新唐書』卷百卅六に載せてある。安西胡人とあるから、彼の龜茲出身たることに就いては、何等の疑惑がない。

九

以上述べ來た所は、決して隋唐時代に支那に來住した西域人を網羅したものでない。匆率の調査とて、隨分挂漏多からうと思ふ。加之隋唐三百年の間に來化した西域人で、その生國の不明な者もある。例へば隋の煬帝に寵用せられ、隋末に一方に割據獨立して帝號を僭した、王世充の如きその一人である。

王世充の出自 王世充の事蹟は『隋書』卷八十五、『北史』卷七十九等に備つて、特に紹介を要せぬ。彼は單に西域人と傳へられるのみで、その生國は不明である。但し王は母方の姓で、彼の本姓を支といひ、その祖父を支頽耨といふから推すと、月支（＝月氏）の人らしい。僧侶の如き特別の場合——弟子が師僧の姓を繼承するが如き場合——を除き、支姓は月支出身者に限る。南宋の鄧名世の『古今姓氏書辯證』卷三に、

〔支〕其先月支胡人。後爲氏。石勒十八騎中。有支屈六。唐有感化軍節度使支詳。宋有蘇州吳縣人支詠。

といひ、南宋の鄭樵の『通志』氏族略二に、

石趙司空支雄傳云。其先月支胡人也。實西域之國。

といへる通りである。南北朝・隋唐時代の支那人は、安國を安息、康國を康居と稱する如く、吐火羅國 Tokhâra を月支と稱した。現に唐の高宗の龍朔元年(六六一)に、西域に都督府羈縻州を建置した時、吐火羅地方に月氏都督府を建てゝ居る。此等の事情から推して、王世充を月支卽ち吐火羅出身者と想像する。

又來化の西域人で、その姓名の永久に湮滅して傳らない者も尠くない。例へば唐の德宗時代に、吐蕃の爲に支那と西域との通路を遮斷されると、西域諸國の王族・使人・從者等併せて四千人は、その儘長安に滯留を餘儀なくされ、最後に彼等は皆唐に歸化して、近衞の將校・士卒に編入されたといふ。されど彼等の姓名は一も傳つて居らぬ。

西域人四千の歸化

『資治通鑑』唐紀四十八の貞元三年(七八七)の條にいふ。

初河西隴右既沒於吐蕃。自天寶以來。安西・北庭奏事、及西域使在長安者。歸路既絕。人馬皆仰給於鴻臚・禮賓。……李泌知胡客留長安久者。或四十餘年。皆有妻子。買田宅。擧質取利。安居不欲歸。命檢括胡客有田宅者。停其給。凡得四千人。……胡客皆詣政府訴之。泌曰……豈有外國朝貢使者。留京師數十年不聽歸乎。今當假道於回紇。或自海道。各遣歸國。有不願歸。當於鴻臚自陳。授以職位。給俸祿。爲唐臣。……於是胡客無一人願歸者。泌皆分隷神策兩軍。王子使者。爲散兵馬使或押牙。餘皆爲卒。……鴻臚所給。胡客纔十餘人。歲省度支錢五十萬緡。

鴻臚寺は申す迄もなく外國交涉事務を管掌する官衙で、禮賓院はその所屬の建物である。唐代入貢の外國使臣は、東内の宣政殿で拜謁を仰せ付けられ、禮賓院で饗宴を受けるのが慣例であつた。韓愈の所謂、

宣政一見、禮賓一設(『韓昌黎集』卷三九所收「論佛骨表」)がそれで、元の胡三省も、

唐時四夷入朝貢者。皆引見於宣政殿(『資治通鑑』唐紀五六、元和十四年の條)。

といひ、

唐有禮賓院。凡胡客入朝。設宴於此(同上)。

といふて居る。禮賓院は外臣饗宴の場所たると同時に、又胡客を宿泊せしむる公館でもあつた。我が入唐僧圓仁の如きも、茲に宿泊して居つた(『續群書類從』卷一九三所收「入唐五家傳」參看)。四千人の胡客に對する一年の支出五十餘萬緡といへば、一人平均一萬三千緡に當る。當時一緡(=一千文)に對して、米二斛が普通の相場で、豐年には一緡二十斛のことすらあつた(拙著『大師の入唐』頁四六)。かゝる時代に一名一年一萬三千緡の生活費は、隨分の優遇と申さねばならぬ。外國の使臣達が、この豐な生活費の剩餘を資本に、支那人相手の高貸利を營み、然も引續き毎年支那政府から生活費を貪るとは、可なり蟲の好い話でない歟。胡三省は擧質取利の字句を解釋して、

擧者擧貸以取倍稱之利也。質者以物質錢。計月而取其利也。

といふ。胡三省に從へば、年約十割の利息で、當時に於ても隨分の高利である。

唐末の宣宗・懿宗時代にかけて、白敏中・畢誠・曹確・羅劭權らが相ついで宰相に就いた。同時の崔慎猷はこの事實を指して、近日中書。盡是蕃人と譏刺して居る。白敏中・曹誠以下四人は、皆立派な中國人であるに、崔慎猷が爾く戲言した所以は、白・畢・曹・羅の四姓は、所謂蕃姓で、當時蕃人出身者でこの姓を稱した者が多かつたからである。而して此等蕃人の中に、西域出身者の尠

くなかつたことは、容易に想像出來る。

中書盡蕃人　唐末五代の孫光憲の『北夢瑣言』卷五にいふ。

唐自₂大中₁(八四七—八五九)至₂咸通₁(八六〇—八七三)。白中令入拜₂相。次畢相諴。曹相確。羅相劭權。使相也。繼升₂岩廊₁。崔相愼猷曰。可₂以歸₁矣。近日中書盡是蕃人。蓋以₂畢・白・曹・羅₁。爲₂蕃姓₁也。

白姓　白敏中の譜系は『新唐書』卷七十五下、宰相世系表に見ゑて居る。彼は先づ立派な中國人である。されど蕃人出身者で、白姓を稱した者も多い。上に已に紹介した龜茲人白孝德の如きその一例である。その他白元光は突厥人で(『新唐書』卷一三六)、白義成は吐谷渾人である(『資治通鑑』唐紀六九)。宋時代になると、開封在住の猶太人の中にも白姓があり(Tobar; Inscriptions Juives de K'ai-fong-fou. p. 43)、元時代になると、西域の板勒紇 Balkh 人の察罕は白姓を稱した(『元史』卷一三七)。白姓の中に蕃人出身者の多いことを、記憶せなければならぬ。支那の姓譜には多く此等の事實を闕如して居る。

畢姓　畢諴の譜系も同じく『新唐書』卷七十五下の宰相世系表に見ゑて居る。畢諴は勿論中國人であるが、畢姓は蕃人出身者の間にも尠くない。鮮卑にも畢姓があり(『魏書』卷一一三、官氏志)、恐らくば西域の畢國出身者も、畢姓を稱したこと丶想ふ。畢國とは『北史』卷九十七の西域傳に、

〔安〕國西百餘里。有₂畢國₁。可₂千餘家₁。其國無₂君長₁。安國統₂之。

とあるものである。この畢國の所在は未だ十分に研究されて居らぬ。吾が輩の知れる限りでは Tomaschek が幾分躊躇の態度を持しつ丶、この畢國を安國の西南一日行程に在る Bikand(= Baikand = Baykand) に擬定した (Centralasiatische Studien. I, s. 105)。吾が輩は地望や名稱や、その他の事情から推して、畢國=

Bikand 説を鐵案と思ふ。中世を通じて Bikand はブカラ(＝安國)の附屬で、『北史』にある安國統之とある記事とよく一致する。西暦十世紀に出た Kitâb-al-aqâlîm の著者 Istakhri に據ると、中央亞細亞(＝Ma-wera-nahr) のすべての都市には耕田と村落が附屬するが、たゞ Bikand のみは耕田も村落もなく、茲には唯〔多數の〕市場 (Bazar) と〔多數の〕公館 (Hôtel) とを有し、その數は一千に達するといふ (Central-asiatische Studien I. s. 106)。この記事も亦『北史』のそれと可なりよく一致する。南宋初期の姚寛の『西溪叢語』巻上に『四夷朝貢圖』を引いて、畢國有火祆祠とあるが、Firdosi に載する所の Bikand の火祆祠とよく一致する (Centralasiatische Studien. I, s. 105)。畢國の畢は Bi の音譯で、國は Kand の意譯で、畢國即ち Bikand に相違ない。

この畢國は中世を通じて商賈の都市と呼ばれ、現に西暦九世紀の半頃の Ibn Khordadbeh も、Bykend (＝Bikand), la ville des marchands (Le Livre des Roustes et des Provinces, p. 263 〔J, A, 1865〕) と述べて居る。殊に Bikand の商賈は、盛に支那方面に往來して、大なる資産を作つた (Centralasiatische Studien. I, s. 106)。西暦七百六年(＝回暦八七)に例の異密屈底波 Kutaiba がこの都市を陷れた時、計算を超越する程の莫大な戰利品を手に入れた。その戰利品の中には金銀珠玉の外に、澤山な支那絹もあつた。Tabari に委細の記事が傳へられて居る (Zotenberg; Chronique de Tabari. Tome IV, pp. 157–159)。丁度 Bikand の陷落したのは、重なる市民が支那を始め各地方へ行商不在中の出來事で、彼等は歸國すると、サラセン人の手に奴隷となつた妻子を、多額の身代金を出して贖ひ取り、蹂躪された都市を再興し、間もなく舊觀を恢復したといふ (Vambery; History of Bokhara. p. 25.)。此の如く支那と特別關係深い畢國人は、その附近の安國人や康國人等と同様に、唐に來住した者が尠くなく、それら畢國出身者は當時の慣例に從ひ、畢姓を稱したことも亦、容易に想像される。

曹姓 曹確の譜系も『新唐書』卷七十五下の宰相世系表に載せてある。曹姓は中國人以外の蕃人にもある。曩に紹介した曹國出身者の曹妙達・曹明達の如きその一例である。

羅姓 羅劭權の譜系は『新唐書』宰相世系表に載せてない。こは彼が使相であつた關係上、或は已を得ぬことゝしても、羅劭權といふ姓名すら『舊唐書』『新唐書』の本紀にも列傳にも一切見當らぬ。可なり奇怪なことである。されど新舊の『唐書』とも、唐末の記事に甚だ誤脱が多いから（大正八年一月號『史林』所收拙稿「カンフウ問題殊に其陷落年代」頁七、參看）、一概に之を根據として、『北夢瑣言』の記事を排斥することが出來ぬ。羅劭權の史實は、姑く他日の研覈に讓り、羅姓は中國人にも蕃人にもある。印度人の羅好心は上に紹介して置いた。『魏書』卷百十三、官氏志に、叱羅氏後改爲羅氏とあれば、鮮卑出身者にも羅姓がある筈である。

十

支那は世界の舊國で又大國である。漢時代から早く外國人が支那に交通した。外國人の往來頻繁を加へると共に、その外國の文化も亦支那國內に將來された。支那の文化は、世間一般に想像されて居る程、爾く孤立的のものでない。支那人は保守的ではあるが、長い年月の間には、彼等固有の文化の裡に、外來の文化が尠からず浸潤して來て居る。彼等の言語なり思想なり服飾なり、學問・宗教・藝術等各方面に渉つて、外國的影響を認めることが出來る。支那歷代の中でも唐時代は、外國人の來仕や移住が多い方であつた。塞北や海東や南徼からの外國人も多いが、それは文化上より觀て左程重要でない。注意を要するのは、西域人であらねばならぬ。西域人の將來した文化といへば、主として印度文化とイラン文化とである。唐の文化は後代の羨稱する所であるが、その特色は、印度文化とイラン文化が、著しく支那文化に影響した點に存する。印度の宗敎・醫學天文・藝術等が、南北朝・隋唐時代の文化に影響したことは、世間周知の事實で、特に紹介を要せぬ。イランの宗敎藝術・音樂等の影響も、次第に研究され、次第に明瞭になりつゝある。

イラン文化の影響　Lacouperie (The Western Origin of the Early Chinese Civilisation) や Ball (Chinese and Sumerian) 等の主張するが如き、上古の支那に於ける西方文化の影響は姑く論外に措き、漢時代に支那と西域との交通が開けてから、イラン文化は次第に東漸した。Hirth 氏は漢時代以後の支那藝術上に於ける西域文化 (Griech-Eranische) の影響を高唱して居る (Ueber fremde Einflüsse in der chinesischen Kunst. s. 13 ff.)。Laufer 氏に據ると、釉藥は漢時代に始めて西域（＝安息方面）から支那に輸入せられ、この釉藥の輸入が、やがて支那に於ける甆器製造の基を開いたといふ (The Beginnings of Porcelain in China. p. 120 seq.)。

佛敎の傳來は支那の文化史上、尤も注意に價する大事件であるが、その佛敎も近時の研究によると、多くは印度と支那との中間に介在した、イラン種族又はイラン語族の手を經て傳來したのであるから、佛敎の用語にもイランの影響を認めることが出來(大正七年四月號『史林』所收、羽田博士「輓近に於ける東洋史學の進步」頁七七—七八)、佛敎の彫刻にもイラン(Irano-Hellenistic)の影響を認めることが出來(Sirén; Chinese Sculpture.vol. I, ss. xxxvii, xi)、又佛敎の敎義の中にも、イランの影響を認めることが出來るといふ(大正元年八月號『藝文』所收ペリオ氏「イラン語族の民族が中央亞細亞並に極東の地に及ぼせる影響」一八頁)。北朝・隋唐時代を通じて、イランの宗敎——祆敎及び摩尼敎——や音樂の影響は、不完全ながら本論文にも略附説して置いた。唐時代の刺繡や織物にも、波斯の意匠を認め得べく、古きは我が正倉院や東京博物館の所藏品、新しきは、敦煌の發堀物が明白に之を立證するといふ(Chinese Art.〔Burlington Magazine Monograph〕p. 24)。中央亞細亞のソグト文字が、塞北種族に影響を與へたのも唐時代から溯まる。(大正三年四月號『史學雜誌』所記羽田博士講演「回鶻文の文典に就きて」頁一三八、參看)こは直接ではないが、間接には支那にも影響せぬことはない。胡旋舞(大正九年七月號『史林』所收、拙稿「ラウファー氏の新著シノ=イラニカに就いて」頁九六)や、乞寒戲(『唐會要』卷卅四、參看)の如き西域の習俗が、唐の上下に流行した。更に百戲とか散樂とか稱せらる、幻術手品の類も、西域傳來のものが、隋唐の間に歡迎されて居る(『通典』卷一四六、參看)。これらに關しては他日機會を得次第、今少しく精細な研究を試みたいと思ふ。

支那では古く曆が特別に尊重された。頒曆は最高主權者の特權であり、奉正朔は主權承認の表章であつた。所が支那の曆は、尠くとも中世以後の曆は、常に外國の影響を受けて居る。古代に於ける支那の天文に就いては、從來學者の間に異説多く、聚訟も啻ならざる有樣であるから、吾が輩は姑く意見を遠慮せなければならぬ。唐時代になると、已に述べた印度の天文(=

九執曆)の外に、吐火羅の天文も入つて來て居る。

吐火羅の天文　『冊府元龜』卷九百七十一にいふ。

開元七年(七一九)。吐火羅國支汗那王帝賒。上表献解天文人大慕闍。

この支汗那は Jaghāniyān といふ地名の音譯で、帝賒は Tesh といふ王名の音譯である (Chavannes et Pelliot; Un Traité Manichéen etc. II partie, pp. 176-177)。當時唐では改曆の評定中であつた。そこで吐火羅から天文學者を送つたこと丶想ふ。同年に罽賓國からもその國の天文經を献上して居る(『舊唐書』卷一九八、西戎傳)。支那に改曆の議があると、諸外國から、或は天文學者を送り、或は天文經を献ずることは、かの天寶の亂に西域諸國が皆援兵を派遣したこと丶共に、唐時代の特色を發揮せるもので、唐の皇帝は同時に天可汗として、百蕃共同の大君主であつた事實を、雄辯に立證するものと思ふ。

改曆の結果は、一行の大衍曆が採用さる丶こと丶なつたが、その前後を通じて印度曆と共にイラン系統の西域曆は相當の勢力を維持して居つた。唐時代に譯出された星占に關する佛書、例へば『宿曜經』等に七曜に對する梵名の外に、波斯名及び胡名(=ソグト語)を擧げてある。更に『宋史』卷七十一、律曆志四にも胡名を載せてある。支那に於ける七曜の使用も主として西域曆の影響といふ。此等の事實に關する委細のことは已に Chavannes, Pelliot 二氏によつて發表され (Un Traité Manichéen etc. II, pp. 190-195)、又その大要は羽田博士によつて我が學界に紹介されて居るから(大正七年四月號『史林』所收「輓近に於ける東洋史界の進步」頁八一—八二)、茲に繰り返へす必要がない。單に過去の惰勢に過ぎずとはいへ、日曜に對するソグド語の Mir の音譯の密〔日〕がその儘千百年を經て、千八百七十年の頃まで福建地方の民間で使用された暦に、猶ほその名殘りを留めて――勿論支那人の間には密日の意義などは全然忘却されながら――この四十年間を通じて、最初は支那在留の歐米人の間に、引續き世界の東洋學者の間に、好箇の研究題目を提供した（Wylie; On the Knowledge of a weekly Sabbath in China. [Chinese Researches]. Chavannes et Pelliot; Un Traité Manichéen. II. pp. 186-190）。密日といふ區々たる一單語ではあるが、千年以前に支那に影響したイラン文化の記念として眺めると、そこに無限の感興を禁ずることが出來ぬ。

元時代から明時代にかけては回々暦が勢力を得た。元初の札馬剌丁 Jamal ud Din や明初の馬沙亦黑 Mashāyikh は、何れもイスラム敎徒で、支那の天文臺に勢力を振った。

札馬剌丁と元時代の回々暦

元（＝蒙古）時代に作られた最初の暦は耶律楚材の作つた西征庚午元暦である。この暦はその名によつて推し得る如く、成吉思汗の西域征伐に隨行した耶律楚材が、西域暦によつて作成したものといふ（Palladius; Elucidations of Marco Polo's Travels in North-China. p. 52）。明初の陶宗儀の『輟耕錄』卷九に、

耶律文正（＝耶律楚材）。於星暦・卜筮・雜算・內算・音律・儒釋・異國之書。無不通究。嘗言西域暦五星。密於中國。乃作麻答把暦。蓋回鶻（＝回々）暦名也。

とあるが、この麻答把暦と西征庚午元暦とは同一物か、然らずとも類似の者と想はれる。元の世祖の至元四年（一二六七）に西域人札馬剌丁が萬年暦を作った。彼は又西域風の天文觀測機器を作製して、大都（＝北京）の觀星臺に安置したが（『元史』卷四八、天文志一參看）、後世如何になつたか明瞭でない。やがて郭守敬等の授時暦が、元一代の正暦として採用された。

清の兪正燮はこの授時暦は、回々暦を本として作成したかの如く想像して居る(『癸巳存稿』巻八「書元史暦志後」参看)。『明史』巻二百九十九の方伎傳に明の周述學が『大統萬年二暦通議』を撰したとあるに據ると、大統暦は大體に於て授時暦その儘であるから、從つて授時・萬年二暦の間に、共通の存在を承認せなければならぬ。兪正燮の想像も一概に無稽として排斥すべきでないと思ふ。そは兎に角授時暦採用後にも回々暦は相當の勢力を有つて居つた。『元史』巻九十、百官志六に據ると、〔中國〕司天監の外に、別に回々司天監があつて、回々の天文のことを掌つて居る。

馬沙亦黒と明時代の回々暦　明が元の大都を陷れると同時に、大都に在つた回々の天文關係の書類も明軍の手に歸した。明の太祖は洪武十五年(一三八二)に、翰林編修の馬沙亦黒らに命じてその書類を譯出させた。馬沙亦黒は『明史』(巻三七、暦志七)に回々大師とあるから、イスラム敎徒たること申す迄もない。馬沙亦黒とは Mashayikh の音譯かと想ふ。Mashâyikh とはイスラム敎徒の長老を指すから (Hughes; Dictionary of Islam. p. 571)、回々大師といふによく一致する。この馬沙亦黒はもと元の回々司天監に關係した人で、元の滅亡と同時に、明の太祖に收用された人であるまい歟と想ふ。若し想像の如しとせば、明の欽天監に在つた耶蘇會士(=Jesuites)の湯若望が明の滅亡と共に清の世祖に採用されて、星暦を管掌した事實その儘である。明一代の間は、元の授時暦に本づける大統暦と、回々暦とを併用した。然も欽天監の實權は多くイスラム敎徒の手に在つた樣である。故に耶蘇會士の西洋暦に對して、尤も激烈に反對したのは、欽天監のイスラム敎徒であつた。西洋暦が回々暦に優越することが顯著となると、耶蘇會士がイスラム敎徒に代り、明末から清時代にかけて、欽天監の實權を掌握した。

明末に耶蘇會士が東漸すると、次第にイスラム教徒を壓倒し、その湯若望 Adam Schall や南懷仁 Verbiest が代つて、支那の天文臺に勢力を扶植した。されば中世に於ける支那の天文は概して外國人――唐時代の印度人、元明時代の囘々人明末清初の西洋人――の補助や指圖を受けた。此等の外國人は絶えず支那の爲に作暦觀星に從事した。此等の事實は勿論支那の學者も承認して居るが、事實を承認しつゝ、然も印度の九執暦も、西域の囘々暦も、極遠の泰西暦も、皆支那から發源した者と妄斷して居る。『明史』の編纂者の如きは、この自惚と獨斷とを尤も大膽に暴露して居る。

外國暦法に對する支那の學者の見解

『明史』卷卅一、暦志一にいふ。

嘗考前代。遠國之人。言暦法者。多在西域。而東南北無聞。蓋堯命義和仲叔。分宅四方。義仲・義叔・和叔。則以嵎夷・南交・朔方爲限。獨和仲但曰宅西。而不限以地。豈非當時聲教之西被者遠哉。至於周末。疇人子弟。分散西域。天方諸國。接壤西陲。非若東南有大海之阻。又無極北嚴寒之畏。則抱書器而西征。勢固便也。………義和既失其守。古籍之可見者。僅有周髀。而西人渾蓋通憲之器。寒熱五帶之說。地圖之理。正方之法。皆不能出周髀範圍。亦可知其源流之所自矣。夫旁搜博採。以續千百年之墜緒。亦禮失求野之意也。

されどかゝる妄斷は必しも『明史』の編纂者のみに限らぬ。唯我獨尊的な頑迷學者は姑く論せず。かゝる問題に理會を有ち公平を持すべき、梅文鼎や阮元や、恭親王奕訢の如き人すら、猶は彼此主奴の嫌がないでない。梅文鼎は元明時代の西域暦法の儀器について、竊疑爲周遺術流入西方（『四庫全書總目提要』卷一〇

六、『渾蓋通憲圖說』の條參看）といひ、阮元は明の徐光啓が利瑪竇を推賞し、西術に傾注するを非難して、

但可云明之算家。不如泰西。不得云古人皆不如泰西也。………吾中士之法之精微深妙。有非西人所能及者。（『揅經室續集』卷二下、所收「疇人利瑪竇傳論」）。

といひ、恭親王は泰西の曆算の學習を奬勵すべきを上奏して、

其實（泰西之）法。固中國之法也。天文算法如此。其餘亦無不如此。中國創其法。西人襲之（梁啓超『飲水室文集』卷上「通論」頁二三所引）。

といふて居る。

東西兩洋の文化は、早くから彼此相互に影響して居る。東洋から西方に影響した文化もあれば、その反對に、西洋から東方に影響した文化もある。この彼此の影響を闡明するのが世界の文化史にとつて、尤も重要な事項であらねばならぬ。而して之を闡明するに當つては、全然自惚や獨斷を除去して、公平にして愼重なる研究によらねばならぬ。西洋方面に於ける東方文化の影響は、近く二三の學者によつて次第に闡明されつゝある。

ヤコブ氏 かゝる研究者の一人としては、先づ獨逸の東洋語學者の Jacob 氏を擧げねばならぬ。氏は千九百二年に Östliche Kulturelemente im Abendland と題する論文を發表し、千九百廿四年に更に Der Einfluss des Morgenlands auf das Abendland, vornehmlich während des Mittelalters と題する論文を發表して、東方文化の西洋に及ぼした影響を力說して居る。後者は最近に宮崎學士の手で抄譯されて、『史林』に掲載されつゝある。論文の性質上 Jacob 氏の主張も部分的には、殊に支那關係の部分には、不行屆の點

も見當るが、兎に角文化研究者にとつては注意すべき發表と思ふ。

「東洋の四大發明」――歐洲の近代文化を開くに預つて尤も力あつたと稱せらるゝ、紙の發明・印刷の發明・火藥の發明乃至羅針盤の發明は、何れも東洋から直接に傳來し、若くば間接に影響されたものと認められて居る。この四大發明の中で、紙の發明は支那が本源で、サラセン國の媒介で歐洲に傳來したといふ事實は、近時に至つて文献上からも實物上からも、雙方から確實に立證された（明治四十四年九月・十月號『藝文』所收拙稿「紙の歷史」、Carter; The Invention of Printing in China. chap. I 參看）。印刷の發明が最も古く支那に起源した事實は、最早何等の疑惑を容れぬ。歐洲の木版印刷が東洋から傳來したといふ、積極的な確證は未だ見當らぬが、當時の事情から推すと、前者は後者から影響を受けたものと察せられる（Carter; Ibid. chap. xvii 參看）。羅針盤の發明も、今日までの研究では支那が一番古い（拙著『蒲壽庚の事蹟』頁一二六―一二九）。火藥の發明も略ぼ同樣である（大正六年七月號『史林』所收矢野博士「支那に於ける近世火器の傳來に就いて」頁六―七）。但羅針盤や火藥の西方傳播の經路は、未だ明瞭にされて居らぬが、今後の研究によつて、この間の消息が漸次解釋されるであらう。

東洋方面に於ける西方文化の影響も將來有望な研究題目となるに相違ない。若し吾が輩の小論文――隋唐時代及びその前後に、多數の西域人が支那に來住したといふ事實を究明したこの小論文――が此の如き將來の研究に對して、幾分の寄與をなし得ば本懷の至りである（四月六日）。

書後

（I）この論文を略淨書し終つた頃に、新刊の『史林』の「昨年の史學・考古學・地理學界」を一瞥して、始めて藤田博士の薩寶の研究を知つた。約一年前に發表された、重要な研究に注意を怠つた點は、自分ながら慚愧に堪へぬ。藤田博士のこの研究は、昨年三月の『史學雜誌』（「西域研究」第二回）に掲載されてあるが、博士の論文の中でも、出色なものとして敬服する。博士は薩寶又は薩保を梵語の Sârthavâho の音譯とし、隊商の首領と解釋されて居る。これは從來の諸説に比して確に妥當で、吾が輩も大體に於て之に贊同する。但 Radloff に據ると、回紇語で隊商の首領 "der Karavanen-führer" を Sartpau といへば（大正四年九月號『東洋學報』所收、羽田博士「回鶻文法華經普門品の斷片」頁三九七所引）この Sartpau の方が一層薩寶と關係あるまい歟。薩寶又は薩保を直接梵語 Sârthavâho の音譯とすべきか、若くば回紇語 Sartpau ——或は之に相當すべきソグド語あらばそのソグド語——の音譯と認むべき歟は一の疑問と思ふ。尤も回紇語 Sartpau は梵語 Sârthavâhe より轉訛したものといへば、何れにしても直接間接の相違に過ぎぬ。

（II）北齊の宇文護の小字を薩保と稱したことは興味ある事實であるから、本論文に可なり委細に紹介して置いたが、之も藤田博士の論文中に已に發表されてあつた。されど已に淨書後でもあり、かた〳〵原形の儘に存した。

（III）馬沙亦黒の事蹟は羽田博士が已に可なり詳實に發表された（大正六年年九月號『東洋學報』所收「華夷譯語の編者馬沙亦黒」）。同博士も吾が輩と等しく、馬沙亦黒を元から明に轉仕した者と認められて居る。